TORTURA

TESTEMUNHOS DE UM CRIME DEMASIADAMENTE HUMANO

Coleção Clínica Psicanalítica
Títulos publicados

1. **Perversão**
   Flávio Carvalho Ferraz
2. **Psicossomática**
   Rubens Marcelo Volich
3. **Emergências Psiquiátricas**
   Alexandra Sterian
4. **Borderline**
   Mauro Hegenberg
5. **Depressão**
   Daniel Delouya
6. **Paranoia**
   Renata Udler Cromberg
7. **Psicopatia**
   Sidney Kiyoshi Shine
8. **Problemáticas da Identidade Sexual**
   José Carlos Garcia
9. **Anomia**
   Marilucia Melo Meireles
10. **Distúrbios do Sono**
    Nayra Cesaro Penha Ganhito
11. **Neurose Traumática**
    Myriam Uchitel
12. **Autismo**
    Ana Elizabeth Cavalcanti
    Paulina Schmidtbauer Rocha
13. **Esquizofrenia**
    Alexandra Sterian
14. **Morte**
    Maria Elisa Pessoa Labaki
15. **Cena Incestuosa**
    Renata Udler Cromberg
16. **Fobia**
    Aline Camargo Gurfinkel
17. **Estresse**
    Maria Auxiliadora de A. C. Arantes
    Maria José Femenias Vieira
18. **Normopatia**
    Flávio Carvalho Ferraz
19. **Hipocondria**
    Rubens Marcelo Volich
20. **Epistemopatia**
    Daniel Delouya
21. **Tatuagem e Marcas Corporais**
    Ana Costa
22. **Corpo**
    Maria Helena Fernandes
23. **Adoção**
    Gina Khafif Levinzon
24. **Transtornos da Excreção**
    Marcia Porto Ferreira
25. **Psicoterapia Breve**
    Mauro Hegenberg
26. **Infertilidade e Reprodução Assistida**
    Marina Ribeiro
27. **Histeria**
    Silvia Leonor Alonso
    Mario Pablo Fuks
28. **Ressentimento**
    Maria Rita Kehl
29. **Demências**
    Delia Catullo Goldfarb
30. **Violência**
    Maria Laurinda Ribeiro de Souza
31. **Clínica da Exclusão**
    Maria Cristina Poli
32. **Disfunções Sexuais**
    Cassandra Pereira França
33. **Tempo e Ato na Perversão**
    Flávio Carvalho Ferraz
34. **Transtornos Alimentares**
    Maria Helena Fernandes

Coleção Clínica Psicanalítica
Dirigida por Flávio Carvalho Ferraz

TORTURA
Testemunhos de um crime demasiadamente humano

Maria Auxiliadora de Almeida Cunha Arantes

Casa do Psicólogo®
uma empresa PEARSON

1ª Edição *2013*
1ª Reimpressão *2014*
Editor *Ingo Bernd Güntert*
Gerente Editorial *Fabio Alves Melo*
Coordenadora Editorial *Marcela Roncalli*
Assistente Editorial *Cíntia de Paula*
Revisão *Flavia Okumura*
Caroline Zanelli Martins
Diagramação *Sergio Gzeschnik*
Capa *Yvoty Macambira*

Dados Internacionais de Catalogação na Publicação (CIP)
Angélica Ilacqua CRB-8/7057

Arantes, Maria Auxiliadora de Almeida Cunha

Tortura: testemunhos de um crime demasiadamente humano / Maria Auxiliadora de Almeida Cunha Arantes. - São Paulo : Casa do Psicólogo, 2013. - (Coleção clínica psicanalítica / dirigida por Flávio Carvalho Ferraz).

Bibliografia
1ª reimpressão da 1ª edição de 2013
ISBN 978-85-8040-291-9

1. Tortura – Brasil 2. Presos políticos - Brasil 3. Tortura - História I. Título II. Série

14-0187 CDD 345.8102

Índices para catálogo sistemático:
1. Tortura - Brasil

Impresso no Brasil
Printed in Brazil

As opiniões expressas neste livro, bem como seu conteúdo, são de responsabilidade de seus autores, não necessariamente correspondendo ao ponto de vista da editora.

Casapsi Livraria e Editora Ltda.
Avenida Francisco Matarazzo, 1500 - Conjunto 51
Edifício New York - Centro Empresarial Água Branca
Barra Funda - São Paulo/SP - CEP 05001-100
Tel. Fax: (11) 3672-1240
www.casadopsicologo.com.br

Para minha filha Priscila

Para meu filho André

Sumário

Agradecimentos

Agradeço aos que, de diferentes maneiras, me acompanharam na construção deste livro, que começou como um gesto de indignação e responde à minha determinação de ampliar a rede de resistência contra a tortura.

A Caterina Koltai, que me orientou com generosidade intelectual na interlocução entre psicanálise e ciências sociais.

A Edgard de Assis Carvalho, que reiteradamente explicitou a consistência do diálogo entre os saberes e propôs a ruptura das fronteiras que os distanciam.

A Paulo Endo, que manteve a psicanálise como referência necessária nos embates da violência dentro do coração das cidades e no coração dos humanos.

A Maria Victória de Mesquita Benevides, que foi uma interlocutora indispensável nas referências à história da tortura como prática entre os humanos.

A Marijane Lisboa, que acrescentou informações ao texto.

Agradeço aos colegas e amigos Rafael Tassinari, Anna Maria Amaral, Janete Frochtengarten e Cecília Galli, que me acolheram durante meu percurso permeado de necessárias dúvidas e incertezas, intrínsecas a um processo de criação.

A Dilair Fernando de Aguiar e Magali Godoi, que foram essenciais no acesso aos bancos eletrônicos de dados, e agradeço ao Dilair, mais uma vez, pela revisão, sugestões e formatação do texto.

A Alípio Freire, Aldo Arantes, Gilse Cosenza, Haroldo Lima e Rita Sipahi, muito especialmente, por terem disponibilizado os testemunhos de suas próprias vidas, desvelando tempos sombrios do que os humanos conseguiram fazer com outros humanos dentro das prisões da ditadura civil-militar em nosso país.

A Flávio Carvalho Ferraz, pelo convite para incorporar este livro à Coleção "Clínica Psicanalítica", referência que se tornou indispensável à produção da psicanálise no Brasil.

Prefácio

O livro de Maria Auxiliadora de Almeida Cunha Arantes, inicialmente uma tese de doutorado defendida em 2011 na Pontifícia Universidade Católica de São Paulo, reencontra, por sua preocupação, o de Myriam Revault d'Allones, intitulado *O que o homem faz ao homem, ensaio sobre o mal político*, publicado em 1995, na França, pela editora Seuil.

Ao se debruçar sobre esse crime demasiadamente humano, a autora encara sem medo essa que, a meu ver, é a principal manifestação do mal político, a tortura, uma vez que, sem sombra de dúvida, essa violência praticada por um humano sobre outro humano inscreve-se na categoria do pior, já que visa a destruir a própria humanidade do homem. Como lembra justamente Jean Amery, que foi torturado pelos nazistas, todo aquele que um dia foi torturado perde sua confiança no futuro.

A prática da tortura atravessa a história da humanidade, diz-nos a autora, no que ela está coberta de razão, visto que, longe de ser um fenômeno ultrapassado, continua sendo praticada nos quatro cantos do mundo, na maioria das vezes por indivíduos absolutamente "normais" e plenamente conscientes de seus atos, que não hesitam em se tornar técnicos da violência, na medida em que se sentem autorizados pelos diferentes discursos ideológicos aos quais aderiram como que hipnotizados. Os torturadores raramente são figuras sádicas e perversas.

Os animais não torturam, a tortura é uma invenção humana, mas saber disso não nos dispensa de lutarmos contra ela. Lutar contra ela é justamente o que Maria Auxiliadora faz neste seu livro, no qual afirma claramente que, desde quando, pela primeira vez, deparou-se com os efeitos da tortura sobre os presos políticos que estavam encarcerados no Presídio da Justiça Militar Federal em São Paulo, o presídio do Barro Branco, tomou a decisão de denunciar a tortura sempre. E é o que ela vem fazendo, desde então, de várias formas, a última sendo este livro, no qual tenta teorizar essa expressão radical da agressividade humana, a qual resiste a todos os esforços civilizatórios para erradicá-la.

Trata-se de um livro interdisciplinar, no qual a autora circula entre história, direito, sociologia, teoria psicanalítica e depoimentos pessoais em que fica claro que não há como apagar a inscrição psíquica da tortura.

A teoria psicanalítica, que ela trabalha logo no primeiro capítulo, serve-lhe de bússola para tentar entender os fundamentos da violência, da destrutividade e da maldade presentes nas relações que os humanos entretêm, como se, apesar do esforço civilizatório, os humanos resistissem a reconhecer um ser humano em seu semelhante. O recurso à teoria freudiana não tem nada de aleatório, principalmente se tivermos em mente que Freud fez a humanidade nascer de um crime, o assassinato do pai da horda, cometido em conjunto pelos filhos, crime do qual a humanidade jamais conseguiu libertar-se, o que a ajuda a pensar a tortura como uma manifestação do humano inscrita na cultura e não dissolúvel no tempo.

O segundo capítulo aborda a tortura no Brasil durante a ditadura civil-militar que vigorou no país de 1964 a 1985, na qual a exceção se tornou regra, e a prisão, tortura e desaparecimento de opositores foram exercidos sem reservas. Seu Virgílio nesse capítulo foi o filósofo italiano Giorgio Agamben e seus estudos sobre o *Homo sacer* e o Estado de Exceção, que a ajudaram a entender a lógica das democracias ocidentais e a dúbia relação que estabelecem entre direito e violência, demonstrando que o ordenamento jurídico contém em si o seu contrário. Esse capítulo, no qual podemos ler os comoventes relatos de torturados, encerra-se sobre as questões desse período que ainda não foram resolvidas e sobre o necessário e indispensável trabalho que cabe à Comissão da Verdade.

O terceiro capítulo é histórico, e nele a autora debruça-se sobre alguns casos paradigmáticos que lhe serviram de baliza para o percurso sobre a incidência da tortura ao longo da História. O primeiro, e talvez menos conhecido, é o Processo dos Untores, no qual, em meados do século XVII, dois cidadãos da cidade de Milão foram brutalmente torturados para que confessassem ser os responsáveis pela epidemia de peste que assolava a região. O segundo aborda a barbárie nazista e a Segunda Guerra Mundial através do testemunho de duas figuras emblemáticas: Primo Levi e Julius Fucik. Aqui talvez valha a pena lembrar as palavras de Primo Levi de que ele e todo aquele que pode testemunhar sobre essa barbárie o faz em nome daquele que já não está e não pode fazê-lo. No testemunho desses autores, o lugar vazio do sujeito torna-se a questão central, uma vez que nesses casos um sujeito fala em nome de um outro que não pode fazê-lo porque não sobreviveu.

Ainda nesse capítulo, a autora aborda a tortura praticada pelos franceses durante a Guerra da Argélia, por meio do testemunho do militante torturado Henri Alleg, e também do torturador, general Paul Aussaresses, que, em 2001, publicou um livro no qual, aparentemente sem culpa nem arrependimento, assume o papel de torturador e diz que ninguém tem o direito de julgá-lo, pois fez o que precisava ser feito, sem remorsos.

O livro termina com uma retomada da legislação internacional contra a tortura, sua necessidade e importância, ao mesmo tempo em que constata que nós humanos estamos longe de ter conseguido controlar a violência. Que o século XX foi o mais bárbaro e violento da História, já parece ser consenso, mas nada garante que não continuemos nesse caminho, pois neste início do século XXI a violência extrema não só persiste como se agrava, *vide* Somália, Sudão e Guantânamo, só para citar alguns casos.

Se somos obrigados a reconhecer que a barbárie é uma característica permanente e universal da natureza humana que se desenvolve segundo as circunstâncias, somos também obrigados a reconhecer que lutar contra suas manifestações, entre elas a tortura, esse crime contra a humanidade, é um dever ético, pois a tortura destrói não apenas o corpo, mas também o sujeito, e não apenas aquele que é a vítima da tortura. Razão pela qual só me resta terminar este prefácio agradecendo à autora pela parte que lhe coube nesse combate.

Caterina Koltai

Introdução

A decisão de escrever este trabalho é antiga. Começou quando fui conhecendo mais proximamente os efeitos da implantação da ditadura civil-militar no Brasil a partir de 1964. Através da campanha pela Anistia Ampla Geral Irrestrita, no final da década de 1970, tive acesso aos casos de tortura, de assassinato e de desaparecimento por motivos políticos, e convivi com as histórias dos atingidos, neste período, e mais diretamente com os casos de tortura aos presos políticos.

Uma das cenas que ficou inscrita na minha memória foi a primeira visita ao Presídio da Justiça Militar Federal, em São Paulo, conhecido como presídio do Barro Branco, em 1977. Fui recebida por todos os presos políticos que ali estavam e constatei que os ditadores foram implacáveis com os militantes das organizações políticas resistentes à ditadura.

Tomei, *sem saber*, a decisão que me acompanhou desde então: denunciar a tortura, sempre. O recurso para fazê-lo foi percorrido de diferentes formas, e agora compartilho o resultado desta busca.

Construí minha abordagem analisando a tortura como expressão radical da destrutividade entre os humanos, demasiadamente humana, inserida no campo da cultura e incólume aos esforços civilizatórios para erradicá-la. Esta é a tese proposta e, para demonstrá-la, recorro aos textos da psicanálise, principalmente de Freud e de autores deste campo que pensam a destrutividade.

A tipificação da tortura a que me refiro, neste trabalho, é a adotada pela Assembleia Geral das Nações Unidas, em 10 de dezembro de 1984, e ratificada pelo Brasil em 28 de setembro de 1989, a Convenção Contra a Tortura e Outros Tratamentos ou Penas Cruéis, Desumanos ou Degradantes.

O artigo 1º diz:

> Para fins da presente Convenção, o termo tortura designa qualquer ato pelo qual dores ou sofrimentos agudos, físicos ou mentais são infligidos intencionalmente a uma pessoa a fim de obter, dela ou de terceira pessoa, informações ou confissões; de castigá-la por ato que ela ou terceira pessoa tenha cometido ou seja suspeita de ter cometido; de intimidar ou coagir esta pessoa ou outras pessoas; ou por qualquer outro motivo baseado em discriminação de qualquer natureza; quando tais dores ou sofrimentos são infligidos por um funcionário público ou outra pessoa no exercício de funções públicas, ou por sua instigação ou com o seu consentimento ou aquiescência. Não se considerará como tortura as dores ou sofrimentos que sejam consequência

> unicamente de sanções legítimas, ou que sejam inerentes a tais sanções ou delas decorram. O presente artigo não será interpretado de maneira a restringir qualquer instrumento internacional ou legislação nacional que contenha ou possa conter dispositivos de alcance mais amplo (Instituto Interamericano de Direitos Humanos/IIDH; Associação para a Prevenção da Tortura/APT, 2004, p. 21).

Neste artigo há três elementos fundamentais para a definição da tortura: a ocorrência de dores ou sofrimentos agudos físicos ou psicológicos; a existência de uma intenção deliberada; o fato de tais dores serem infligidas por funcionário público ou pessoa investida em função pública.

Desenvolvo meu estudo a partir das concepções formuladas pela psicanálise, que me permitiram ler e analisar a tortura como um acontecimento humano e do campo da cultura, que se mantém apesar dos esforços civilizatórios para erradicá-la.

No Capítulo I, os textos de Freud tomados como principal referência foram *Totem e tabu* (1913), *Reflexões para os tempos de guerra e de morte* (1915), *O mal-estar na cultura* (1929) e *Por que a guerra?* (1933). Esses quatro ensaios apresentam uma concepção radicalmente pessimista dos avatares do homem frente ao seu único e possível destino: a morte.

Quando Freud estabeleceu a filogênese como uma contingência da história da humanidade a partir do mito da morte do pai da horda, o mito do parricídio, talvez ainda não pudesse supor que esta fundação primordial viesse a se presentificar de forma tão avassaladora, a ponto de estabelecer uma fenda no avanço da civilização e da cultura, atravessada pela pulsão de morte. Dessa fenda emerge a tortura.

Incluo, nesse capítulo, subsídios da psicanalista francesa Nathalie Zaltzman, autora contemporânea que entrelaça a psicanálise à figura do *homo sacer*, sistematizada em Giorgio Agamben, articulação indispensável para a compreensão do crime de tortura. Faço, ao final, uma referência a Françoise Sironi, etnopsiquiatra francesa do Centro Georges Devereux, na Universidade Paris VIII, que formulou uma concepção sobre o silenciamento imposto pela tortura; a tortura faz calar.

No capítulo II, "A tortura no Brasil durante a ditadura civil-militar", após uma breve referência aos fatos que antecederam o 1º de abril de 1964, abordo o conceito de exceção, e mais precisamente de Estado de Exceção, retomado por Giorgio Agamben em um estudo, publicado em 2003, no qual aponta a atualidade do Estado de Exceção que se impôs como paradigma nos tempos pós 11 de setembro de 2001.

Agamben considera que as democracias ocidentais vivem uma relação entre o direito e a violência, demonstrando que o ordenamento jurídico contém em si seu contrário: a suspensão dos direitos, que admite uma violência não regulada pela lei. A ditadura civil-militar que se impôs aos brasileiros entre 1964 e 1985 estabeleceu a exceção como regra.

Apresento os principais conteúdos dos Atos Institucionais e Complementares, que escreveram passo a passo a arquitetura da exceção e a decorrente arbitrariedade, em que a prisão, a tortura e o desaparecimento dos opositores foram exercidos sem reservas.

Na segunda parte, transcrevo testemunhos de ex-presos políticos brasileiros torturados durante este período.

A atividade dos presos brasileiros dentro das prisões produziu importante subsídio para a elaboração das denúncias da tortura e dos torturadores, bem como para os documentos da Campanha da Anistia, e continua como referência para o que ocorreu dentro das prisões no Brasil.

Encerro o capítulo problematizando questões relativas à ditadura civil-militar, ainda não resolvidas, e a necessidade de criação de uma Comissão da Verdade que possa fazer avançar o processo de consolidação da democracia no nosso país.

No Capítulo III, "Referências históricas", refiro-me aos casos paradigmáticos que foram balizas para o percurso sobre a incidência da tortura através dos tempos. Organizo o capítulo em torno de narrativas e testemunhos, que não excluem outras referências ao longo do texto.

Inicio o percurso com um caso ocorrido em 1630, conhecido como o Processo dos Untores, no qual dois habitantes de Milão, Guglielmo Piazza e Giácomo Mora, foram vítimas da cruel e obscurantista prática da tortura. Sofrimentos intensíssimos e extremos levaram os dois a confessar que eram, sim, os responsáveis pela epidemia da peste que chegara à região. Este acontecimento recebeu uma análise de Pietro Verri que, juntamente com Cesare Beccaria, contribuíram para a condenação da tortura no século XVIII.

A segunda e a terceira narrativas, ambas no século XX, referem-se à Segunda Guerra Mundial e à Guerra da Argélia. Para escrever sobre estes acontecimentos, escolhi analisadores e testemunhos dos fatos, e este caminho atende a um pedido feito pelos prisioneiros moribundos aos sobreviventes dos campos de extermínio nazistas:

> Lembrem-se de tudo, contem tudo; não só para combater os campos, mas também para que nossa vida, tendo deixado um traço, conserve um sentido. Uma vida não é vivida em vão, se dela resta um traço, um relato, para somar-se às inúmeras histórias que fazem a nossa identidade (Todorov, 1995, p. 111).

Primo Levi e Julius Fucik são as testemunhas, e faço referência específica ao uso das cobaias humana nos campos nazistas.

Sobre a Guerra da Argélia, o testemunho de Henri Alleg torna evidente que o uso da tortura nesse país foi um laboratório para procedimentos semelhantes nas ditaduras latino-americanas e especificamente no Brasil.

A inclusão de trechos da entrevista do general francês Paul Aussaresses, encarregado dos Serviços de Inteligência e principal integrante da 10ª Divisão de Paraquedistas, sob o comando do general Massu, revela que o desaparecimento de corpos assassinados dos prisioneiros foi uma decisão levada à prática nessa guerra. Aussaresses esteve ao Brasil em 1973, como Adido Militar junto à embaixada da França, e manteve estreito contato com os militares brasileiros.

Instrumentos de tortura usados durante a Inquisição na Idade Média e durante a Guerra da Argélia inspiraram procedimentos de tortura no Brasil, o que pode ser percebido pelos testemunhos de ex-presos políticos.

Na segunda parte deste capítulo, indico instrumentos da legislação internacional, principalmente a partir da Convenção Contra a Tortura de 1984. Faço referência às políticas de enfrentamento da tortura pelo Estado e governo brasileiros, expressas tanto na Constituição de 1988, na adesão aos pactos internacionais, na aprovação da Lei brasileira 9.455 de 1997 contra a tortura, bem como os procedimentos para a prevenção e o combate à tortura que vêm sendo construídos no país.

As "Considerações finais" que apresento consolidam as reflexões decorrentes dos capítulos anteriores, e a principal conclusão é a afirmação de que a tortura é uma prática humana intencional e criminosa, e o torturador é plenamente responsável pelo crime de tortura que escolheu praticar.

Capítulo I
Contribuições da psicanálise

A história breve e singular de cada homem ao mesmo tempo o transcende no seu pertencimento à espécie. A reflexão teórica sobre os motivos que levam os humanos a torturar outros humanos é a principal articulação deste capítulo, partindo da constatação de que este campo de estudo, a tortura, é ainda desconcertantemente exíguo, sobretudo no Brasil, comparado à devastação que a tortura produz.

Eugène Enriquez tomou a teoria psicanalítica como referência essencial para a elaboração do livro *Da horda ao Estado: psicanálise do vínculo social* e considera que os conceitos da teoria psicanalítica são conceitos *transespecíficos* que o ajudaram a construir seu estudo sobre o social. Entre estes conceitos, a concepção da singularidade do ser humano como um ser pulsional e, ao mesmo tempo, um ser social, revelam que na medida em que

> [...] todo ser humano está constantemente dividido (e é esta própria divisão que designa sua humanidade) entre o reconhecimento de seu desejo e o desejo de

> reconhecimento, as pulsões que o animam são obrigadas, para encontrar satisfação, a voltar-se para a existência do outro. Torna-se indispensável recorrer à teoria das pulsões e dos processos identificatórios para se compreender as duas ordens de realidade: a realidade psíquica e a realidade social (Enriquez, 1990, p. 29).

Por outro lado, a psicanálise transmite que o reprimido tende a voltar à superfície, bem como o *obscuro* e o *inominável*. Por isso, continua Enriquez,

> [...] para um especialista em ciências sociais, a psicanálise é preciosa porque nos indica que aquilo que não é percebido, aquilo a que não podemos dar nome, tende a aparecer; a psicanálise nos obriga a perceber o que mais nos incomoda: a possibilidade constante da dissolução do *socius* (Enriquez, 1990, p. 23).

Os textos freudianos, a partir de *Totem e tabu*, marcam não somente uma

> [...] descentralização do olhar do analista (até então centrado no indivíduo) em direção ao *socius*, mas principalmente o aparecimento de uma teoria radicalmente pessimista, fazendo a humanidade nascer de um crime cometido em conjunto, crime do qual a humanidade não pode jamais se liberar (Enriquez, 1990, p. 29).

A reflexão sobre o social e a cultura, e a exploração do que *resiste à análise*, "[...] daquilo que impede radicalmente a felicidade da humanidade: a presença persistente do desejo de assassinar" (Enriquez, 1990, p. 29) é a matéria de *Totem e tabu*, que inaugura a teoria freudiana do fundamento do social e da cultura.

Os textos psicanalíticos, principalmente os textos escritos por Freud, abrem um caminho para estabelecer uma compreensão ou no mínimo uma explicação possível sobre os fundamentos da violência, da destrutividade e da maldade na relação que os homens estabelecem uns com os outros. A elaboração dos ensaios que entrelaçam o social e o singular e que analisam a constituição das manifestações culturais e sociais, tramadas juntamente com a constituição psíquica, são referências para pensar a prática da tortura como uma manifestação do humano inscrita na cultura e não dissolúvel no tempo.

Estes ensaios estabelecem uma relação entre si quando se interrogam sobre a articulação entre a ontogênese e a filogênese, medem a consequência desta aproximação, as dificuldades, os sofrimentos e o mal-estar que resulta destas relações.

Partindo da suposição de que o assassinato do pai primitivo seja não somente a questão essencial, mas o fio que torna possível compreender a relação entre guerra, civilização e religião, torna-se indispensável pensar como a história do indivíduo e a história da espécie se misturam e como a autodestruição da civilização, da cultura – materializada na guerra – diz respeito tanto ao indivíduo quanto à espécie.

Para expor seu pensamento sobre os efeitos da fundação baseada no mito do parricídio, Freud fez uma comparação com os vestígios deixados pelas ruínas de uma cidade antiga e o traço impresso psiquicamente a partir de toda e qualquer experiência. Mais que um vestígio que se dissipa, a inscrição psíquica é um traço que não se desfaz. Dito de outra maneira, tanto no plano da ontogênese como no plano da filogênese, nada da vida psíquica passada é perdido ou apagado, tudo é conservado de uma forma ou de outra pela espécie, assim como cada indivíduo preserva um traço do que o afetou psiquicamente. "Subsiste em nós uma memória, um traço mnêmico de tudo o que nos aconteceu; e este *nós* se refere tanto à espécie quanto ao indivíduo, pois o traço em questão não é nem vestígio, nem uma ruína, nem um resto" (Crépon e Launay, 2010, p. 10), conforme o exemplo proposto por Freud na comparação entre as ruínas da Roma antiga e o corpo. No caso das cidades, uma nova edificação se constrói sobre o mesmo terreno no qual há ruínas das edificações anteriores. No caso do psiquismo, nada se apaga totalmente e, sobre o traço deixado, novas inscrições se somarão e serão superpostas ao que antes já estava.

Marc Crépon e Marc Launay, tradutores do alemão para o francês dos textos *O mal-estar na cultura, Considerações atuais sobre a guerra e a morte, Por que a guerra? – Carta a Albert Einstein*, reunidos no livro *Anthropologie de la guerre*

(Crépon e Launay, 2010, p. 10), apresentam comentários sobre estes mesmos textos e dizem que à primeira condição para a sustentação da vida psíquica, estruturada a partir dos traços primeiros, soma-se a segunda condição, que prevê a possibilidade de imposição do assassinato primordial, do pai da horda, mesmo fora dele.

> Esta condição estipula que, entre os traços conservados, se encontra alguma coisa que permanece para que esta ordem se cumpra. Sobre o plano da filogênese, isto leva a supor que na história psíquica da humanidade, existe um acontecimento originário, fundador, que se deixa ser pensado como a morte de um outro. Sobre o plano da ontogênese, isto implica (no mínimo) que um desejo de matar faça parte do desenvolvimento psíquico individual. O que encontramos nesta concepção são dois elementos fundamentais da doutrina freudiana que deram origem a uma infinidade de desenvolvimentos e igualmente a uma infinidade de discussões críticas: a morte do pai primitivo que Freud conta em *Totem e tabu* e o complexo de Édipo que ele havia apresentado nos *Três Ensaios sobre a teoria da sexualidade* em 1905 (Crépon e Launay, 2010, p. 10).

A hipótese da morte do pai primitivo como um acontecimento fundador é indissociável da interpretação do totemismo, desenvolvida em *Totem e tabu*, que é a chave para aceder à filogênese – pois o totemismo diz respeito aos interditos, inclusive assassinato – e permite o laço que faz com que os indivíduos reconheçam-se na relação com o mesmo totem e tenham a mesma motivação à exogamia que o tabu do incesto organizou. É aí que Freud formula a indissolubilidade histórica e psíquica.

Renato Mezan, em seu livro *Freud, pensador da cultura*, apresenta um minucioso estudo sobre as relações entre filogênese e história e entre filogênese e ontogênese. Destaco um fragmento de suas formulações:

> [...] o social é constituído pela mesma substância que o psíquico em virtude de sua origem comum no assassinato do chefe da horda, o qual, ao instituir o complexo de Édipo, fez surgir ao mesmo tempo e pelo mesmo movimento o desejo, a culpabilidade e a proibição do incesto, apresentando cada uma destas entidades uma face psíquica e uma face coletiva ou social. Dada esta origem comum, a analogia do psíquico individual ao psíquico coletivo e deste ao social propriamente dito é fundada, e as conclusões dela extraídas valem tanto no sentido do indivíduo-sociedade quanto na direção oposta. O que fundamenta, na ordem das causas, é a realidade do assassinato primitivo, e, na ordem da interpretação, a definição da psicanálise como ciência do inconsciente. [...] A dimensão da singularidade é tão decisiva na psicanálise quanto a da universalidade. O indivíduo singular não é somente uma combinação de elementos universais que caracterizam o psiquismo humano,

> mas estes elementos estão inscritos e portados por uma história única, que faz de cada um de nós um *eu* irredutível de direito aos demais. [...] Os escritos de Freud permitem antever de que maneira este singular único é ao mesmo tempo portador de determinações universais teorizadas pela psicanálise, e portador de forma tal que a exploração desta singularidade foi fonte da possibilidade de elucidar aquelas determinações (Mezan, 1985, p. 543-594).

Totem e tabu: a morte do pai da horda

A narrativa de *Totem e tabu* é um mito primeiramente porque pensa a origem, e a origem só pode ser pensada sob a forma de um mito:

> [...] que os personagens deste sejam homens, deuses ou elementos desencantados da nebulosa primordial, a inverificabilidade total é o destino de toda afirmação sobre a origem. [...] O mito de Freud guarda um poder de fascínio imenso, porque reaviva em cada um de nós momentos subjugados, submergidos nas brumas da História, tanto de nossa própria história pessoal como, talvez, no da história da Humanidade. Neste sentido, ele é inverificável, mas contém as vicissitudes de cada história singular, e é por esta razão que a psicanálise não o pode dispensar (Mezan, 1985, p. 353).

Freud publicou o livro *Totem e tabu* em 1913 e considerou ser um livro que "avançara uma hipótese como tantas outras, com as quais os pré-historiadores tentam iluminar as sombras dos tempos arcaicos" (Gay, 1989, p. 304).

Para escrevê-lo[1], leu sociólogos, etnólogos e estudiosos das religiões, contribuições de psicólogos e de filólogos, e mesclou a estas fontes seus conhecimentos sobre a alma humana, sua experiência clínica, sua autoanálise, bem como suas próprias teorias psicanalíticas já formuladas.

Independentemente das críticas que o livro recebeu, esta obra ocupa uma posição central no pensamento freudiano e ele próprio disse considerar seu trabalho bom e importante, como revela em carta a Ferenczi: "desde a *Interpretação dos sonhos* não escrevi nada com tamanha convicção: é por isso que acredito prever o destino reservado a este ensaio" (Enriquez, 1990, p. 28).

Nesta referência, Freud formula o laço que uniria, pela primeira vez, seus textos específicos sobre o inconsciente aos textos que exploram o vínculo social, a partir da compreensão dos fenômenos tabus e totêmicos, aos novos avatares do olhar do analista em direção à cultura.

A hipótese do assassinato do pai primitivo como acontecimento fundador do social constrói-se a partir da aproximação

---

1 Entre os principais autores lidos por Freud estão: J. G. Frazer; Herbert Spencer; Andrew Lang; E. B. Tylor; Reinach; J. Ferguson McLennan; Karl Abraham; W. Steckel; Otto Rank; Wilhelm Wundt; William R. Smith e Charles Darwin.

com os estudos antropológicos, e principalmente com as contribuições sobre o totemismo:

> [...] o totem é, via de regra, um animal comível e inofensivo – ou perigoso e temido, e mais raramente um vegetal ou um fenômeno natural – como a chuva ou a água, que mantém relação peculiar com todo o clã. Em primeiro lugar, o totem é o antepassado comum do clã; ao mesmo tempo, é o seu espírito guardião e auxiliar, que lhe envia oráculos, e embora perigoso para os outros, reconhece e poupa os seus próprios filhos (Freud, 1913, p. 21).

O totemismo permite a Freud desvelar as fundações do desenvolvimento da cultura e lhe oferece a chave para estabelecer um dos pilares da arquitetura freudiana na relação com a filogênese, "uma história ancestral, uma quase genealogia dos interditos" (Crépon e Launay, 2010, p. 12), começando pelo assassinato, e permite-lhe estabelecer uma ligação entre a genealogia totêmica – os pertencentes ao mesmo totem consideram ter um ancestral comum – e a motivação da exogamia, organizada pelo tabu do incesto. As relações estabelecidas têm consequências entre os que se relacionam com o mesmo totem: é proibida a relação sexual entre os do mesmo totem e, consequentemente, proibido o seu casamento, impelindo à exogamia.

> A violação da proibição não é deixada ao que se poderia chamar de punição automática das partes culpadas, é vingada de maneira enérgica por todo o clã, como se fosse uma questão de impedir um perigo que ameaça toda a comunidade, ou como se tratasse de alguma culpa que a estivesse pressionando (Freud, 1913, p. 23).

Freud usa a palavra horda "[...] para denotar um grupo mais ou menos organizado, de tamanho limitado" (Freud, 1974, p. 152 – N.T.), diferentemente do uso na língua inglesa, que sugere a horda como uma massa muito grande e desorganizada. Reteve dos autores que leu a concepção de que naquelas pequenas hordas, o ciúme do macho mais velho e mais forte – *o pai da horda* – impedia a promiscuidade sexual; esta condição estabelece o interdito sexual como uma explicação plausível à exogamia totêmica; dito de outra forma, dentro da horda, toda relação sexual com as mulheres era permitida ao chefe da horda e interditada aos demais, o que exigiu que os membros tivessem que buscar as mulheres fora. O assassinato do pai, do chefe, foi um ato coletivo, proibido ao indivíduo, somente coletivamente é que se consumou, e como consequência "[...] o conjunto da comunidade assumiu a responsabilidade do ato assassino e coletivo, que passa a fundar o mistério sagrado, que será rememorado na refeição totêmica". (Crépon e Launay, 2010, p. 13).

A refeição totêmica é o terceiro vértice deste ato inaugural – o incesto, o assassinato e o canibalismo – e ocupa um papel determinante na constituição da cultura; "[...] quando metamorfoseado, institui a primeira forma de sociedade e cria também a matriz do sentimento religioso" (Le Rider et al., 2002, p. 13).

A proibição do incesto marca, na história da humanidade, a passagem da natureza à cultura e a instalação da lei moral e da culpa. Caterina Koltai, no seu livro *Totem e tabu – um mito freudiano*, diz que

> [...] a razão primeira que levou Freud a se confrontar com a questão da civilização parece ter sido a da limitação pulsional e da proibição do incesto, cujas consequências pôde observar na neurose, tanto que já no *Manuscrito N* (1897), contemporâneo ao surgimento do termo 'psicanálise', encontramos a curiosa formulação de que o 'incesto é um fato antissocial ao qual a civilização teve que renunciar para poder existir. [...] O fato de esse horror ao incesto provir de documentos etnográficos de sua época e por meio da criticada teoria do totemismo, pouco importa, já que uma eventual dissolução do conceito de totemismo em nada mudaria este horror, que, na opinião de Freud, é um fato clínico universal, do qual ainda podemos nos dar conta hoje em dia, mesmo fora de qualquer referência explícita ao totemismo. É ao se interrogar quanto à significação desse horror ao incesto que Freud pôde estabelecer uma relação entre as moções edipianas e a constituição do laço social (Koltai, 2010, p. 20-30).

A memória do assassinato e o interdito dessa morte, recolhidas por Freud a partir dos achados antropológicos, e que sustentam a filogenia, somam-se, no plano da ontogênese, ao que Freud já havia concebido sobre o desenvolvimento do indivíduo e, mais explicitamente, sobre a gênese da sexualidade e os primeiros interditos que a organizam, com a formulação, em 1905, do Complexo de Édipo.

O complexo de Édipo, complexo central/nuclear das neuroses, que organiza a neurose no plano ontogenético, aproxima-se da concepção filogenética e esta aproximação, apresentada no texto *Totem e tabu*, torna possível a formulação das hipóteses sobre a origem da moral, das religiões, da civilização/cultura, e da agressividade humana manifestada nas guerras. À culpabilidade que fez com que os irmãos renunciassem ao objeto de seu desejo, juntou-se a rivalidade originada na disputa sobre quem ocuparia o lugar do pai. Esta rivalidade fratricida também é interditada.

O mito do parricídio engendra entre os irmãos a culpa pelo assassinato cometido e, como consequência, estabelece a rivalidade entre eles na disputa do lugar do pai. Esse duplo interdito filogenético, decorrente da morte do pai e da luta fratricida, reverbera no plano ontogenético, sobre o complexo nuclear que organiza a neurose:

> Nós sabemos, no mínimo, que existe um vínculo obscuro entre a memória e a interdição do assassinato, o desejo incestuoso e a renúncia imposta a este desejo, o que nos

> leva a entrever que a sociedade, a moral e a religião encontram sua origem nessa articulação e que, se os homens daí retiram o benefício de sua sobrevivência, esta mesma articulação se torna para os homens a causa de seu sofrimento, que é temática sobre a qual se concentram as análises em *O mal-estar na cultura* (Crépon e Launay, 2010, p. 20).

A ambivalência exprime-se na dúvida que oscila entre o amor e a culpa, sentimentos presentes nos irmãos que mataram o pai, os quais ao mesmo tempo odiavam e amavam e/ou passaram a amar. As duas figuras antitéticas do pai convivem: "[...] um pai ilimitado, odiado e num segundo tempo o pai venerado, idealizado, que *permanece* – nos traços do animal totêmico – uma vez por ano sacrificado e comido" (Le Rider et al., 2002, p. 14). A reinstalação permanente deste ato, para que nunca seja esquecido, materializa-se na rememoração simbólica, através da instituição da cerimônia de incorporação do pai assassinado, paradoxalmente um festim e rememoração do ato criminoso, revestido ao mesmo tempo de fascínio e de horror.

Com o decorrer do tempo, o animal totêmico perdeu seu caráter sagrado e o sacrifício-festim tornou-se uma oferenda às divindades, muitas vezes intermediada por um celebrante. A rememoração do primeiro grande ato de sacrifício mostra-se assim indestrutível, não obstante os esforços para esquecê-lo. A rememoração deste ato, assumida pelas religiões, através de celebrações pagãs e cristãs, torna-o palatável porque esmaecido em relação ao seu caráter fundacional;

sendo simbólico, sustenta a eficiência do seu papel. A refeição totêmica percorre o tempo como uma tocha de fogo e de carne, não deixando que a lembrança seja esquecida.

A concepção psicanalítica diz que mesmo com os sacrifícios repaginados em celebrações, os vestígios filogenéticos não se extinguem, e nenhuma geração pode ou consegue ocultar às gerações seguintes os processos mentais originários mais importantes, já que as formações do inconsciente acabam desvelando-os.

O parricídio não trouxe a tranquilidade: ao contrário, instalou um disparador que se tornou intrínseco às relações sociais e comunitárias, e que nos momentos paroxísticos reinstala-se como uma luta de morte.

Dentre as formações do inconsciente, no plano da ontogênese, a neurose obsessiva é, no dizer de Freud (1913), "a doença do tabu", porque é uma relação proibida com forte inclinação para a sua realização, e a psicanálise revela que, com base nesta mitologia fundacional, se impôs a compreensão de que só é proibido o que é desejado. Os irmãos queriam a mulher do pai, ao eliminá-lo como suposto empecilho, impuseram-se a proibição de possuí-la. O traço desse conflito que então se instalou mantém-se; sua rememoração está cunhada na mesma moeda servida no banquete totêmico: de um lado a culpa, de outro o desejo que não se extingue.

Esta dupla função, em última instância, sustenta ao mesmo tempo a origem criminosa e a busca da expiação. A vertente assassina, decorrente do parricídio, é reinstalada em incontáveis atos de violência, com a constatação de que somos herdeiros de uma linhagem de assassinos, o que provoca um fascínio naqueles que se filiam *preferencialmente* à reatualização deste ato na sua vertente de violência: provavelmente aí estão os assassinos e os torturadores.

As proibições e restrições que constituem a matéria-prima do tabu são indestrutíveis, porque não estão ancoradas em alguma ordem escrita.

Wilhelm Wundt, um dos pensadores consultados por Freud para suas formulações em *Totem e tabu*, afirmou que o tabu é concebido como o código de leis não escrito mais antigo do homem. Rastreando o significado do termo tabu, de origem polinésia, Freud diz ser um conceito de difícil tradução, e encontra entre os antigos romanos o *sacer* com significado semelhante ao do tabu polinésio, verificando, porém, seus diversos significados: sagrado e consagrado, e, por outro lado, perigoso, misterioso, proibido, impuro.

O tabu traz em si algo de inabordável, gerando distintas restrições e proibições, e, conforme for concebido, terá como resultado diferentes abrangências e os mais diferentes objetivos. Porém, o que é comum a todos os tabus é a punição que decorre de sua violação.

Originalmente, "o próprio tabu violado se vingava" (Freud, 1913, p. 40), mais tarde o poder vingativo foi atribuído a um poder divino e, finalmente, as próprias sociedades passaram a se encarregar da punição dos transgressores, dando origem aos primeiros sistemas penais.

Podemos também deduzir que esta indeterminação do tabu, já então assemelhado ao *sacer*, se manterá como um dos elementos indissociáveis da filogênese que suporta o trânsito da espécie humana pelo seu comum caminho de pegadas indissolúveis e sem tempo de prescrição.

Ao lado da ambivalência, o tabu, essencial aos povos primitivos na organização de suas crenças, conferia-lhes uma característica, uma *delicadeza*, afirma Freud. Quando a ambivalência desaparece e é obturada, sobra o ódio em estado bruto, que permite

> [...] uma regressão que não é a emergência de uma pré-história, a de uma civilização em estado de decomposição, e sim uma civilização que acaba por instaurar uma nova organização social, a da horda sem pai, a do clã totêmico sem tabu, a do ódio sem ambivalência (Koltai, 2010, p. 116).

Totem e tabu descreve a passagem da natureza à cultura e constitui o ato de nascimento da metapsicologia do social. Para Freud, o crime não é apenas metafórico, "ainda que só tenhamos acesso a ele por meio do fantasma do neurótico, que se torna o testemunho da origem da realidade social. O neurótico dá a prova desse segredo esquecido" (Koltai, 2010, p. 112).

O primeiro drama da humanidade é o conflito entre o desejo do incesto e sua proibição. Os homens sempre desejarão transgredir a interdição; se transgredirem, levarão à destruição do indivíduo e do social.

> É necessário considerar as relações de uma criança com os pais, dominada como é pelos desejos incestuosos, como o complexo nuclear das neuroses que é o complexo de Édipo, experiência precoce de todo ser humano – eixo em torno do qual se estrutura a cultura; a obra civilizadora é então neurótica na sua própria essência. A aceitação da neurose coletiva é o preço a pagar para sair do reino da violência cega (Enriquez, 1990, p. 36).

Para Enriquez, a neurose não é apenas uma perturbação da vida psíquica, mas o signo da proximidade com a morte. *Totem e tabu* estabeleceu, por assim dizer, um *marco regulatório* da passagem do tempo primordial ao tempo da história; do mundo da força ao mundo das alianças; do estado de natureza ao estado de cultura.

Poderíamos supor que, com o avanço da civilização, haveria mecanismos que viessem a nos proteger do que consideramos pertencer ao passado. Na verdade, estes mesmos atos são presentificados a cada nova guerra que se instala: "o avanço da civilização, ou das civilizações, não nos protege de nada" (Crépon e Launay, 2010, p. 7).

A humanidade parece não poder e nem consegue pôr um ponto final no assassinato e por isso sua proibição se mantém.

> O assassinato é o fio condutor para compreender a relação entre guerra, civilização (civilizações), e religião (religiões), e o fio condutor para compreender a maneira como a

> civilização (civilizações), com ou sem religião, puderam voltar-se contra si mesmas e destruir o que, por essência, deveriam proteger (Crépon e Launay, 2010, p. 12).

O que é singular e o que pertence à espécie estão amarrados por nós que não deixam que a ontogênese e a filogênese se dissociem.

Reflexões para os tempos de guerra e de morte

Freud não foi indiferente aos acontecimentos políticos de seu tempo e de seu século, e seus testemunhos diretos e indiretos estão em vários de seus textos e correspondências. Se a questão do assassinato primordial foi tomada como o fio condutor que liga os textos *Totem e tabu*, *O mal-estar na cultura*, *Reflexões sobre os tempos de guerra e de morte* e a *Correspondência com Albert Einstein* é porque o parricídio tem uma relação com a mortalidade, com a morte e os interditos, e, por fim, com a destrutividade entre os homens.

Esta relação tornou-se impositiva para Freud, principalmente com a manifestação do ódio e da morte trazidos pela Primeira Guerra Mundial e o (mau) pressentimento do que depois dela poderia vir a ocorrer.

Comentando o texto *Reflexões para os tempos de guerra e de morte*, Crepón e Launay dizem que Freud apresenta, no texto, três questões: primeiro, a guerra é uma derrota da civilização; segundo, ela suspende os interditos e as restrições que foram construídos pela própria civilização para protegê-la, levando os homens a se matar em escala ainda sem precedentes, impondo a pergunta: como a crueldade pode ser exercida pelo indivíduo civilizado? Freud afirma que, se a crueldade retorna, é porque, em realidade, ela nunca deixou de existir, esta é a principal originalidade do seu pensamento. E, em terceiro lugar, a guerra perturba a relação com a morte, eliminando a proibição do assassinato e a crença na própria imortalidade, dois organizadores da vida psíquica.

É neste aspecto que a psicanálise é decisiva, lembrando mais uma vez a filogênese:

> [...] nós devemos orientar nosso exame psicológico em direção a duas relações com a morte: a que nós podemos creditar ao homem arcaico, ao homem dos primeiros tempos, e a morte que foi mantida em nós, de uma forma dissimulada, invisível à nossa consciência, nos recônditos mais profundos de nossa vida psíquica (Crépon e Launay, 2010, p. 72).

Em "A desilusão da guerra", primeiro dos dois ensaios que compõem o texto *Reflexões*, Freud revela sua perplexidade dizendo constatar que os feridos não são respeitados, e nem mesmo as populações civis, e que a perfídia, a crueldade, a traição e a brutalidade são inconciliáveis com a cultura! Constatou que a guerra destruiu bens preciosos comuns a todos e confundiu inteligências lúcidas, e que a própria ciência perdeu sua imparcialidade. Imaginou também, ou imaginava, que os pactos entre os homens, para cuidar dos caídos em campo de batalha, e o tratamento dos feridos, proposto em acordos humanitários, fossem prevalecer.

Foi percebendo que suas hipóteses mostravam-se ilusórias, e suas boas expectativas em relação aos seus concidadãos não se sustentavam mais. A guerra era uma guerra tão sanguinária quanto outras guerras ocorridas em outros tempos, e mais destrutiva ainda, pela eficácia e aperfeiçoamento das armas de combate que a ciência havia ajudado a projetar e construir.

Nesta guerra, seus dois filhos tinham-se alistado como voluntários; certamente, de alguma forma Freud considerou que havia justo motivo para achar que prevaleceria algum tipo de vitória da civilização. Mas não. A funesta constatação o estimulou então a buscar os subsídios para entender a participação individual e a participação coletiva nesse evento de tamanha violência. Diz então:

> Nesta guerra, o cidadão individual pode, com horror, convencer-se do que ocasionalmente lhe cruzaria o pensamento em tempos de paz – que o Estado proíbe ao indivíduo a prática do mal, não porque deseja aboli-la, mas porque deseja monopolizá-la, tal como o sal e o fumo. Um Estado beligerante permite-se todos os malefícios, todos os atos de violência que desgraçariam o indivíduo; [...] exige o grau máximo de obediência e de sacrifício de seus

> cidadãos; ao mesmo tempo, porém, trata-os como crianças, mediante um excesso de sigilo e censura quanto às notícias e expressões de opinião que deixa os espíritos daqueles cujo intelecto assim suprime sem defesa contra toda mudança desfavorável dos eventos e contra todo boato sinistro (Freud, 1915, p. 316).

Duas manifestações ficaram explícitas, frente ao que acompanhava fora dos campos de batalha: a baixa moralidade do Estado que se apresentava como guardião dos padrões morais e a brutalidade e crueldade demonstradas pelos indivíduos que eram reconhecidos "[...] como participantes da mais alta civilização humana; não os julgaríamos capazes de tal comportamento" (Freud, 1915, p. 317).

A essência profunda da natureza humana, diz, "consiste em impulsos instintuais de natureza humana elementar semelhantes em todos os homens, e que visam à satisfação de certas necessidades primitivas" (Freud, 1915, p. 317).

Esses impulsos não são nem bons e nem maus, e organizam-se conforme as necessidades e as exigências da comunidade humana. Muitas vezes se mostram ambivalentes, o que é facilmente observável, e reside no fato de que o amor intenso e o ódio intenso são frequentemente encontrados juntos na mesma pessoa. A psicanálise acrescenta que esses dois sentimentos opostos, não raramente, têm como objeto a mesma pessoa.

A influência da cultura provoca uma mescla de sentimentos, e assim, a história individual está sujeita "[...] não só à pressão de seu ambiente cultural imediato, mas também à influência da história cultural de seus ancestrais [...]" (Freud, 1915, p. 319).

Freud compara o desenvolvimento do psiquismo com a transformação de uma aldeia em cidade, e de uma criança em adulto, e diz que a aldeia e a criança ficam perdidas na cidade e no homem, e que só a memória pode recuperar o que antes havia. Porém, o mesmo não ocorre com o desenvolvimento psíquico, pois cada etapa anterior do desenvolvimento permanece ao lado da etapa da qual derivou, e o que antes se formou é imperecível.

Ao final deste primeiro ensaio, perplexo frente ao legado que a guerra certamente irá deixar como um traço indelével na cultura, Freud diz que para ele é um mistério os indivíduos odiarem-se e desprezarem-se mutuamente – inclusive em épocas de paz.

> Não posso dizer por que é assim. É algo como se, quando se trata de um grande número de pessoas, para não dizer milhões, todas as conquistas morais individuais fossem obliteradas, e só restassem atitudes morais mais primitivas, mais antigas e mais toscas. Talvez só etapas posteriores do desenvolvimento sejam capazes de efetuar alguma mudança nesse lamentável estado de coisas (Freud, 1915, p. 325).

No segundo ensaio, "Nossa atitude para com a morte", Freud retoma o comportamento do homem pré-histórico e lembra que ele não acreditava na própria morte, assim como ocorre ainda, pois no fundo ninguém acredita na própria morte e inconscientemente todos acreditamos na própria imortalidade.

Frente à guerra, diz que há uma distinção entre os homens que vão para o campo de batalha e os que permanecem em casa (como ele), aguardando notícias de entes queridos. Certamente haverá uma transformação nos combatentes que retornam, mas que naquele momento saberia pouco o que dizer, preferindo pensar sobre o impacto que a morte causa sobre os vivos.

Continuando seu pensamento, afirma que há opiniões diferentes entre os que se deparam com a morte de entes queridos e dos que veem morrer o inimigo. O homem primordial não tinha qualquer objeção à morte de quem odiava, e nem escrúpulos em ocasioná-la; a história da humanidade está repleta de assassinatos.

O obscuro sentimento de culpa ao qual a humanidade está sujeita desde os primeiros tempos e que nas religiões foi condensado na doutrina da culpa originária – o pecado original – é provavelmente o resultado de uma culpa pelo homicídio em que teria incorrido o homem da horda, que abordara no texto *Totem e tabu* seguindo as pistas fornecidas por Charles Darwin, entre outros, para *adivinhar* a natureza desta culpa ancestral.

Por outro lado, o mesmo homem primordial, ao ver um ente querido morrer, foi forçado a perceber que cada um pode morrer, e todo o seu ser revoltou-se frente a esta evidência. O homem não podia mais manter a morte longe de si, pois havia provado a dor dos mortos amados, e "foi ao lado do cadáver de alguém amado que os homens inventaram os espíritos, e seu sentimento de culpa pela satisfação, mesclado à sua tristeza, transformou estes espíritos em demônios maus que deveriam ser temidos" (Freud, 1915, p. 332).

Nasceu então para o homem primitivo, conclui Freud, a divisão do indivíduo em corpo e alma, e consequentemente a concepção de uma vida que continua após uma morte aparente, concepção retomada pela religião/religiões como parte essencial de sua doutrina.

Frente à morte da pessoa amada, surgiram as crenças na imortalidade e em uma vida eterna após a morte, imantadas pelo sentimento de culpa frente à morte desejada para outro. O mandamento mais antigo, o *não matarás*, surgiu em relação aos amados e como reação contra a satisfação do ódio que se ocultava sob o pesar e que, com o decorrer do tempo, tornou-se um mandamento ético frente aos estranhos e até mesmo frente aos inimigos.

> Em resumo: nosso inconsciente é tão inacessível à ideia da própria morte, tão inclinado ao assassinato em relação a estranhos, tão dividido e ambivalente para com aqueles que amamos, como o era para o homem primevo. Contudo, como nos distanciamos desse estado primordial em nossa atitude convencional e cultural para com a morte! É fácil ver como a guerra se choca com essa dicotomia. Ela nos

> despoja dos acréscimos ulteriores da civilização e põe a nu o homem primevo que existe em cada um de nós (Freud, 1915, p. 338).

O mal-estar na cultura

O tema principal do livro *O mal-estar na cultura* é o conflito irremediável entre as pulsões e as barreiras impostas pela cultura, tema e referência à compreensão da vida em sociedade. As próprias instituições criadas para proteger a sobrevivência da humanidade trazem dentro de si os ingredientes que geram o seu mal-estar.

Apesar de ter construído com cautela a concepção da prevalência do mal como condição do humano e da pulsão de morte e suas consequências como inerentes ao mal-estar, o desdobramento do seu raciocínio e a apresentação dos seus argumentos em *O mal-estar na cultura* são desconcertantes.

As condições que emolduram a construção do texto foram singulares. Estava, juntamente com sua família, em um balneário, sem seus livros e sem poder compartilhar sua opinião com outros intérpretes da cultura, com seus mais próximos interlocutores. A travessia pela Primeira Grande Guerra; a convivência diuturna, durante mais de dez anos, com um câncer incurável; sua autoanálise e seu fazer clínico solitário e flutuante, nas sombrias águas da alma de seus pacientes, somaram-se à determinação do pesquisador.

Freud não chegou a conhecer de perto a devastação que se avizinhava com a Segunda Guerra Mundial e não poderia imaginar suas quatro irmãs pulverizadas nos fornos crematórios de Hitler. Não poderia prever a incomensurável dimensão da catástrofe que se abateu sobre a humanidade a partir de sua querida Europa, através das mãos do nacional-socialismo, com o implacável extermínio de milhões de crianças, de homens e de mulheres.

O texto *O mal-estar* é um voo solitário sobre os embates da cultura, um texto *a capela*. A opinião sobre seu próprio texto deixou transparecer alguma inquietação pela indisponibilidade de acesso aos seus livros de consulta, como revelou em carta a Lou Andreas Salomé. "Hoje escrevi a última frase, que encerra o trabalho na medida em que é possível aqui – sem biblioteca. Ele trata da cultura, do sentimento de culpa, da felicidade e outras coisas enaltecidas" (Gay, 1989, p. 493).

Escreve também que o texto tratava de questões banais, já conhecidas de todos, cultura, crença e sentimento religioso, felicidade, sentimento de culpa.

Nesse mesmo julho de 1929, em carta a seu interlocutor Max Eitington[2], psiquiatra e psicanalista polonês, que em 1920 impulsionou o sonho freudiano de uma psicanálise de

[2] "Max Eitington foi um dos primeiros a fazer uma análise didática com Freud, em 1908 [...] e até 1929 financiou a Policlínica de Berlim, construída segundo os planos de Ernst Freud, filho de Sigmund. Esta policlínica foi a primeira do gênero e o modelo das futuras instituições pelo mundo. Tratava-se, ao mesmo tempo, de formar analistas e de tornar acessível o tratamento psicanalítico ao maior número de pessoas e às mais carentes" (Roudinesco e Plon, 1998, p. 172).

caráter social, diz que o nome do livro seria A *Infelicidade na cultura*, já que avançara muito na compreensão da miséria humana. O incômodo que foi-se instalando o levou a optar por outro título, por *O mal-estar na cultura*.

Não tinha a dimensão de que esta construção iria reverberar continuadamente mais tarde, a ponto de a expressão que utilizou ter sido incorporada em numerosos estudos que passaram a pensar a longa noite dentro da qual a humanidade sucumbiu a partir da Segunda Guerra Mundial: mal-estar na atualidade; mal-estar na pós-modernidade; mal-estar na modernidade; em torno do mal-estar na cultura; hipermodernidade; modernidade tardia; líquida e ou viscosa, são, entre outros, títulos que interrogam substantivamente o que afinal une e afasta os homens uns dos outros em sua busca da felicidade.

Diferentemente de *Totem e tabu*, que escreveu consultando numerosos estudiosos e autores das questões da cultura e das civilizações, o livro O *mal-estar* foi escrito entre os meses de julho e novembro de 1929, de um só fôlego, a partir de suas próprias descobertas, e talvez "[...] suas próprias descobertas devem tê-lo amedrontado, apesar de sua coragem intelectual" (Enriquez, 1990, p. 99) – e por isso a tentativa de minimizar seu trabalho, como se fosse algo que todos já soubessem.

Enriquez interpreta esta atitude de Freud como uma forma de deixar seus eventuais críticos à vontade, já que se antecipa a eles. A presença da violência como uma hipótese, protagonizada pela luta entre Eros e Tânatos, tornar-se-á um princípio ordenador da "[...] gênese do funcionamento e da destruição da civilização" (Enriquez, 1990, p. 99).

A instalação da pulsão de morte como um constructo especulativo tornar-se-á um ponto de inflexão determinante em toda a interpretação da destrutividade que se avizinhava com a ruptura de laços urdidos pela consciência moral. "Quer anunciasse secamente seu argumento no título ou o atenuasse ligeiramente com um circunlóquio de aparência mais branda, Freud estava abordando a miséria humana com absoluta seriedade" (Gay, 1989, p. 493).

Uma semana após enviar para a gráfica seu manuscrito concluído em 29 de outubro, eclodia a grande crise financeira da Bolsa de Nova York, a *Grande Depressão*, confirmando também a debacle econômico-financeira.

Sobre a escolha do título

A escolha da melhor tradução para *Kultur* ocupa boa parte da literatura que se debruça sobre *O mal-estar*. Os estudiosos do alemão, os estudiosos das obras de Freud em geral, e os que a traduziram para o francês, para o inglês, e a traduziram para o português a partir do inglês e/ou do alemão.

Jacques Le Rider discute no ensaio "Cultivar o mal-estar ou civilizar a cultura?" a questão da tradução, a partir de vários autores, e entre estes traz a opinião de Thomas Mann de que existe todo um campo semântico da *Kultur* que se oporia ao da Civilização; "porque a política é questão de razão, de democracia e de civilização, ao passo que a moral é assunto da cultura e da alma" (Le Rider et al., 2002, p. 102).

A partir desta afirmação, os diferentes argumentos para a tradução avançam e o próprio título do ensaio de Le Rider revela a complexidade desta questão.

De qualquer forma, fiz uma escolha sobre qual seria a tradução a adotar, e fiquei com a opinião de Freud escrita por ele mesmo, em 1927, no texto "O futuro de uma ilusão":

> A civilização humana, expressão pela qual quero significar tudo aquilo em que a vida humana se elevou acima de sua condição animal e difere da vida dos animais – e desprezo ter que distinguir entre cultura e civilização – apresenta, como sabemos, dois aspectos ao observador. Por um lado inclui todo o conhecimento e capacidade que o homem adquiriu com a finalidade de controlar as forças da natureza e extrair a riqueza para a satisfação das necessidades humanas; por outro lado, inclui todos os regulamentos necessários para ajustar as relações entre os homens, uns com os outros, e especialmente a distribuição da riqueza disponível. As duas tendências da civilização não são independentes uma da outra; em primeiro lugar, porque as relações mútuas entre os homens são profundamente influenciadas pela quantidade de satisfação instintual que a riqueza existente torna possível; em segundo lugar, porque, individualmente, um homem pode, ele próprio, vir a funcionar como riqueza em relação a outro homem, na medida em que a outra pessoa

> faz uso de sua capacidade de trabalho ou o escolhe como objeto sexual; em terceiro, ademais, porque todo indivíduo é virtualmente inimigo da civilização, embora se suponha que esta constitui um objeto de interesse universal. É digno de nota que, por pouco que os homens sejam capazes de existir isoladamente, sintam como um pesado fardo os sacrifícios que a civilização deles espera, a fim de tornar possível a vida comunitária. A civilização, portanto, tem que ser defendida contra o indivíduo e seus regulamentos; instituições e ordens dirigem-se a essa tarefa. Visam não apenas efetuar uma certa distribuição da riqueza, mas também manter essa distribuição; na verdade têm que proteger contra os impulsos hostis dos homens tudo o que contribui para a conquista da natureza e a produção da riqueza. As criações humanas são facilmente destruídas, e a ciência e tecnologia, que as construíram, também podem ser usadas para sua aniquilação (Freud, 1927, p. 16).

Márcio Seligmann-Silva, doutor em Teoria Literária pela Universidade Livre de Berlim, escreve o Prefácio à tradução do alemão feita por Renato Zwick de *O mal-estar na cultura* e faz uma apreciação sobre a escolha de Freud para o título do texto:

> Se Freud desprezava a distinção entre esses termos, não é menos verdade que os dois estão dados em alemão, e ele muito sabiamente elegeu *Kultur* para seu ensaio que depois se tornaria conhecido: *Das Unbehagen in der Kultur* – O

> *mal-estar na cultura.* Freud localiza o mal-estar muito antes da construção das cidades. Na sua definição de cultura, já encontramos um ponto que será fundamental no texto de 1930: a ideia da distinção entre o homem e a natureza/animalidade que, por sua vez, se liga à conquista de uma série de técnicas de extração e conquista de riquezas, mas também de convívio social. Neste sentido, Freud se coloca na tradição da reflexão ética que, desde os estoicos, busca pensar técnicas para uma vida feliz. Mas em 1930 ele está cético. Assim, é importante ressaltar também a importância do outro termo: *Unbehagen* (mal-estar), que remete a uma fragilidade, a uma falta de abrigo, a estar desprotegido. [...] Freud procura mostrar o oculto, o segredo, por detrás de toda cultura e da nossa humanidade, ou seja, suas origens mais profundas (Seligmann-Silva, 2010, p. 25).

Nada do que uma vez se formou pode perecer

A morte do pai da horda deixou uma inscrição filogenética e esta articulação é retomada por Freud ao dizer que, na vida psíquica, nada do que uma vez se formou pode perecer. O que se passou pode ser preservado, não sendo necessariamente destruído. Para compreender a conservação do passado na vida psíquica, Freud fez uma digressão sobre a cidade de Roma, que tanto o empolgava, um museu a céu aberto, para explicar que apesar das ruínas e dos vestígios de antigas edificações, estas mesmas edificações tinham ficado para sempre destruídas. Na vida psíquica, contudo, o passado pode ser evocado, pode ficar conservado e não é necessariamente destruído para que outra edificação some-se aos conteúdos já vividos.

Podemos dizer irreverentemente que a vida psíquica antecipa o modo virtual, já que permite o resgate de conteúdos, de lembranças antigas que estão armazenadas no *hardware* do nosso equipamento de pensar e de sentir. Dito de outro modo, o que vale para o indivíduo vale também para a espécie. Para que ambas as dimensões mantenham-se contíguas através do tempo, sua inscrição mnemônica transgeracional torna-se um pressuposto da teoria freudiana.

Ainda nesta primeira parte do texto, Freud expõe a Romain Rolland[3], interlocutor por quem nutria grande admiração, que a crença sobre a existência de uma religiosidade originária não se sustenta, apesar de *algumas pessoas* poderem sentir o que Rolland chamou de "sentimento oceânico". Rolland fala sobre a existência de uma fonte de energia religiosa da qual os diferentes sistemas religiosos e igrejas se apoderariam, e, na sua opinião, mesmo que uma pessoa não tivesse uma crença desta natureza, poderia considerar-se religiosa, com fundamento nesse sentimento de eternidade e sem fronteiras, que constatou

---

[3] Romain Rolland, escritor francês e Prêmio Nobel de Literatura em 1916, foi adversário intransigente do Partido Nacional Socialista e, em 1930, destacou-se nos movimentos antifascistas. Freud o procurou quando soube que estava com câncer e mantiveram uma correspondência calorosa, estimulada pela mútua adesão aos valores do Iluminismo, o amor a Shakepeare e Spinoza. Tiveram divergências, manifestas em relação à concepção de religião, principalmente após Freud lhe enviar, em 1927, um exemplar de *O futuro de uma ilusão* (Roudinesco e Plon,1998, p. 668).

nos grandes místicos asiáticos e também nos dogmáticos da Igreja cristã.

Freud desmonta esta possibilidade e afirma que tal sentimento é fruto da sensação de conservação pelo psiquismo de um sentimento infantil de indistinção com o mundo, um mundo sem conflito, sem falta e sem dor. Este sentimento seria mais uma derivação para explicar que, frente ao desamparo infantil, manter-se-ia na vida adulta a necessidade de um deus que sustentasse, de algum lugar, a proteção, eternizando essa sensação chamada de oceânica. Freud diz também que imagina que este sentimento tenha se vinculado à religião posteriormente e que seria uma maneira de o ego rejeitar o perigo que reconhece como uma ameaça externa.

A amizade entre os dois, apesar da divergência em relação ao sentimento religioso, valeu um texto precioso que Freud redigiria de presente para o amigo, em 1936, em comemoração ao aniversário de Rolland. O texto é *Um distúrbio da memória na Acrópole*, no qual analisou a relação com a figura paterna e a rivalidade entre irmãos.

A *impossível felicidade*

Freud introduz no seu estudo a tentativa de compreender a saga dos homens na incansável busca da felicidade, tentando evitar o sofrimento e o desprazer. Para que a felicidade viesse a se manter como uma possibilidade permanente, haveria de se supor que a vida é patrocinada psiquicamente pelo princípio do prazer, o que é totalmente impossível.

O sofrimento advindo do próprio corpo, do envelhecer e do adoecimento, os que são oriundos no mundo externo ao indivíduo e principalmente o sofrimento decorrente da sua relação com os outros homens tornam impossível a manutenção de uma felicidade sem tréguas.

Tendo como referência o modo de funcionamento psíquico que oscila entre o princípio de prazer e o princípio de realidade, presidido pelo princípio de prazer, diz que "o próprio princípio do prazer, sob a influência do mundo externo, se transformou no mais modesto princípio de realidade – quando um homem pensa ser feliz simplesmente porque escapou à infelicidade ou sobreviveu ao sofrimento" (Freud, 1929, p. 96).

O uso de subterfúgios para escapar aos embates na relação com os outros, como o isolamento voluntário e o ascetismo, a tentativa de manter a sensação de felicidade através do uso de drogas ou outros adictivos, são recursos fugazes.

A sublimação, como um destino pulsional, através do trabalho, da investida nas práticas artísticas, a fruição das obras de arte e mesmo as atividades científicas trazem prazer pontual e em geral são acessíveis para poucos e, mesmo para os que as empreendem, não conseguem costurar uma armadura impenetrável contra as investidas do destino "[...] e habitualmente falha quando a fonte do sofrimento é o próprio corpo da pessoa" (Freud, 1929, p. 99).

A psicanálise entende que a brecha que existe para a busca da felicidade é sustentada muitas vezes pelo adoecimento neurótico; a sensação plena de felicidade, além da margem da realidade, manifestar-se-á como delírio e desrazão, destinos do excesso.

O sofrimento advindo da relação dos homens entre si é paradoxal. Para conviver, os homens estabeleceram códigos e regras, supondo que dariam conta dos embates e impediriam o sofrimento que ocorreria frente aos desajustes em relação a qualquer destes campos de relacionamento: o campo do amor erótico; o amor narcísico, o familiar, e o estabelecido pelas relações com o Estado, em última instância o representante das relações sociais entre os humanos.

Constata-se que os regulamentos estabelecidos pelos homens para sua proteção não oferecem estas condições, pois

> O que chamamos de civilização é em grande parte responsável por nossa desgraça e seríamos mais felizes se a abandonássemos e retornássemos às condições primitivas. Constitui fato incontroverso que todas as coisas que buscamos a fim de nos proteger contra as ameaças oriundas das fontes de sofrimento fazem parte desta mesma civilização (Freud, 1929, p. 105-106).

O progresso avassalador das ciências e o desenvolvimento das técnicas de controle sobre esses mesmos avanços não são portadores da felicidade e da paz; ao contrário, engendram muitas vezes destruição. O desenvolvimento do conhecimento sobre o homem, sobre a técnica, sobre o espaço, sobre os astros e os oceanos dá ao homem a sensação de que ele é uma espécie de "Deus de prótese". Contudo, "[...] o homem não se sente feliz em seu papel de semelhante a Deus" (Freud, 1929, p. 112). A beleza e a ordem ocupam importante papel na civilização; as realizações intelectuais, do campo da ciência e os sistemas religiosos configuram o que se pode chamar de ideais, e explicitam o desenvolvimento da civilização.

A prova contemporânea deste rompimento permanente escancara-se quando constatamos que todos os tratados, convenções e assembleias pela paz, contra o assassinato indiscriminado provocado pelas guerras, contra o extermínio, contra a tortura e o desaparecimento forçado, o ocultamento de corpos assassinados em conflitos, são reiteradamente desrespeitados. A cada guerra corresponde um tratado, uma convenção, e todos são, de diferentes formas, desrespeitados. Nos dois capítulos seguintes, "A tortura no Brasil durante a ditadura civil-militar" e "Tortura: referências históricas", nos assustaremos ao ler sobre o que o homem é capaz de fazer com outro homem.

Mas, de todos os aspectos, o mais importante e característica principal é a forma como os homens foram organizando-se em seus relacionamentos mútuos e sociais, regulados e regulamentados, quando a força bruta, individual e isolada foi substituída pela união a outros indivíduos, criando uma comunidade: "[...] a substituição do poder do indivíduo pelo poder de uma comunidade constitui o passo decisivo da civilização" (Freud, 1929, p. 115). A justiça e a lei passam a ser garantias éticas para a convivência, mas a luta entre os homens siderados pela busca da felicidade reinstala permanentemente conflitos irreconciliáveis, que rompem com os acordos, promovendo uma devassa sobre as garantias éticas estabelecidas.

Amarás teu próximo como a ti mesmo

A convivência entre os homens, o relacionamento afetivo e sexual entre eles e os elos de trabalho que foram criados para sustentar suas necessidades também não trouxeram como corolário a felicidade.

Um mandamento antigo foi-lhes proposto, *amarás a teu próximo como a ti mesmo*, antes mesmo que o cristianismo o assumisse como sua consigna máxima. Por que amar o próximo como a si mesmo? Qual benefício trará para "o si mesmo"? Como pode ser possível amar um próximo que é um estranho?

As perguntas são feitas por Freud, e as respostas também. A proposta apresentada solenemente como um mandamento compulsório do cristianismo traz várias questões, e a principal é que seu cumprimento não pode ser razoável e bate de frente com a afirmação de que o homem é o lobo do homem.

A história do desenvolvimento das relações entre os homens, das atrocidades cometidas durante migrações raciais, pelas incursões dos próprios cristãos em suas cruzadas, pelos colonizadores e pelas guerras mundiais são a evidência de que prevaleceu o lobo sobre o santo, prevaleceu a discórdia sobre a compreensão e a cordialidade.

O desenvolvimento das formas de matar, impensadas na época de Freud, comprovam suas afirmações. A morte corpo a corpo da Primeira Guerra Mundial foi suplantada pela morte em massa nas guerras posteriores. Os campos de extermínio utilizaram-se do avanço da ciência para eliminar sem deixar sobreviventes. No século XXI, o exterminador não precisa estar no campo inimigo: dispara bombas nucleares, envia artefatos teleguiados. Os veículos aéreos não tripulados (VANT) e sua versão mais avançada, os drones, disparados a quilômetros de distância e com ampla autonomia de voo, são a evidência de que o ódio prevaleceu sobre o amor. A civilização avança na sua própria destruição e extermínio mútuo, a ficção científica materializa-se.

A história dos fratricídios são ingredientes da história da cultura. Quando a religião católica postulou o amor universal entre os homens como fundamento de sua comunidade cristã, quem ficou de fora, consequência inevitável, passou a ser alvo da intolerância.

Novos apóstolos e novas intolerâncias religiosas foram incorporados pelas intolerâncias soberanas de Estados e os fundamentalismos agressivos são cada vez mais desfraldados. O pretendido amor ao próximo, incondicional, não se manteve e não se mantém.

Uma nova tentativa de ser feliz levou os homens à busca das leis, asseguradas pelos códigos e pela justiça: imparcial, cega e equânime. Sendo a justiça aplicada pelos mesmos homens que se digladiam dentro e fora dos tribunais, as formas de exclusão e de penalização do campo do judiciário materializariam-se como amorosas? As prisões onde vão cumprir o ritual de re-educação para o retorno à vida social são construídas sobre códigos amorosos? Será que os excluídos, incluídos nas prisões, são felizes na sua exclusão e capazes do amor?

Dando-se por vencido frente às leis, à religião, à ciência, a conquista da felicidade permanente evidencia-se impossível. O amar ao próximo como a si mesmo não se sustenta.

Um poderoso empecilho à cultura: a pulsão de morte

A pulsão de morte já fora concebida desde 1920 como uma pulsão silenciosa que se manifesta pelo que produz, contrapondo-se às pulsões de vida em suas manifestações ruidosas, amorosas e sublimadas. Do ponto de vista freudiano, o campo da vida foi inicialmente configurado pela busca e satisfação das necessidades para viver e crescer, e a fome podia ser considerada a representante das pulsões que querem conservar o indivíduo.

O amor impôs-se como o paradigma da busca da conservação da espécie, e esta relação entre os dois campos constituiu o primeiro dualismo pulsional: as pulsões de autopreservação – as pulsões do ego e as pulsões que visavam ao objeto, à preservação da espécie –, e o campo das pulsões sexuais, no qual circula a libido: "[...] o que chamamos de libido, é nada mais nada menos do que o conjunto das pulsões direcionadas para o objeto externo, ou, dizendo de outra forma, são as pulsões de amor no sentido mais amplo" (Crépon e Launay, 2010, p. 58).

Esta relação demonstrou a Freud, a partir de sua investigação clínica, que a pulsão continha outros destinos. Diz:

> Meu passo seguinte foi dado em *Mais além do princípio do prazer* (1920) quando, pela primeira vez, a compulsão para repetir e o caráter conservador da vida instintiva atraíram minha atenção.
>
> [...] Partindo de especulações sobre o começo da vida e de paralelos biológicos, concluí que, ao lado do instinto para preservar a substância viva e para reuni-la em unidades cada vez maiores, deveria haver um outro instinto contrário àquele, buscando dissolver estas unidades e conduzi-las de volta para seu estado primevo e inorgânico. Isso equivaleria dizer que assim como Eros, existia também um instinto de morte (Freud, 1929, p. 141).

A pulsão de morte age em relação ao próprio sujeito através de uma compulsão à repetição, evidenciando seu caráter conservador e a tendência a voltar a um estágio inorgânico a partir da destruição das construções de Eros. Freud supôs que uma parcela desta tendência destrutiva, para não aniquilar o próprio sujeito, volta-se para o mundo exterior e, então, mostra-se como uma poderosa força de agressão e de destruição, manifestada no constructo proposto como pulsão de morte. Dentro do campo pulsional, amor e ódio trabalham ao mesmo tempo e às vezes tornam-se irreconhecíveis na sua especificidade.

O sadismo é uma destas manifestações. No sadismo, a libido acompanha o prazer de dominar, um jogo cruel que subverte o que se pensaria como amor.

> Como compreender este laço entre pulsão sexual e crueldade? Como compreender que o amor foi contaminado por uma forma de agressão, que, no caso do sadismo, torna-se uma necessidade e que nas suas manifestações mais extremas, leva à morte o objeto da pulsão? Como compreender esta mistura de amor e agressão? (Crépon e Launay, 2010, p. 58).

O entrelaçamento entre a pulsão de morte e a de vida também se expressa na concepção – já apresentada anos antes, em 1914 – do narcisismo, quando a libido que se suporia estar voltada para o exterior volta-se para dentro, para o próprio indivíduo, o que explicita que as pulsões do ego são também libidinais. A esse respeito, Freud faz um reconhecimento em relação ao desenvolvimento de suas concepções e diz que:

> Não posso mais entender como foi que pudemos ter desprezado a ubiquidade da agressividade e da destrutividade não eróticas e falhado em conceder-lhe o devido lugar em nossa interpretação da vida. O desejo de destruição, quando dirigido *para dentro*, de fato, foge grandemente à nossa percepção, a menos que esteja revestido de erotismo (Freud, 1929, p. 141).

O que chamamos de pulsão de vida não pode ser separado da conjunção com a pulsão de morte. A vida supõe tanto a pulsão de vida como a pulsão de morte. Freud assume plenamente a existência e a inclinação agressiva e destrutiva do ser humano como uma disposição original, independente, e afirma que a cultura encontra nessa disposição seu mais poderoso empecilho.

A cultura é expressão das atividades agregadoras presididas por Eros, impulsionadas pelo amor quando as multidões ligam-se por laços agregadores, mas Freud constata que as vantagens da comunidade não se sustentam nestes laços, e que a agressividade destrutiva e a hostilidade de cada um contra todos e de todos contra um se opõem no que poderia ser um suave caminho rumo à felicidade.

A destrutividade é decorrência direta da pulsão de morte e preside a luta da espécie humana pela vida em espetacular paradoxo, quando partimos da premissa de que a vida é a obra-prima de Eros agregador. A luta da espécie humana pela vida é a grande batalha, presidida por Eros e Tânatos.

É possível neutralizar a agressividade?

De que meios dispõe a cultura para opor-se e talvez eliminar a agressividade? A agressividade muitas vezes é mandada de volta para o ego, é introjetada e internalizada, mandada de volta para o lugar de onde veio. "É aí colocada em uma parte do ego contra o resto do ego, colocada como superego, sob a forma de *consciência* pronta para pôr em ação contra o ego a mesma agressividade rude que o ego gostaria de ter usado contra outros indivíduos" (Freud, 1929, p. 146).

Esta relação tensa constitui o que Freud chama de sentimento de culpa, que exige uma punição. O sentimento de culpa é oriundo de duplo medo: o medo do desamparo e o medo da perda do amor. Por isso, a formulação ousada de Freud que diz que o mal é tudo o que leva à perda do amor e da proteção do pai, da autoridade que ficou em seu lugar, do poder que cumpre esta função. Mesmo que o mal não tenha sido praticado, o medo mantém-se como perigo de que o pai, a autoridade, descubra sua intenção.

> Conhecemos assim duas origens do sentimento de culpa: uma que surge do medo de uma autoridade, e outra, posterior, que surge do medo do superego. A primeira insiste em uma renúncia às satisfações instintivas; a segunda, ao mesmo tempo que faz isso, exige punição, uma vez que o desejo proibido não pode ser escondido do superego. [...] Uma ameaça de infelicidade externa, perda de amor e castigo por parte da autoridade externa, foi permutada por uma permanente infelicidade interna, pela tensão do sentimento de culpa (Freud, 1929, p. 151).

A relação dessa formação guarda estreito vínculo com o sentimento originário pela morte do pai da horda. Na época mítica, a vontade de matar o pai foi executada, não foi reprimida; por que então o sentimento de culpa? O arrependimento pelo ato perpetrado e o remorso se impuseram, exatamente pela ambivalência em relação ao pai tão amado quanto odiado. O sentimento de culpa instalou-se como um ingrediente definitivo na cultura.

O conflito decorrente da ambivalência não se extingue ou ameniza-se pelo arrependimento, pelo remorso ou pela aceitação da punição. O sentimento de culpa é o problema mais importante no desenvolvimento da cultura, afirma Freud.

O preço pago para que este desenvolvimento ocorra é a perda da felicidade, tornada impossível pela intensificação do sentimento de culpa, que se manifesta como angústia e em numerosas formas de adoecimento psíquico, entre os quais a neurose e a psicose.

Às vezes, o sentimento de culpa manifesta-se como uma angústia, um *mal-estar* que oprime e que não se esvai. Superego, consciência moral, consciência de culpa, sentimento de culpa, necessidade de punição, remorso e arrependimento, talvez sejam expressões intercambiáveis, em certa medida.

A luta entre amor e ódio, entre Eros e Tânatos, entre as pulsões de vida e de morte, relacionada com o desenvolvimento do indivíduo e com o desenvolvimento da espécie, é o processo cultural experimentado pela humanidade, em busca da felicidade individual e a da integração humana. Os dois processos de desenvolvimento têm que se hostilizar mutuamente e disputar o terreno um do outro.

Freud apresenta uma metáfora em relação aos movimentos do indivíduo em sua relação com a espécie, e diz que é o mesmo movimento de rotação e de trasladação da Terra, em torno do seu próprio eixo e concomitantemente ao redor do sol. O singular e o coletivo, o próprio e o histórico não podem se separar.

A analogia da sobrevivência da espécie com o processo civilizatório e cultural desdobra-se na formação de um superego cultural, que, assim como o superego individual, forma ideais e impõe exigências. Essas exigências constituem a ética e dizem respeito às relações dos homens entre si. A cultura adoece em suas patologias culturais e é preciso que "[...] alguém se aventure a se empenhar na elaboração de uma patologia das comunidades culturais" (Freud, 1929, p. 169).

Freud diz ao terminar seu texto que não pretendeu exprimir uma opinião sobre valor da cultura, mas tão somente tentar entendê-la, analisá-la. Reafirma o que já expusera ao iniciar seu ensaio: a conquista definitiva da felicidade é uma ilusão. Diz saber que não trouxe consolo aos seus semelhantes ao estabelecer um mal-estar como condição.

> A questão fatídica para a espécie humana parece-me ser saber se, e até que ponto, seu desenvolvimento cultural conseguirá dominar a perturbação de sua vida comunal causada pelo instinto humano de agressão [...] e de autodestruição [...]. Os homens adquiriram sobre as forças da natureza um tal controle, que, com sua ajuda, não teriam dificuldades em se exterminarem uns aos outros, até o último homem. Eles sabem disso. Por isso, seu mal-estar! (Freud. 1929, p. 170).

Peter Gay, um dos biógrafos de Freud, conta sua reação ao ser criticado por Ernst Jones[4] em relação à agressividade e à destrutividade, às suas formulações sobre a pulsão de morte: "Não posso mais prosseguir sem a admissão desta pulsão fundamental, seja psicológica ou biologicamente. Meu pessimismo aparece a mim como um resultado, o otimismo dos meus adversários como um pressuposto, espero que sejam mais felizes do que eu" (Gay, 1989, p. 501).

Quando terminou de escrever *O mal-estar* e após a segunda edição ser publicada, em 1931, o partido nazista de Hitler havia acabado de obter vitória esmagadora nas eleições para o *Reichstag*, aumentando de 12 para 107 o número de seus deputados. Embora não tivesse previsto totalmente o que estava por vir, tinha poucas ilusões. Escreve ao escritor alemão, Arnold Zweig[5]: "Estamos nos encaminhando para tempos ruins, eu devia ignorá-lo com a apatia da velhice, mas não posso deixar de ter pena por meus sete netos" (Roudinesco e Plon, 1998, p. 501).

---

[4] Ernst Jones foi o fundador da psicanálise na Grã-Bretanha, artífice do debate sobre a antropologia, organizador e presidente da *International Psychoanalytical Association* (IPA), durante dois períodos cruciais:1920-1924 e 1934-1949 (Roudinesco e Plon, 1998, p. 414).

[5] Arnold Zweig, escritor alemão, manteve com Sigmund Freud, entre 1927 e 1939, uma rica correspondência. Nela encontram-se muitas considerações sobre acontecimentos políticos, o comunismo, a judeidade, o nazismo, a literatura. [...] Em 1948, Zweig se instalou em Berlim Oriental, tornou-se deputado da jovem república socialista [...] seguidor do Partido Comunista, recebeu as mais altas distinções, entre elas o Prêmio Lenin, esforçando-se, como Anna Seghers e Bertolt Brecht, a abrir caminho a uma literatura especificamente alemã (Roudinesco e Plon, 1998, p. 792).

Quem poderia imaginar a catástrofe que desabou sobre a humanidade?

Relacionando *O mal-estar* com *Totem e tabu*, pode-se dizer que a análise de Freud sobre a cultura, que começou com o pai, termina com a análise do social já em pleno funcionamento. Entre os sentimentos que percorreram uma e outra análise, a culpabilidade, decorrente da ambivalência frente à agressividade *explodida*, confere à psicanálise um papel histórico inconteste.

Uma das manifestações desta oscilação continuada expressa-se na tentativa reiterada da cultura de estabelecer, entre os homens, pactos e códigos de convivência que, como sabemos, são sempre desrespeitados.

Uma das formulações mais inquietantes, estabelecidas em 1945, imediatamente após o término da Segunda Guerra Mundial, foi a decisão do Tribunal de Nuremberg de classificar os crimes cometidos pelos homens, durante a guerra, e contra as populações civis, como crimes não humanos, chamados de crimes inumanos.

De acordo com as formulações de Freud, qualquer ato humano, mesmo extremo e cruel, é um ato intrínseco ao humano. São crimes demasiadamente humanos e, na sua radicalidade, expressão do colapso do humano, "da barbárie, que não é um simples acidente histórico nem uma perversão social limitada, e sim a característica maior dos tempos que vivemos" (Mattéi, 2002, p. 18).

Por que a guerra? Uma conversa entre Einstein e Freud

A guerra é a expressão crua da herança do homem arcaico de que os homens não conseguem desvencilhar-se e que parece não ter fim. Após as formulações sobre o conceito de pulsão de morte *expandido* dentro do campo da cultura e a compreensão da ambivalência frente à morte do outro como uma contingência do humano, a guerra tornou-se uma possibilidade recorrente.

Consultado por Einstein sobre os motivos psíquicos que sustentam o ódio e a destruição, Freud reitera suas formulações anteriores sobre os embates entre as pulsões de vida e a pulsão de morte, entre Eros e Tânatos, e diz que ambas estão misturadas às violências expressas nas guerras.

A correspondência entre Freud e Einstein, seu correspondente até quase seus últimos anos de vida, ocupa lugar de referência na discussão sobre a guerra e a pulsão de morte. Esta correspondência ficou conhecida como um texto clássico sobre a guerra, intitulado *Por que a guerra?*.

De certa forma, o pensamento de Freud sobre a guerra fora formulado já em 1915, quando dois de seus filhos tinham estado em frentes de batalha e a guerra lhe era contemporânea. A correspondência com Einstein não mais fala em desilusão, como em 1915, mas reafirma peremptoriamente a existência da pulsão de morte como expressão do ódio e da destruição que viu seguidamente ocorrer.

Einstein, então integrante do Instituto Internacional para a Cooperação Intelectual da Liga das Nações, atendendo à proposta deste Instituto, escolhe Freud como interlocutor para tratar os problemas que a civilização tem que enfrentar, conforme sua Carta, em 30 de julho de 1932 (Freud, 1932, p. 241). Quer saber se existe alguma forma de livrar a humanidade da ameaça da guerra, que apesar dos esforços humanitários e do progresso da ciência, as tentativas de solução têm fracassado. Os esforços que vê sendo conduzidos são paralisados por fatores psicológicos, que ele não saberia identificar, por isso a consulta a Freud.

Reconhece por outro lado que há também um intenso

> [...] desejo de poder, que caracteriza a classe governante em cada nação, hostil a qualquer limitação de sua soberania nacional [...] composta de indivíduos que, indiferentes às condições e aos controles sociais, consideram a guerra, a fabricação e venda de armas, simplesmente como uma oportunidade de expandir seus interesses pessoais e de ampliar sua autoridade pessoal. [...] A classe dominante atual possui escolas, a imprensa e, geralmente, também a Igreja, sob seu poderio. Isto possibilita organizar e dominar as emoções das massas e torná-las instrumento desta minoria (Freud, 1932, p. 243).

O que intriga Einstein é que, apesar de muitos perceberem os interesses do poder, nada impede que muitos homens entreguem-se entusiasmados ao sacrifício de suas vidas. Pergunta: seria pelo desejo de ódio e destruição que têm dentro de si? É possível controlar a evolução da mente humana, de modo a torná-la à prova das psicoses, do ódio e da destrutividade?

A *resposta de Freud a Einstein*

Freud diz-se surpreendido pela consulta e percebeu, ao longo da carta, que o campo de conversa entre os dois não era a física e a ciência da natureza, mas uma consulta decorrente da condição de Einstein de integrante da Liga das Nações, e que ele estava sendo consultado não para propor soluções práticas, mas para delimitar o problema da "[...] evitação da guerra tal como ela se configura aos olhos de um cientista da psicologia" (Freud, 1932, p. 245).

Reitera suas concepções sobre a pulsão de morte explicitada no ódio e na destruição, que na guerra aliam-se aos mercadores de armas para a guerra, na busca de vantagens econômicas e de poder.

> O desejo da agressão, as incontáveis crueldades que encontramos na história e na nossa vida de todos os dias atestam a sua existência, (e este desejo) merece com toda seriedade ser denominado instinto de morte, [...] que se torna destrutivo quando é dirigido para fora, para objetos. O organismo preserva sua própria vida, destruindo uma vida alheia (Freud, 1932, p. 254).

Diz que talvez isso possa ser uma mitologia, sua mitologia, mas, afinal, a física e todas as ciências chegam também às suas próprias mitologias. Sobre o fato de Einstein e ele serem contra a guerra, serem pacifistas, acredita que isso acontece porque a guerra põe fim a vidas cheias de esperança, porque submete os homens a situações humilhantes, porque mata e destrói objetos materiais que a própria humanidade levou um tempo incalculável para construir através do trabalho e da criação, e que eles certamente estão entre os que veem os fatos por este ângulo.

Despede-se como uma afirmação seminal: "[...] a cultura é esse processo a que devemos o melhor daquilo em que nos tornamos, bem como boa parte daquilo de que padecemos" (Freud, 1932, p. 258). Einstein e Freud mantiveram correspondência durante os anos seguintes. Einstein o cumprimentou pelo seu octogésimo aniversário, em maio de 1936, e, na resposta, Freud, após se perguntar por que suas doutrinas eram admiradas por Einstein, diz que "[...] o que havia para ser admirado nelas é que eram expressão da verdade e que continham uma larga medida de verdade" (Jones, 1979, p. 744).

Nessa época os livros de Freud e outros escritos psicanalíticos já haviam sido queimados em praça pública pelos nazistas em Berlim e em outras cidades da Alemanha. Com a ascensão de Hitler ao poder, em 17 de abril de 1933, a Sociedade Alemã de Psicoterapia passou a ser controlada pelos nazistas.

Freud revelara muitas vezes que achava que a Áustria não seria ocupada, pensando, entre outros motivos, que os acordos celebrados entre as nações na Convenção relativa ao Tratamento dos Prisioneiros de Guerra, de 27 de julho de 1929, fossem respeitados, já que tinham recebido a assinatura de representantes de 48 países. A primeira assinatura era a do representante do presidente do Reich Alemão, Edmond Promberg. O representante do Brasil foi Raul do Rio Branco.

Entre os artigos que compõem a convenção, está previsto que nenhum prisioneiro poderá sofrer qualquer tipo de constrangimento e não poderá igualmente ser ameaçado, insultado nem exposto a vexames caso se recuse a dar as informações solicitadas pelos seus captores.

Durante muito tempo Freud fez referências a esse pacto civilizatório no qual certamente confiava, e no qual confiou até o penúltimo ano da sua vida, já que não admitia a possibilidade de sair de sua Viena para o exílio em Londres.

Ernst Jones conta o episódio da invasão da casa de Freud pelos soldados nazistas com a ocupação da Áustria, em 11 de março de 1938:

> A pilhagem montou a 6 mil xelins austríacos. Os soldados começavam a debater, frente à Senhora Freud e Anna Freud, as perspectivas da continuação de sua investida como medíocres assaltantes, quando uma figura frágil e delgada assomou à soleira da porta. Era Freud, despertado pelo distúrbio que ocorria. Trazia uma maneira de cravar os olhos esfogueados e o sobrecenho cerrado, que teria feito inveja a qualquer dos profetas do Velho Testamento, e o

> efeito produzido pela sua presença perturbadora desconcertou completamente os visitantes (que se retiraram). Uma semana mais tarde, a própria Gestapo apareceu, e procedeu a uma minuciosa investigação em todos os quartos. Quando se despediram, levaram com eles Anna Freud. [...] A ideia de que o ser que lhe era mais precioso neste mundo, e de quem dependia sobremaneira, pudesse achar-se em perigo de ser torturado e deportado para um campo de concentração, era difícil suportar. Freud passou o dia inteiro andando de um lado para outro, fumando uma série infinda de charutos, a fim de amortecer suas emoções. Quando ela voltou, às sete horas da noite desse dia, já não era mais possível reprimir essas emoções. No seu diário desse dia, no entanto, dia 22 de março, há somente uma lacônica entrada:
> "Anna na Gestapo" (Jones, 1979, p. 764).

Somente então Freud conseguiu aceitar a ideia de sair da Áustria. Com o apoio de seus principais colaboradores e forçado pelos amigos, seguiu em 1938, através de Paris, para Londres, amparado principalmente por Marie Bonaparte. Registra em seu diário que desembarcou na Estação de Vitória em Londres saudado calorosamente pelos jornais, que durante alguns dias publicaram fotografias e cordiais relatos acerca de sua chegada.

Foram também publicadas resenhas editoriais em revistas médicas. Recebeu flores, cartas amistosas, boas-vindas por parte dos membros do grupo de psicanalistas ingleses, de alguns cientistas e de sociedades judaicas e "[...] um extenso telegrama de quatro páginas vindo de Cleveland, assinado por cidadãos de todas as profissões e confissões, e também recebeu um pintor que queria pintar um retrato seu" (Jones, 1979, p. 764). O pintor era Salvador Dalí, que foi levado por Stefan Sweig para visitá-lo. Freud agradeceu depois a Zweig a visita do pintor surrealista.

No dia 23 de junho de 1938, Freud recebeu uma visita incomum, que somente havia sido feita ao próprio rei, a visita de três secretários da *Royal Society* que trouxeram o *Livro dos Estatutos da Sociedade Real* para que assinasse e ofereceram-lhe uma réplica do grande livro que continha, entre outras, a assinatura de Isaac Newton e Charles Darwin (Jones, 1979, p. 768).

A guerra que Freud conheceu de perto e a que se avizinhava fizeram eclodir os efeitos da barbárie que o filósofo e especialista em filosofia antiga Jean-François Mattéi formulou em 1999 como

> [...] toda forma de esterilidade humana e de perda do sentido no campo da cultura, quer se trate de ética, de política, de arte, quer de educação. Para que haja barbárie, é preciso haver já uma civilização anterior. [...] A barbárie está estreitamente ligada à civilização, de que é a face negativa, assim como a queda está intimamente ligada à ascensão: só aquele que pode subir está em condições de cair (Mattéi, 2002, p. 13).

Entre as manifestações que se mantêm irredutíveis e tramadas com a pulsão de morte, a crueldade ganha terreno cada vez maior, encontrando na tortura a prática de sua manifestação extrema. A tortura é uma invenção dos humanos, sem parâmetros fora da espécie humana, exercida tanto durante a guerra como fora dela e praticada sem escrúpulos, ao longo das civilizações.

Nathalie Zaltzman retoma Totem e tabu *e introduz* homo sacer

Entre os psicanalistas que retomaram os textos de Freud sobre a cultura, as contribuições de Nathalie Zaltzman[6] no final do século XX e início do século XXI têm sido uma referência necessária na atualização dos percalços da herança instituída a partir do parricídio primordial. O assassinato do pai da horda, que seria o primeiro ato de civilização, separou o pai primitivo do pai que se torna tabu, e passa a ser sujeito da proibição de assassinato. Ao falar deste ato inaugural, Zaltzman estabelece uma relação com o poder soberano e a *vida nua* que foi escancarada nos campos concentracionários e de extermínio.

---

[6] Nathalie Zaltzman é psicanalista e, juntamente com J. P. Valabrega, Piera Aulagnier, François Perrier e outros, fundou o 4º Grupo – Organização Psicanalítica de Língua Francesa.

A autora introduz no seu ensaio "*Homo sacer*: l'homme tuable", publicado em 1999, no livro *La résistance de l'humain*, uma aproximação do texto freudiano com o conceito de *vida nua* já abordado por Walter Benjamin em "Para uma crítica da violência", onde *vida nua é* situada como um conceito limite entre a violência e o direito. A vida nua é, juridicamente falando, o grau mínimo do vivente definido como o corpo matável e insacrificável do *homo sacer*[7].

A noção de *homo sacer* é esclarecida por Giorgio Agamben no seu livro *Homo sacer: o poder soberano e a vida nua*.

> No verbete *sacer mons* do tratado *Sobre o significado das palavras*, Festo conservou-nos a memória de uma figura do direito romano arcaico na qual o caráter da sacralidade liga-se pela primeira vez a uma vida humana como tal. Logo após ter definido o Monte Sacro, que a plebe, no momento de sua secessão, havia consagrado a Júpiter, Festo acrescenta: *homo sacro é, portanto, aquele que o povo julgou por um delito; e não é lícito sacrificá-lo, mas quem o mata não será condenado por homicídio; na verdade, na primeira lei tribunícia se adverte que se alguém matar aquele que por plebiscito é sacro, não será considerado homicida. Disso advém*

[7] "A vida nua, *bloss Leben*,é um termo de Walter Benjamin utilizado em *Para uma crítica da violência*. Ele situa esta noção, a vida nua, como um conceito-limite entre a violência e o direito. A vida nua é, juridicamente falando, o grau mínimo do vivente, um vivente definido como corpo matável e insacrificável do *homo sacer*. Agamben traz à luz essa noção a partir de uma obscura figura do direito romano arcaico, aquela do "*homo sacer*" (Zaltzman, 2007; p. 19).

> *que um homem malvado ou impuro costuma ser chamado sacro* (Agamben, 2004, p. 79).

Zaltzman condensa sua opinião a partir da leitura de Agamben, que disse ter sido uma leitura profana:

> [...] a vida sacra (ou sagrada) é a vida excluída da interdição de assassinato e da entrega à morte ritual. É a vida exposta ao assassinato lícito fora das leis em vigor, profanas ou religiosas. O assassinato que qualquer um pode cometer impunemente não é a execução de uma condenação; é o exercício do poder soberano (Zaltzman, 1999, p. 21).

Há uma relação indissolúvel entre o *sacer* e o poder soberano, que é aquele que é exercido ao mesmo tempo dentro e fora do ordenamento jurídico. "A especificação *ao mesmo tempo* não é trivial: o soberano, tendo o poder legal de suspender a validade da lei, coloca-se legalmente fora da lei" (Agamben, 2004, p. 23).

Em pleno século XXI, o exercício do poder soberano teve com George W. Bush explícita manifestação quando o presidente dos EUA decidiu se colocar fora da lei e reinterpretá-la a serviço de sua vontade: de uma só penada disse que as Convenções de Genebra não se aplicavam aos presos do Taleban, pois não os considerava combatentes de guerra, e determinou que atos de tortura praticados contra esses presos, além de legais, não seriam passíveis de punição, conferindo imunidade aos que a praticassem. Juntou o que poderia parecer uma obscura e longínqua prática.

A principal proposta de Zaltzman, no seu ensaio, é pensar o que aconteceu nos campos de extermínio nazistas, nos quais foi estabelecido um paradoxo espetacular quando os campos excluíram previamente as vidas das quais se apossaram. Criaram uma legião que os nazistas chamavam de *figuren* – *figuras*, homens mantidos em uma zona cinzenta intermediária entre a vida e a morte. Eram também chamados de *muçulmanos* pelos próprios detidos dos campos.

Sobre o *muçulmano*, Peter Pál Pelbart o define como o detido para quem a vida humana já estava excessivamente esvaziada, e que o lhe restava esperar era a própria morte (Pelbart, s.d.). Ao referir-se à política do Estado nazista, Pelbart diz que o estudo de Agamben, na esteira do pensamento de Foucault,

> [...] sustenta que o totalitarismo nazista é essencialmente biopolítico. É o primeiro Estado radicalmente 'biopolítico', pois é o Estado tomando decisões sobre a vida, e confundindo um dado natural com uma tarefa política – já que, para os nazistas, tratava-se de assumir politicamente sua hereditariedade biológica. [...] Ou seja, o nazismo separa a *vida nua* das formas de vida, e depois subsume as formas de vida à vida nua. Nesse sentido o racismo é secundário no nazismo, não no sentido de que ele é menos importante, mas de que é uma decorrência dessa práxis biopolítica mais geral (Pelbart, 2003, p. 63).

Retomo o texto freudiano para referir-me ao pensamento de Zaltzman que considera que os campos reatualizaram o ato da horda com uma diferença: o ato primitivo, mítico, simbólico, escapa-nos no tempo e no limite do espaço; o processo da *Kultur*, avanço inconsciente através da história da humanidade, nasceu de um primeiro ato de civilização que foi um assassinato.

Esse assassinato reprimido em sua verdade, em sua realidade, em seu poder civilizador, inaugura a lei, a proibição. O que mais seria necessário, pergunta Zaltzman, para que o ato de assassinato seja reconhecido e que se cumpra, efetive-se, para que cessem de ser repetidos os tempos que o antecederam, nos quais não havia ainda a proibição?

Koltai, em *Totem e tabu: um mito freudiano* (2010), refere-se à interpretação que Nathalie Zaltzman faz do livro *O senhor das moscas*, de William Golding, ficção política na qual o autor "[...] nos descreve um processo de regressão coletiva. Regressão não no sentido de um retorno a um estado anterior da evolução, e sim a um estado de ruptura na civilização" (p. 114).

Koltai apresenta um breve resumo do livro de Golding que reproduzo abaixo, pela concisão de uma metáfora ficcional que exemplifica uma horda sem pai.

> Trata-se de um grupo de crianças inglesas extremamente bem-educadas que naufraga numa ilha isolada e selvagem. O grupo passa a se organizar, e temos, de um lado, aqueles que priorizam a palavra, a ordem, o direito e, do outro,

> aqueles que priorizam a ação e a força. O conflito entre eles é imediato. Os primeiros começam por inventar um símbolo: uma concha que dá direito à palavra e que passa de mão em mão. Mas a organização social construída sobre a palavra e a preocupação com o bem comum vai se esfacelar rapidamente em face da atração que representa o grupo de ação, liderado por um garoto que propõe o uso de uma máscara que parece autorizá-los a dar livre vazão aos seus desejos e seu prazer mortíferos e constrói uma espécie de totem para identificá-los: a cabeça de um porco, dando origem a uma espécie de horda, a uma nova organização social na qual desaparecem as personalidades individuais conscientes. É assim que ao símbolo da concha, frágil representante de um laço social civilizado, se opôs triunfalmente à força unificadora de uma cabeça de morto, a de um porco em putrefação coberto por moscas (Koltai, 2010, p. 114-115).

As tentativas reiteradas de criar dispositivos para que o ato não se repita, através de sacrifícios rememorativos deste ato, através de códigos escritos e de pactos que ultrapassam territórios, que tentam instituir o simbólico no lugar do ato, não se sustentam. Também a este respeito, Edgard de Assis Carvalho, na apresentação do livro de René Girard *A violência e o sagrado*, diz que

> [...] mesmo que o sistema judiciário contemporâneo acabe por racionalizar toda a sede de vingança que escorre pelos poros do sistema social, parece ser impossível não ter que se usar da violência quando se quer liquidá-la, e é exatamente por isso que ela é interminável (Girard, 1990, p. 11).

A proibição, a condenação, a punição não dão conta de suprimir a violência, a destrutividade. Auschwitz é uma prova material desta indissolução. A tentativa civilizatória prospera, mas não se mantém, por dois motivos, diz Zaltzman:

- primeiro porque o crime inaugural não se extingue, e
- segundo porque o mal não se dissolve completamente.

Françoise Sironi, "a tortura faz calar"

Françoise Sironi[8] publicou em 1999 o livro *Bourreaux et victimes: Psychologie de la torture,* com base na sua tese de doutorado[9]. A primeira frase que escreve na introdução do livro é:

8 Françoise Sironi é professora de psicologia clínica e psicopatologia na Universidade Paris VIII. É cofundadora do Centro Primo Levi, especializado em atendimento às vítimas de tortura e de violências coletivas e diretora do Centro Georges Devereux (Centro Universitário de Ajuda Psicológica – Universidade Paris VIII).

9 Sironi relata que acompanhou 53 pacientes adultos e 23 crianças em psicoterapia. Trezentas sessões de psicoterapia foram integralmente redigidas com as falas dos pacientes e as do terapeuta e duzentas sessões foram reescritas a partir dos temas abordados em cada sessão, em ordem cronológica. A partir deste material,

> *A tortura faz calar. Ela faz calar as vítimas, os torturadores em um mesmo silêncio*, mas também faz calar os que a autorizam, que a encorajam, a programam, com o objetivo explícito de manter opacos seus estratagemas. A tortura é um destes *faits maudits* que pertencem à face oculta e escondida da espécie humana (Sironi, 1999, p. 11).

A tortura transita no campo do segredo que é uma forma de constituição de grupos; no caso da tortura o segredo que interessa ao torturador espalha-se sobre sua vítima, num mesmo silêncio. É como se houvesse uma linha de demarcação entre os que conhecem a tortura, e os que não.

Aos torturadores não interessa contar sobre a tortura. Por isso é que a principal fonte dos discursos produzidos pela tortura tem origem nas próprias testemunhas, vem de seus depoimentos escritos, de suas autobiografias e também de comunicações feitas pelos terapeutas que atendem às vítimas de tortura.

Sironi destaca o efeito crônico e os desdobramentos que a tortura provoca, e essa dimensão não figura nos instrumentos internacionais que condenam a tortura.

Estudar a tortura e sua prática nas sociedades, seus mecanismos e o que ela produz, e atender às vítimas de tortura

---

construiu seu estudo. Sironi trabalhou com coterapeutas, intérpretes e psicólogos estagiários, conforme procedimentos da etnopsiquiatria e adotados no Centro Georges Devereux. A forma de atendimento e os recursos teóricos que utilizou dão continuidade à clínica iniciada na Associação para Vítimas da Repressão no Exílio (AVRE), depois na clínica do Centro Primo Levi e continuada no Centro G. Devereux.

produz riscos. Muitos profissionais que atenderam vítimas de tortura falam de sua perplexidade frente aos que comprovam e dizem que mudaram em relação aos que eram antes desses atendimentos, que implicam os profissionais que se aproximam, e mais do que isso, produzem transformações tanto nas vítimas quanto nos terapeutas.

A autora diz que

> [...] a psicopatologia da tortura é a ilustração perfeita dos efeitos que produz um traumatismo intencional e deliberado induzido por outro humano. A intencionalidade do torturador está no âmago do processo psicopatológico; o torturador não é naturalmente torturador, ele é fabricado torturador (Sironi, 1999, p. 12-13).

A intencionalidade do torturador sobre a prática do ato de torturar levou Sironi à conclusão de que o torturador foi *fabricado* por influências externas a ele, que assumiu como próprias, e por isso o ato contra a vítima é um ato praticado pela determinação e intencionalidade do torturador de influenciar sua vítima e de desconstruí-la.

A partir do atendimento de pacientes vítimas de tortura, tanto no Centro Primo Levi, quanto no Centro Georges Devereux, buscou o corpo teórico e metodológico da etnopsiquiatria, em que a posição que o torturador ocupa na clínica de suas vítimas a levou a estudar os métodos de tortura utilizados, os mecanismos que os sustentam, e por consequência estudou também a forma como estes métodos são utilizados intencionalmente pelos torturadores.

Em sua opinião, a tortura estabelece um paradigma clínico que não pode deixar de fora a presença intencional do torturador e esta malignidade é visível para a clínica. A desordem psíquica não é mais atribuível à natureza e à história do sujeito, mas é fruto de uma intencionalidade destrutiva; "não se trata somente o paciente, mas leva-se em conta os efeitos da influência e das teorias do torturador" (Sironi, 1999, p. 14).

Em dezembro de 2002, Sironi publicou um trabalho com a historiadora Raphaëlle Branche e nessa parceria torna clara sua concepção de que a tortura é parte da história coletiva e uma das mais violentas manifestações, exigindo uma abordagem transdisciplinar.

Branche investigou a prática das Forças Armadas francesas na Guerra da Argélia. Qual o objetivo principal da tortura? O objetivo principal da tortura, disseram, não é fazer falar, mas *fazer calar*.

O que se pretende atingir, dizem Sironi e Branche, é o grupo de pertencimento da vítima de tortura e o objetivo maior dos perpetradores é produzir uma desculturalização religiosa, política, ética, sexual, profissional; é um ataque através do indivíduo ao seu grupo de pertencimento.

> Quer sejam dez anos, quarenta anos ou alguns meses após os fatos, a tortura permanece sempre no âmago dos que a viveram. Por quê? Os conteúdos psíquicos ligados ao

> traumatismo engendrado pela tortura tornam-se cristalizados, enquistados, e tornando-se não vivos, não podem se misturar e nem se desfazer nos conteúdos dos pensamentos. E por isso são puros fragmentos de negatividade, nem mais e nem menos (Sironi e Branche, 2002[2004], p. 59).

Em sua clínica e nos centros de terapia em que trabalha, Sironi atende refugiados políticos da Ásia, África, Europa do Leste, América do Sul, inclusive do Brasil. O Centro Georges Devereux, no qual Sironi é diretora, adotou esse nome em homenagem a Devereux, que unificou os domínios relativos ao estudo das doenças mentais em sua diversidade cultural.

Devereux era psicanalista e antropólogo, e juntamente com Géza Roheim foram dois freudianos interessados na antropologia (Roudinesco e Plon, 1998, p. 152). Roheim fundou a etnopsicanálise, que acabou confundindo-se com a etnopsiquiatria, prevalecendo esta denominação, que é o campo teórico e clínico ao qual Françoise Sironi filia-se.

No Brasil, as concepções de Françoise Sironi relativas ao silenciamento que a tortura provoca foram inicialmente divulgadas por integrantes da Equipe Clínico-Grupal do Grupo Tortura Nunca Mais do Rio de Janeiro.

O GTNM, fundado em 1985 por iniciativa de ex-presos políticos e familiares de mortos e desaparecidos durante a ditadura civil-militar, é a principal referência de atenção aos afetados pela violência de Estado no Brasil, desenvolvida a partir da década de 1980.

Desde sua fundação, o GTNM preocupou-se com os aspectos subjetivos e psicológicos daqueles que lutaram contra a ditadura civil-militar brasileira. Em fins de 1990, foi concedido o primeiro apoio financeiro pelo Fundo Voluntário das Nações Unidas para as Vítimas de Tortura, ao pioneiro *Projeto de Apoio Psicológico, Médico e de Reabilitação Social para Vítimas de Tortura* atingidas pela ditadura civil-militar brasileira e seus familiares.

Este projeto iniciado em 1991 teve entre seus objetivos a proposta de contribuir para a formação de profissionais da área de saúde, especialmente da saúde mental, da educação e do direito, entre outros. A expansão do projeto com apoio financeiro de agências internacionais multilaterais, a partir de 1996/1997, "[...] permitiu a inserção de outros segmentos afetados pela violência [...]; o Projeto pôde finalmente acolher pessoas atingidas pela violência da ação policial atual" (Grupo Tortura Nunca Mais do Rio de Janeiro, 2002, p. 153).

A ampliação da atenção aos atingidos pela violência institucionalizada consolida a posição dos integrantes da equipe Clínico-Grupal

> [...] de que esta clínica só pode ser entendida, vivida, como imediatamente política, resultado da problematização e da superação da dicotomia entre o individual e o coletivo, entre o psicológico e o social. A clínica se dá sempre numa relação com acontecimentos que ultrapassam a vivência individual, abrindo-se inapelavelmente para a história

e para a política (Grupo Tortura Nunca Mais do Rio de Janeiro, 2002, s.n.)

Os integrantes da Equipe estabeleceram interlocução com Françoise Sironi, recolhendo subsídios para a discussão sobre os efeitos do silenciamento que a tortura impõe, altamente benéfica aos torturadores, porque mantém seu anonimato, e torna-se o fundamento para o esquecimento que sustenta a tortura dentro do aparelho de Estado.

Fazer não falar, fazer calar, concepção expressa por Sironi, é retomada por Rauter: "[...] tortura-se principalmente para fazer calar, para desfazer referências, crenças e pertencimentos" (Grupo Tortura Nunca Mais do Rio de Janeiro, 2002, p. 69).

A memória constituída de afetos e de sentimentos "bifurca-se em múltiplas direções, como as relações entre o afeto e o político; as relações entre os sujeitos individuais, sua afetividade e as práticas sociais; a construção de identidades pessoais, de grupos e nações; [...] os modos de sentir. A política da memória coloca em causa, fundamentalmente, as relações entre o afeto e o político, obrigando-nos a retomar, sob nova perspectiva, a psicologia social, o político, o estético e o histórico" (Grupo Tortura Nunca Mais do Rio de Janeiro, 2002, p. 102). A Equipe Clínico-Grupal do Grupo Tortura Nunca Mais sustenta uma prática clínica que acolhe os que viveram a experiência da tortura e os percebe como *resistentes de uma batalha* e *guerreiros da vida*.

O caráter transdisciplinar do trabalho, construído dentro do próprio acontecimento terapêutico, prevê referências teóricas de distintas vertentes do pensamento *psi*, entre estas as contribuições da análise institucional, de origem francesa, do pensamento de Guattari, de Deleuze e de Foucault.

Em 2009, o GTNM/RJ publicou *Clínica e Política 2: subjetividade, direitos humanos e invenção de práticas clínicas*. Em relação à Clínica Transdisciplinar – Clínica Ampliada, há um conjunto de textos dos profissionais da Equipe, e entre estes, Mourão diz que

> [...] a clínica abraça a memória histórica e a política e, juntas, contam histórias de transdisciplinaridade; da construção do plano da clínica; da formação dos psicólogos; da violência de gêneros nos dispositivos de saúde; da experiência de criação de um território existencial de ex-presos políticos; das possibilidades da existência de novas formas de viver no contemporâneo (Grupo Tortura Nunca Mais do Rio de Janeiro, 2009, p. 11).

Outros profissionais no Brasil, de forma isolada ou vinculados a instituições, insurgiram-se contra a tortura e protagonizaram ações na época em que o silenciamento sobre ela prevalecia dentro da sociedade brasileira. Entre estes, Hélio Pellegrino, médico, psicanalista, escreveu, em 1978, que "a tortura busca, à custa do sofrimento corporal insuportável, introduzir uma cunha que leve à cisão entre o corpo e a mente. E, mais do que isto: ela procura, a todo preço, semear a discórdia e a guerra entre o corpo e a mente" (Arquidiocese de São Paulo, 1985, p. 281).

Esta frase foi inserida nas primeiras páginas do livro *Brasil: nunca mais*, inventário organizado sobre a tortura durante a ditadura no Brasil, publicado com o apoio do Cardeal de São Paulo, Dom Paulo Evaristo, Cardeal Arns, livro que se tornou referência necessária para o conhecimento da tortura no Brasil, durante a ditadura civil-militar que se iniciou em 1964.

Também foi uma voz destemida, em discussões sobre o posicionamento das entidades psicanalíticas diante da tortura no Brasil, a psicanalista do Rio de Janeiro Helena Besserman Vianna, autora do livro *Não conte a ninguém*. Com este livro, Helena Vianna trouxe publicamente o debate sobre o silenciamento a respeito da tortura, afirmando que "[...] para existir, a tortura depende do silêncio e do sigilo que a acompanham *ou* da cumplicidade ideológica *ou* da perda da capacidade de nos indignarmos" (Vianna, 1994, p. 19).

Capítulo II
A tortura no Brasil durante a ditadura civil-militar

Introdução: Um caminho pessoal

A ditadura implantada no Brasil em 1964 é uma experiência presente na memória de muitos brasileiros. Pode ser contada pelos autores de sua implantação, pode ser desvelada pelos que foram diretamente atingidos pela sua violência. Indiretamente toda a nação brasileira ainda é contemporânea aos acontecimentos que deixaram marcas, sequelas e, sobretudo, uma indignação pulsante frente a perguntas não respondidas, sobre a decisão de mergulhar o país em uma ditadura civil-militar, e, principalmente, sobre as consequências transgeracionais desta decisão.

Faço parte de uma geração de brasileiros que olha de frente para o que ocorreu no Brasil a partir do golpe de 1964 e da ditadura que, a partir de então, implantou-se e que, apesar da névoa do tempo, reúne os contemporâneos que, na concepção de Agamben, são "[...] aqueles que recebem em pleno rosto o facho de trevas que provém do seu tempo" (Agambem, 2010, p. 64). A concepção de Agamben nasce de uma inquietação dos astrofísicos quando dizem que circundando as estrelas, pontos luminosos no firmamento, há uma densa treva; a explicação que os cientistas dão para este escuro que percebemos no céu

> [...] provém das galáxias mais remotas que se distanciam de nós a uma velocidade tão grande que sua luz não consegue nos alcançar. Aquilo que percebemos como o escuro do céu é essa luz que viaja velocíssima até nós, no entanto não pode nos alcançar, porque as galáxias das quais provêm se distanciam a uma velocidade superior àquela luz (Agambem, 2010, p. 65).

Ser contemporâneo é permanecer olhando fixo para o escuro da época.

A referência de Agamben está dirigida aos que estudam os céus, aos poetas, que falam sobre qualquer tempo e não têm limites. De qualquer forma, "roubei" a metáfora para falar deste lugar feito de luzes fugazes no qual mergulham os buscadores de respostas e os que, apesar do seu finito tempo, não desistem de tentar refazer o percurso que marcou definitivamente o rumo de seu caminho.

O envolvimento durante minha adolescência e, a partir dela, com os acontecimentos sociais, culturais, estudantis e acadêmicos, fomentaram minha adesão ao movimento dos estudantes secundaristas e universitários que se embrenharam febrilmente na construção de organizações que vieram a participar da intensa mobilização política e cultural que vigorou no Brasil, no final da década de 1950 e início da de 1960, pela alfabetização de adultos, pela popularização da cultura, pelas reformas de base, com vistas a aperfeiçoar a construção da democracia no nosso país.

Minha integração militante na vida estudantil secundarista e universitária pelas organizações de juventude vinculadas à Igreja Católica implantou em mim, precocemente e no tempo certo, o olhar e a adesão ao que hoje concebemos como a participação cidadã na vida política e a sustentação dos ideais de igualdade, liberdade e de justiça.

Participei intensamente dos debates para a construção da Ação Popular (AP), organização política que teve sua fundação em fevereiro de 1963 durante a realização do I Congresso em Salvador, na Bahia. A aprovação da sua carta política, o "Documento Base", revelava insatisfação e espírito de rebeldia em relação às posições da Igreja Católica, da qual a AP desvinculava-se ao estruturar-se. Esta decisão levou à ruptura radical com a Igreja Católica e o processo de politização da AP tomou outras direções.

O "Documento Base" criticava ao mesmo tempo o *idealismo* e o *materialismo* e propunha uma terceira posição, chamada de *realismo*, definindo-se pelo que foi conceituado como "socialismo utópico, o socialismo como humanismo, e a socialização dos meios de produção" (Lima e Arantes, 1984, p. 38).

Em um dos textos iniciais da AP, falava-se em *polo dominante e polo dominado*, uma referência esmaecida à luta de classes. Progressivamente e principalmente a partir de 1968, a AP aproximou-se das concepções maoistas, no campo do marxismo, com forte influência na sua política chamada de proletarização, concebida como proposta de transformação ideológica, levando à determinação de que seus dirigentes e militantes encaminhassem-se à *integração na produção*, supondo que esta opção a levaria a transformar-se de uma *organização pequeno-burguesa* em uma *organização proletária* – seus dirigentes e militantes deveriam passar a viver, morar e trabalhar, como os integrantes das camadas mais pobres, tanto na cidade como no campo.

O processo de construção política da AP permaneceu em vigor apesar das divisões e fracionamentos internos, de soluções cada vez mais complexas, pois grande parte desse processo foi atravessado pelo Golpe em 1964. A partir de então, a AP adotou progressivamente uma política revolucionária.

Suas atividades passaram a ser totalmente clandestinas; as discussões e os encaminhamentos necessários eram feitos através de uma rígida estruturação, na qual cada militante desvinculava-se de seus laços de pertencimento social, pessoal, familiar e *caía na clandestinidade* – como se dizia.

Cada militante tinha acesso, no máximo, a mais quatro militantes, adotando nomes *frios*, conforme orientação dos procedimentos de segurança.

Os encontros semanais ou necessários eram marcados, por meio dos *pontos*, anotados de forma codificada em papéis minúsculos que pudessem ser destruídos ou "engolidos" em caso de prisão.

As ações da Organização e sua vida política eram sustentadas por uma rede clandestina, feita de pontos de rua, documentos cifrados, textos totalmente codificados, identidades *frias*, com o objetivo de manter a atuação política preservando ao máximo a integridade e a vida da Organização e dos militantes.

A devassa provocada pelo Golpe de 1964, uma ação à queima-roupa, exigiu imediatamente escolhas dos militantes políticos em relação à rota a seguir, sem qualquer garantia de que a decisão tomada era a melhor.

Aos militantes de todas as organizações políticas então existentes, que chegaram a ser aproximadamente cinquenta organizações, restaram poucas alternativas: a clandestinidade, o exílio, o abandono da luta militante, todas alternativas sob o permanente risco de prisão, e – não sabíamos ainda – risco de tortura e de assassinato, cuja extensão e intensidade ainda não éramos capazes de prever naquele momento, mas que, desde o dia seguinte ao golpe, foi a prática dos ditadores.

Os militantes que permaneceram no Brasil, ou que a ele retornaram clandestinos, formaram a coluna vertebral da resistência à ditadura civil-militar; muitos pagaram com suas vidas esta decisão, outros ainda trazem no corpo sequelas e, na alma, lembranças improcessáveis destes duros tempos.

> A clandestinidade política foi a alternativa que muitos militantes de esquerda encontraram para continuar no país, combatendo o regime militar, entre 1964 e 1979. Um contingente significativo permaneceu dentro do Brasil; seu objetivo: combater os militares, resistir em luta contra os avanços de um governo discricionário e fascista. Denunciar as violências cometidas, chegar mais perto do coração da ditadura e feri-la de morte. [...] A decisão da clandestinidade envolveu a escolha de um destino. Muito mais complexa do que supôs qualquer um que se viu frente a ela em 1964. Aos 20 anos de idade, um pouco mais ou um pouco menos, comprometer-se com a luta de resistência, abandoná-la ou sair do país, não era simples ou fácil. A escolha de uma decisão que envolve um destino não é um ato solitário, lúcido, consciente. Marcelo Viñar diz que "o sujeito substantivo da decisão *encontra-se nos confins do próprio ser, onde algo próprio e alheio, familiar e estranho, nos impele em uma direção e nos puxa para outra. Este processo deixa uma inscrição, um traço, uma marca universal e necessária*" (Arantes, 1999, p. 65).

Escolhi, como militância, a atividade clandestina dentro do país, após ter permanecido no exílio no Uruguai, entre 1964 e 1965. Retornando ao Brasil, vivi a longuíssima e extenuante experiência de vida militante clandestina, por mais de dez anos, e a dramática experiência da prisão com meus filhos pequenos, na noite em que foi decretado o AI-5 – em 13 de dezembro de 1968.

Nessa ocasião, morava em Pariconha, subdistrito de Água Branca, no alto sertão de Alagoas. A região não tinha energia elétrica – a luz era a das lamparinas de óleo ou querosene; o fogão, à lenha; não havia saneamento básico e nem água encanada ou rio próximo – a água era colhida, em potes de barro, dos "tanques", escavações feitas no chão de terreno argiloso, que armazenavam naturalmente a água que viesse a cair do céu quando chovesse.

A população era constituída principalmente por camponeses pobres, majoritariamente *meeiros*, que plantavam feijão, explorados secularmente pelos donos das terras e latifundiários da região, que pertenciam a uma única família. O meeiro recebe a terra preparada e reparte, com o dono da terra, o resultado da produção.

Fui deslocada para a região, por determinação política, com a proposta de participar da estruturação de uma frente de trabalho do programa de integração na produção definido como política de Ação Popular Marxista Leninista (APML). Esta proposta seguia os ensinamentos de Ho Chi-Minh e Mao Tsé-Tung, tendo como consigna "comer junto, trabalhar junto, lutar junto" com os operários e os camponeses.

Entre as atividades que desenvolvia, uma delas era de professora de alfabetização de adultos, em um local chamado Ouricuri, e aplicávamos uma nova metodologia de alfabetização, que veio a se tornar conhecida como Método Paulo Freire.

Água Branca era uma das 23 frentes de trabalho estabelecidas pela APML, chegando a envolver 120 militantes *integrados* em frentes espalhadas por todo o Brasil; noventa militantes dirigiram-se ao campo, trinta integraram-se à produção fabril (Lima e Arantes, 1984, p. 111). Com o recrudescimento da ditadura em 1968, todas essas frentes foram dispersadas, os militantes presos. A grande maioria dos integrantes da nossa frente foi presa: homens, mulheres, crianças e camponeses da região *simpatizantes* da APML.

Após 1971, com a decisão de incorporação da APML ao Partido Comunista do Brasil, ela desaparece como Organização independente. Os dirigentes e militantes que não concordaram com essa decisão mantiveram-se estruturados como AP Socialista; outros desligaram-se da militância ou vieram a integrar e estruturar novas organizações políticas.

A experiência de clandestinidade política foi intensa e dura; prevaleceram as derrotas frente ao inimigo armado, cruel e de poderes que não conheciam limites.

Após o ano de 1977, *saí da clandestinidade* juntamente com os meus filhos, André e Priscila, então com onze e dez anos, e passei a dedicar-me, legalmente, ao processo de reconstrução da democracia no Brasil; integrei-me na campanha pela conquista da Anistia, participando da fundação e da direção do Comitê Brasileiro pela Anistia de São Paulo (CBA/SP).

O resultado da Anistia parcial de 1979, que ainda reverbera na sua parcialidade, no dizer do poeta Drummond, chegou envergonhada, "trazendo em uma das mãos um ramo de oliveira e na outra uma vergasta" (Andrade, 1979).

As propostas pelas quais nos empenhamos e que não foram incorporadas em 1979 fortaleceram minha convicção de que a liberdade e, sobretudo, a conquista da justiça, continuavam a exigir vigilância e dedicação. O esclarecimento e a devida responsabilização pelos casos de tortura e de morte em consequência da tortura, e da morte sem a materialidade dos corpos desaparecidos, é um embate inconcluso em nosso país.

Após a conquista da Anistia parcial de 1979, decidi retornar à vida acadêmica que me havia sido impedida com o Golpe, ocorrido meses após dezembro de 1963, quando já concluíra minha graduação em Psicologia, na Pontifícia Universidade Católica de Minas Gerais, e iniciara minha inserção no campo da psicologia clínica.

A busca pela atualização profissional e de uma formação como psicanalista tornou-se possível com a volta tardia à universidade e à formação no Departamento de Psicanálise do Instituto Sedes Sapientiae, tendo posteriormente, e durante seis anos, integrado a Diretoria do Instituto.

A imersão no campo *psi* disponibilizou-me recursos para refletir sobre a clandestinidade e a militância política e sobre as vicissitudes da construção de novo momento para o nosso país.

Em 1993 concluí minha dissertação no Programa de Estudos Pós-Graduados em Psicologia Clínica da Pontifícia Universidade Católica de São Paulo, com o trabalho

Abordagem psicanalítica de fragmentos da vida militante clandestina[1], tendo obtido o título de mestre em Psicologia Clínica pela universidade.

Na pesquisa para a dissertação, deixei à margem a abordagem da tortura, experiência vivida por alguns dos depoentes que então entrevistei, e, sobretudo, naquele momento um acontecimento ainda muito silenciado. Embora tivesse amigos que foram mortos sob tortura, e convivido muito proximamente com militantes que foram clandestinos, exilados e presos, sempre considerei que a abordagem da tortura exige uma delicadeza.

Como psicanalista, sempre soube que não se fazem perguntas sem que se possa sustentar a consequência deste ato, e, sobretudo, sem que se possa sustentar o tempo da resposta. Por isso não quis fazer uma abordagem da tortura pela via da clínica psicanalítica.

Esperei um tempo para que esta aproximação pudesse ser feita por outro caminho – que se materializou –, o caminho feito pelos próprios militantes que tomaram a iniciativa de fazer seu depoimento e torná-lo público, no seu tempo, e com seu próprio e autorizado texto. Este é o principal conteúdo da minha pesquisa, que apresento neste trabalho.

Contar, mais uma vez, o que ocorreu no Brasil, disponibilizando em outros espaços, e para um público mais amplo, relatos,

[1] Em 1994, a dissertação foi publicada em São Paulo, pela Editora Escuta, com o título *Pacto re-velado, psicanálise e clandestinidade política*.

análises, comentários e entrelaçamentos teóricos, agregar vozes de outros campos e de outros tempos, continuam necessários para que a tortura seja assumida como um acontecimento da ordem do humano, inerente à cultura, e que, por isso mesmo, a sociedade é um dos vértices do triângulo da tortura que compreende o torturado, o torturador e a sociedade que a permite.

Esta convicção estimulou-me a construir este trabalho que me alcançou em um tempo avançado da minha vida pessoal e profissional. Mais difícil, mais povoado de insolúveis dúvidas, em que os acontecimentos vão, lentamente, tornando-se uma experiência interna, e aqui me refiro à correspondência que retomei na abertura da minha dissertação em 1993, a carta de Lou Andreas Salomé a Freud, em maio de 1934. Lou Salomé tinha então 73 anos de idade e Freud completava 78 anos. Diz Salomé: "encanta-me observar, de ano em ano, como muito do que nos acontece demora a tornar-se uma experiência interior" (Freud e Salomé, 1975, p. 262).

Antes de 1964: trilhas

A tortura é comum em nosso país desde sempre. Maria Victória Benevides diz que

> [...] esta prática nefanda, verdadeira herança maldita, trazida pelos portugueses "educados" nos métodos da dita Sagrada Inquisição, permanece até hoje, passando por Colônia, Império, Independência, República, ditaduras e imperfeitos Estados de Direito, com governos de todos os

> tipos. Os indígenas, os hereges ou infiéis, os negros escravos e descendentes, os "vadios", os marginais de toda sorte, os internos nos manicômios, os "subversivos" e opositores políticos, os presos ditos "comuns", os pobres em geral, os não cidadãos... todos potencialmente vítimas dos abusos e da violência extremada. Para punir, disciplinar e purificar (*sic*), arrancar confissões e informações, intimidar, "dar o exemplo", vingar, derrotar física e moralmente o suposto inimigo ou, simplesmente, o indesejável (Benevides, 2010, p. 21).

A genealogia da violência no Brasil foi fundada por um modelo de predação e rapinagem dos povos que os europeus recém-chegados aqui encontraram, e sobre a exploração que a colonização manteve como prática.

No Relatório ao Comitê Contra a Tortura elaborado pelo Ministério da Justiça, em 2000, Luciano Mariz Maia fez uma análise demonstrando que, no Brasil, a colonização portuguesa implantou a prática da tortura e de tratamentos desumanos, degradantes e cruéis, e que as penas corporais eram o principal instrumento de punição dos mais diversos tipos de delito, conforme determinava a Coroa Portuguesa.

> A formação do Estado brasileiro realçou a origem patrimonialista do processo de colonização, quando a Coroa Portuguesa confiou a empreendedores privados a exploração das capitanias hereditárias, em que os donatários também tinham "direito à designação de capitães e governadores"

> [...] e também toda a jurisdição cível e criminal, incluindo a alta justiça (pena de morte e talhamento de membro) relacionada com os peões, índios e escravos (Maia, 2001, p. 45).

A escravidão que vigorou oficialmente no Brasil até 1888 deixou uma marca indelével na nossa história e os incontáveis estudos sobre sua vigência não esgotam e nem exorcizam a barbárie perpetrada pelos portugueses, pelos brasileiros e compartilhada pela sociedade. Maia retoma um estudo de Luiz Felipe Alencastro que descreve a escravidão dos negros africanos trazidos para o Brasil como uma política de desenraizamento, de dessocialização e decorrente despersonalização dos escravos.

> Desembarcado nos postos da América portuguesa, mais uma vez submetido à venda, o africano costumava ser surrado ao chegar à fazenda. [...] A primeira hospedagem que [os senhores] lhes fazem [aos escravos], logo que comprados e aparecem na sua presença, é mandá-los açoitar *rigorosamente* [...] (Maia, 2001, p. 46).

Este comportamento de violência desmedida contra o negro escravizado, na opinião desses autores, serviu como base para um comportamento que será reproduzido na prática da tortura ocorrida durante a ditadura civil-militar, dentro dos DOI-Codi e em outros locais nos quais a tortura manteve-se como prática.

A tortura na Colônia e no Império e até 1888 foi sustentada como um recurso do poder político para garantir o poder econômico e a riqueza, "[...] pois os escravos, mesmo sendo considerados mercadorias, foram inequivocamente os principais produtores da riqueza do país: da extração do ouro, da produção do tabaco e do açúcar" (Bomfim, 1993, p. 131).

Em relação aos indígenas não foi diferente. Fabio Konder Comparato diz que o

> [...] apresamento de índios para servirem como mão de obra escrava dos colonizadores brancos, inclusive dos altos funcionários nomeados pela Coroa Portuguesa, aqui estabelecidos como proprietários rurais, perdurou até [...] o fim do século XVIII. No Norte do Brasil, o pretexto para tal prática era grosseiro: faziam-se entradas para resgatar índios que teriam sido mantidos como escravos, após uma guerra tribal. O falso resgate justificava, aos olhos do governo colonial e da Igreja, o estabelecimento de um novo cativeiro, doravante em proveito dos brancos. Mas quando a expedição oficial era recebida no sertão com hostilidade, não se hesitava em dizimar tribos inteiras (Comparato, 2009, p. 15).

Não obstante a Proclamação da Independência do Brasil e a elaboração da primeira Constituição de 1824 terem abolido os açoites, a tortura, a marca de ferro quente e todas as penas cruéis, o Código Criminal do Império de 1830 previa que

> [...] *se o réu for escravo, e incorrer em pena que não possa ser capital ou de galés, será condenado na de açoites e depois de os sofrer, será entregue ao seu senhor, que se obrigará a trazê-lo com um ferro pelo tempo e maneira que o juiz designar* (Maia, 2001, p. 47).

Embora a prática da tortura no Brasil faça parte da história do Brasil Colônia, Império e do Brasil Republicano, a instalação de um Estado de Exceção entre 1964 e 1985 aproximou a prática da tortura de segmentos da sociedade formadores de opinião. Como a ditadura que se instalou no Brasil teve um caráter eminentemente anticomunista e *fascista*, atingiu trabalhadores operários, camponeses e setores da pequena burguesia e da intelectualidade nas cidades, bem como também setores ligados à Igreja Católica que não se aliaram aos golpistas. A ditadura quis atingir os setores ligados à construção política e cultural do país. A campanha pela denúncia da tortura, ampliada pela campanha da Anistia Ampla Geral e Irrestrita no final dos anos 1970, acabou por desnudar o aparato repressivo sustentado pela Lei de Segurança Nacional e todos os seus dispositivos de vigilância e de monitoramento que, todavia, permanecem atuantes (Arantes, 2010, p. 74).

Golpe de 1º de abril de 1964

O presidente João Goulart, na Central do Brasil, no Rio de Janeiro, palco preferido para as manifestações massivas, discursou à nação no dia 13 de março de 1964, como presidente dos 80 milhões de brasileiros, dizendo que o caminho das reformas "[...] é o caminho do progresso pela paz social"[2].

João Belchior Marques Goulart – Jango, a despeito de opiniões fartamente veiculadas, caracterizando-o como um presidente fraco, certamente foi um presidente expressivamente democrata, progressista, e, naquele momento, exercia um papel de intermediação, embora oscilante, entre os interesses nacionais e internacionais, em um quadro de radicalização do anticomunismo.

Em praça pública, no histórico dia 13 de março, expressou seu nacionalismo, denunciou o anticomunismo, entre outras afirmações. Anunciou a encampação das refinarias de petróleo; a desapropriação de terras nos eixos das rodovias, dos açudes e nos eixos ferroviários; expressou seu apoio à reforma agrária; falou na necessidade das reformas tributária, universitária, eleitoral e da Constituição. Em relação à reforma eleitoral, propôs o direito de voto ao analfabeto, incluindo todos na categoria de eleitores e elegíveis.

---

2 Informações sobre o discurso do presidente João Goulart foram subsidiadas pelo link http://www.gedm.ifcs.ufrj.br/upload/documentos/33.pdf.

O presidente anunciava, em praça pública, um programa de governo compartilhado, e que naquele momento exprimia os anseios dos setores progressistas da sociedade. O programa expressava as propostas colhidas ao longo das manifestações dos setores organizados da sociedade, e anunciava sua disposição de levá-las adiante.

Dentro de uma proposta de exercício democrático, o presidente aproximava-se da população. Mantinha a pleno vapor o funcionamento das casas legislativas e preservava a legalidade de reunião dos católicos, dos seus opositores e mesmo dos comunistas, cujo partido fora colocado na ilegalidade em 1948, com a cassação do seu registro durante o governo Dutra.

Uma sensação de jovialidade e leve desconforto sustentava o país: jovem na incessante movimentação política em reuniões e nas ruas, e desconforto pelo empobrecimento permanente e crescente da classe trabalhadora e uma dependência pesada do capital externo, uma evidência expressa no balanço econômico e na evasão de divisas, na malversação do dinheiro público e na remessa dos lucros ao exterior. Contudo, vigia a democracia!

Menos de vinte dias depois do discurso presidencial, o governo de João Goulart seria golpeado. Entre 31 de março e 1º de abril de 1964, a lua cheia, na última etapa de sua fase, espalhava sua claridade metálica nos céus do Brasil.

Para os militares, um bom augúrio; para os cidadãos brasileiros, o prenúncio de longa e sombria noite.

Em Belo Horizonte, o general Carlos Luiz Guedes, mineiro de São João del-Rei e Comandante da IV Infantaria Divisionária – ID-4, presenciara, ainda em agosto de 1963, uma conversa do general Olympio Mourão Filho, comandante da IV Região Militar sediada em Juiz de Fora, com o governador de Minas Gerais, José de Magalhães Pinto, sobre a deposição do presidente eleito João Goulart. "A partir deste dia conspiramos juntos até a deposição do governo; o governador nos deu seu apoio pessoal e a participação decisiva da Polícia Militar do Estado. Ele foi o chefe civil da revolução" (Gomes, 1964, p. 67).

O general Guedes viria a tomar as primeiras iniciativas militares do golpe, representando a indignação em relação ao discurso do presidente João Goulart, aos sargentos, no Automóvel Clube no Rio de Janeiro, no dia 30 de março de 1964, um discurso nervoso, agressivo e em parte de improviso. Disse o presidente:

> [...] a crise que se manifesta no país foi provocada pela minoria de privilegiados que vivem de olhos voltados para o passado e temem enfrentar o luminoso futuro que se abrirá à democracia pela integração de milhões de patrícios nossos [...] quem fala em disciplina, senhores sargentos, quem a alardeia e quem procura intrigar o presidente de República com as Forças Armadas em nome da disciplina, são os mesmos que, em 1961, em nome da disciplina e da pretensa ordem e legalidade que eles dizem defender, prenderam dezenas de sargentos (Gaspari, 2002, p. 63).

"O general Guedes decidiu que tinha apenas 24 horas para o levante. – Por quê? – perguntaram-lhe.

– Porque 30 é o último dia de lua cheia, e eu não tomo nenhuma iniciativa na minguante. Se não sairmos sob a cheia irei esperar a lua nova, e então será muito tarde" (Gomes, 1964, p. 67). No dia 1º de abril, o exército ocupou a capital federal. Os tanques de guerra atravessaram o eixo monumental em Brasília, o que pude ver com meus próprios olhos, e que nos deixou a todos, perplexos e assustados, sem que pudéssemos ter a dimensão da catástrofe que se impunha ao país.

A partir de então uma sutileza marca as referências que são feitas à data do Golpe e ao seu caráter. Maciçamente, os militares e seus apoiadores chamam o golpe civil-militar de "Revolução" de Março.

Para muitos brasileiros, a data de 31 de março prevalece sobre o 1º de abril, o Dia da Mentira, naqueles idos, fartamente comemorado como uma data pejorativa e jocosa. O golpe de 1º de abril colheu em pleno voo os brasileiros que lutavam pelas reformas de base, a partir das mais diferentes formas de organização, livres, abertas e à luz do dia.

A ação sorrateira e fruto de uma gestação febril dos grandes industriais e grandes empresários do comércio, dos banqueiros e dos latifundiários – aliados aos setores mais conservadores de então, em especial à Igreja Católica, principal depositária do sentimento anticomunista propalado como pecado e passível de excomunhão, e os segmentos diretamente interessados na entrada do capital internacional, alinhados aos Estados Unidos – outorgaram aos generais, almirantes e brigadeiros, a missão de *salvar o país*, o que os levou a definir o Golpe como a "Revolução Redentora" ou "Revolução Democrática", apoiados no terço que as mulheres levavam nas mãos enluvadas às ruas nas Marchas da Família com Deus e pela Liberdade.

As instituições criadas para abrigar estes sentimentos, o IPES e o IBAD[3], reuniam ao mesmo tempo oficiais formados pela Escola Superior de Guerra, representantes de classe, banqueiros, somados à presença conivente de cidadãos norte-americanos vinculados às câmaras de comércio e teleguiados pelo seu governo desde o exterior.

À medida que passam os anos, a traiçoeira movimentação dos militares evidenciou-se na materialização da usurpação da

[3] O Instituto de Pesquisas Sociais – IPES e o Instituto Brasileiro de Ação Democrática – IBAD foram criados a partir das administrações de Juscelino Kubitschek e de Jânio Quadros. O que reunia seus fundadores, em 1961, "[...] eram suas relações econômicas multinacionais e associadas, o seu posicionamento anticomunista e sua ambição de readequar e reformular o Estado. O IBAD agia como unidade tática e o IPES operava como centro estratégico. A elite orgânica empenhava-se na fusão de militantes grupos antigovernamentais dispersos. Esta elite estava ligada organicamente por laços socioculturais, padrão de vida, aspirações profissionais, interesses decorrentes de sua condição de acionista e atitudes econômico-políticas a uma burguesia internacional, que se preocupava com o crescimento e não com a independência nacional" (Dreifuss, 1987, p. 72). "O IPES tinha uma vida pública com intelectuais, homens de negócio, pesquisadores, e uma vida encoberta que coordenava uma sofisticada campanha política e ideológica e militar [...] avidamente dedicados à manipulação de opiniões e guerra psicológica, organizavam e recrutavam um núcleo de 50 membros, cada um encarregado de trazer cinco outros, e eles por sua vez, outros cinco, que concordavam em conduzir tanto as ações públicas quanto as encobertas" (Dreifuss, 1987, p. 164).

presidência, na desarticulação do apoio ao presidente Jango, enxotado

> [...] pelos oficiais do "dispositivo" do Rio para Brasília, de Brasília para Porto Alegre e de Porto Alegre para o diabo que o carregasse, desde que fosse longe de suas biografias. Faziam isso em derradeira tentativa de buscar a qualquer preço um acordo que lhes salvasse as dragonas (Gaspari, 2002, p. 114).

Os registros, que hoje são numerosos, revelam que a embaixada norte-americana e o governo dos Estados Unidos acompanharam passo a passo os acontecimentos, trocando telex e mensagens cifradas, evidenciando que uma operação militar de apoio aos golpistas poderia ser acionada assim que necessário.

No dia 20 de março, uma semana após o comício na Central do Brasil, o presidente norte-americano Lyndon Johnson aprovara o deslocamento de um porta-aviões

> [...] à frente de uma força-tarefa para a área oceânica nas vizinhanças de Santos. [...] A esquadra foi composta pelo porta-aviões *Forrestal*, seis contratorpedeiros [...] um porta-helicópteros, um posto de comando aerotransportado e quatro petroleiros que traziam 553 mil barris de combustível (Gaspari, 2002, p. 99).

A operação ficou conhecida com o codinome de *Operação Brother Sam*. Contudo, o *Forrestal* permaneceu em águas territoriais brasileiras. Somente doze anos mais tarde o jornalista Marcos Sá Correia descobriu, em uma biblioteca do Texas, documentos desta operação de apoio aos generais brasileiros.

> "No dia 20 de março de 1964, uma semana após o comício da Central do Brasil, o presidente Lyndon Johnson autorizara a formação de uma força naval para intervir na crise brasileira caso isso viesse a parecer necessário. A decisão foi tomada durante reunião na Casa Branca a que compareceram (o embaixador dos EUA no Brasil) Lincoln Gordon, o secretário de Estado Dean Rusk, o chefe da Central Inteligence Agency (CIA), John McCone, e representantes do Departamento de Defesa. Eram, ao todo, oito ou dez pessoas. Quando o embaixador expôs seu plano, McCone revelou que um empresário paulista (Alberto Byington) procurara a CIA em Washington e pedira que se estudasse um sistema de distribuição de combustível para abastecer as áreas insurretas. Nesses mesmos dias o general Cordeiro de Farias fizera solicitação semelhante a Vernon Walters. Gordon pedira a Washington uma demonstração de força naval. [...] Diante da informação levada por McCone, decidiu-se incorporar alguns navios-tanque à frota. O Departamento de Defesa ficou encarregado do trabalho logístico do que viria a ser denominado Plano de Contingência 2-61

(conhecido posteriormente pelo codinome de Operação Brother Sam)" (Gaspari, 2002, p. 61-62).

Deposto, João Goulart seguiu para um exílio definitivo no Uruguai, seguido por sua família, por muitos integrantes de seu ministério civil, lideranças políticas e estudantis, parlamentares, sindicalistas, muitos brasileiros já cassados pelos primeiros Atos Institucionais baixados pela Junta Militar que ocupou o poder.

Em Montevidéu, Jango providenciou um hotel de veraneio na Praia de Carrasco, em pleno inverno, e por isso a baixo custo, no qual alojou toda a liderança que o seguiu nesse exílio. Jango e Leonel Brizola, governador do Rio Grande do Sul e seu cunhado, ficavam em outro local, mas o vaivém entre estes dois postos no exílio era febril. Dentro do hotel em Carrasco, um equipamento de radiotelefonia era operado permanentemente e estabelecia estreito contato com o Brasil.

Permaneci neste hotel na praia de Carrasco, juntamente com meu então marido Aldo Arantes, ex-presidente da União Nacional dos Estudantes (UNE) (1961/1962), e também com Herbet José de Souza – o Betinho –, expressiva liderança universitária, amigo desde os tempos da Juventude Universitária Católica.

Também permaneceu algumas semanas conosco Jair Ferreira de Sá, integrante, como todos nós, da Ação Popular. Posteriormente, Aldo e eu moramos em diferentes lugares na cidade de Montevidéu. No dia 13 de junho de 1965, no

Hospital Sanatório Americano, nasceu André, nosso filho, provavelmente um dos primeiros filhos de exilados brasileiros nascido no exterior.

A sensação era a de que, a qualquer momento, retornar-se-ia ao Brasil. Os exilados ali abrigados levaram o suficiente para passar alguns meses ou menos; era uma questão de tempo o retorno ao país. Este era o sentimento que nutria os brasileiros, neste exílio das primeiras horas, imediatamente após o golpe.

Ainda em julho, agosto de 1964, pensava-se em uma trégua; a retomada do poder parecia iminente. Ledo e redondo engano.

A ditadura que se instalou veio para ficar: durou mais do que suportaram em vida muitos destes exilados no Uruguai, e provavelmente outros exilados brasileiros. O que se pensava para meses, durou mais de vinte anos. Muitos não mais puderam retornar ao Brasil, e, quando o fizeram, já envelhecidos na alma e no corpo, vieram a morrer em solo pátrio.

Outros retornaram clandestinos e entregaram ao país sua vida, seus melhores sonhos, seu entusiasmo, em uma dedicação pulsante e febril, e ajudaram a reconquistar as praças para o povo; e para o país, a liberdade. Outros, talvez, tenham permanecido no exílio, por longo tempo, e haverá quem tenha desistido da luta. Muitos tombaram perseguidos sem trégua: conheceram de perto a destrutividade, sucumbiram ao mal que se impôs cruel e extremo.

Após a queda de Jango, as condições para instalação de um Estado de Exceção no Brasil estavam postas.

A arquitetura da exceção

O conceito de exceção, e mais precisamente de Estado de Exceção, foi retomado por Giorgio Agamben em um estudo, publicado em 2003, que aborda a história do estado de exceção até sua conturbada atualidade nos tempos pós 11 de setembro de 2001. Agamben considera que as democracias ocidentais vivem uma relação entre o direito e a violência, demonstrando que o ordenamento jurídico contém em si seu contrário: a suspensão dos direitos, que admite uma violência não regulada pela lei. Agamben diz que o *Estado de Exceção*

> [...] tende cada vez mais a se apresentar como paradigma de governo dominante na política contemporânea. Esse deslocamento de uma medida provisória e excepcional para uma técnica de governo ameaça transformar radicalmente – e, de fato, já transformou de modo muito perceptível – a estrutura e o sentido da distinção tradicional entre os diversos tipos de constituição. O Estado de Exceção apresenta-se, nessa perspectiva, como um patamar de indeterminação entre a democracia e o absolutismo (Agamben, 2004, p. 13).

O autor apresenta breve história do Estado de Exceção ao longo de momentos de crise institucional no decorrer dos séculos XIX e XX na França, referindo-se especificamente à crise da Argélia, em 1961, "[...] quando o estado de exceção é progressivamente substituído por uma generalização sem precedentes do paradigma da segurança como técnica normal de governo" (Agamben, 2004, p. 27).

Quando fala sobre a relação entre as leis e o poder que as produz, Agamben mostra que a divisão dos poderes, como um princípio das democracias, está caduca, pois o Poder Executivo

> [...] absorveu de fato, ao menos em parte, o Poder Legislativo. O Parlamento não é mais o órgão soberano a quem compete o poder exclusivo de obrigar os cidadãos pela lei: ele se limita a ratificar decretos emanados do Poder Executivo (Agamben, 2004, p. 32).

Afirma a existência de um novo paradigma de governo: "[...] o *Estado de Exceção,* com a extensão dos poderes do Executivo no âmbito do Legislativo, por meio da promulgação de decretos e de disposições, como consequência da delegação contida em leis ditas de *plenos poderes*" (Agamben, 2004, p. 18).

A análise de Agamben, publicada em 2003 e estimulada pelos episódios de 11 de setembro de 2001, tinha como objetivo interpretar a reescritura das leis norte-americanas pelo governo de George W. Bush, que se proclamou acima da lei e reavaliou tratados históricos na área de Direitos Humanos com os quais os EUA haviam comprometido-se, as Convenções de Genebra.

No Brasil de 1964, as concepções sobre o Estado de Exceção materializaram-se em ações sobejamente conhecidas e vivenciadas pelos brasileiros enquanto vigorou o regime de exceção. A usurpação do Poder Legislativo e a autoproclamada autorização para elaborar e promulgar Atos e Decretos-Lei colheram a sociedade brasileira de surpresa.

Os efeitos desta ação ainda reverberam, e a Doutrina de Segurança Nacional, um dos sustentáculos do período ditatorial, explicitada na Lei de Segurança Nacional baixada em 1967, no AI-4, projeta-se como a porta-voz da existência do *inimigo interno*, fomentando a luta fratricida e estimulando o ódio contra o que se tentou impor como a existência de cidadãos inimigos que deveriam ser combatidos e eliminados pelas armas, pela tortura, pela perseguição implacável e, se possível, que não deixassem vestígios.

Os principais eixos da Doutrina de Segurança Nacional, adotada de início na Argentina e Brasil e propagando-se em seguida a outros países latino-americanos durante as décadas de 1960 e 1970, "[...] foram elaborados por teóricos militares franceses em meados da década de 1950, em base à experiência com a *guerre révolutionnaire* que levou à derrota da França na Indochina" (Martins-Filho, s.d).

Pouco antes de 1968, tem início uma nova estratégia de poder na estrutura militar, é criado o Serviço Nacional de Informação (SNI), ligado à Presidência da República. Tornar-se-ia um serviço vital para a comunidade de informações, integrado por membros civis e militares, cujo objetivo era o de localizar, prender, enfim, destruir os *inimigos do regime*, utilizando-se, para tanto, de todo e qualquer meio para isolá-los de suas possíveis bases de ação.

> A nova estratégia de poder invade a década de 1970, e a clandestinidade, o exílio, a tortura e a prisão no Brasil dos anos 1970 passam a constituir-se em situações-limite produzidas com a transformação da polícia em instrumento político, em braço armado da ditadura civil-militar, estabelecendo novas correlações de forças, cujas técnicas de violência manifestariam uma síndrome do gosto pela brutalidade. [...] A Doutrina de Segurança Nacional criou e consagrou o conceito de "inimigo interno", que deveria ser perseguido, torturado ou eliminado. Segundo essa doutrina, o mundo estava dividido em dois blocos (Estados Unidos e União Soviética, isto é, respectivamente o mundo cristão e o comunismo ateu). Na América Latina, sustentados por essa doutrina, ocorrem sucessivos golpes militares: no Brasil (64), no Chile e Uruguai (73), e na Argentina (76). Por toda a América Latina, sob a égide da doutrina de Segurança Nacional, implantam-se tais ditaduras com características semelhantes, apoiadas na máxima de associar desenvolvimento à segurança e sustentadas na certeza de impedir a submissão ao comunismo internacional, inimigo que se torna um álibi perfeito para justificar

> estratégias ilegítimas de violência, dentre as quais a tortura dos militantes de esquerda e os seus desaparecimentos forçados (Barbosa, 2010, p. 38).

Faço aqui uma referência à concepção da psicanálise, construída por Freud, em *O mal-estar na cultura*, sobre as lutas fratricidas presentes na fundação da cultura. Freud diz que nenhum sistema proposto de convivência entre os homens trouxe amorosidade, e antes que a propriedade privada mostrasse-se como portadora de hostilidade e agressividade entre os diferentes interesses, ela reinou quase sem limites nos tempos primitivos quando a propriedade ainda era escassa.

Os fratricídios constituem um componente significativo das mais diversas mitologias, como o assassinato de Remo por seu gêmeo Rômulo, na fundação de Roma; de Etéocles e Polinice, que se mataram em combate pelo trono de Tebas; de Osíris por seu irmão Set, na mitologia egípcia, e ainda o assassinato de Abel por seu irmão Caim, no livro de Gênesis.

A afirmação de que o homem é o lobo do homem não perde sua contínua reatualização, e o instituto do *inimigo interno* criou novas possibilidades de sustentação. O conceito de *inimigo interno* que a Doutrina de Segurança Nacional impôs é herdeiro direto da agressividade e da destrutividade intrínseca aos homens, e a implantação da Doutrina, garantida pelas armas, buscou na construção de um Estado de Exceção a tentativa de legalização.

Desde 1964, com a deposição do presidente legalmente eleito, os civis e militares que se assentaram no poder expediram uma série de atos, conhecidos como Atos Institucionais, que eram normas de natureza constitucional (Calicchio, 2008).

Ao todo, foram promulgados dezessete atos institucionais, que, regulamentados por 104 atos complementares, conferiram um alto grau de centralização à administração e à política do país, consolidando a exceção, estabelecendo regras para uns e delas eximindo outros. Deu forma legal ao arbítrio e tentou legalizar o horror. Foi uma espécie de armadura para camuflar os atos de violência, desrespeito civil e pessoal, cassando conquistas cidadãs e determinando territórios para circulação.

O Estado de Exceção no Brasil depôs brasileiros de seus cargos eletivos, aos quais haviam ascendido por meio do voto. Destruiu livros e documentos, invadiu *campi* universitários, proibiu leituras de obras e de autores considerados antifascistas, socialistas e comunistas, entre outros.

Censurou textos, livros, letras de música, peças de teatro[4] e criou a função de censor, em redações de jornais e em veículos de comunicação; legitimou a delação, a espionagem entre vizinhos, porteiros de prédio, vendedores ambulantes; estabeleceu a escuta telefônica e criou um clima de suspeição, incômodo e de vigilância permanente. Principalmente,

[4] Idibal Piveta, diretor durante 43 anos do Teatro União e Olho Vivo, em seminário sobre trinta anos de anistia, realizado na Fundação Perseu Abramo em maio de 2009, informou que houve 692 peças de teatro censuradas e 300 cortadas durante o regime militar.

instituiu a pena de morte por fuzilamento, e o banimento do solo brasileiro.

Não institui legalmente duas trágicas figuras, que, se legalizadas, colocariam explicitamente o país na contramão das Convenções de Genebra: a autorização para a tortura e o desaparecimento forçado dos opositores capturados. Por isso mesmo exerceu-as sem limites e hoje o país conhece, pelos atingidos, o grau de tortura que existiu no Brasil, assim como, por meio das públicas e incansáveis denúncias, a existência de desaparecidos políticos, entre 150 e 180 brasileiros.

A *exceção concentrada:* Atos Institucionais

No dia 9 de abril de 1964, a Junta Militar que se outorgou o poder político e militar, baixou o primeiro Ato Institucional redigido por Francisco Campos; editado sem número, o documento passaria a ser designado como AI-1 somente após a divulgação do segundo ato.

AI-1 *(9 de abril de 1964)*

Composto de onze artigos, o AI-1 era precedido de um preâmbulo no qual se afirmava que a "revolução", investida no exercício do Poder Constituinte, não procuraria legitimar-se por meio do Congresso, mas, ao contrário, o Congresso é que receberia através daquele ato sua legitimação.

Por esta norma, cabia aos generais cassar mandatos legislativos, suspender direitos políticos pelo prazo de dez anos e deliberar sobre a demissão, a disponibilidade ou a aposentadoria dos que tivessem atentado contra a segurança do país. O AI-1 determinava em seu artigo 2º que dentro de dois dias seriam realizadas o que entendiam ser eleições indiretas para a presidência e vice-presidência da República. O mandato presidencial se estenderia até 31 de janeiro de 1966, data em que expiraria a vigência do próprio ato.

No dia 10 de abril, a Junta Militar divulgou a primeira lista dos atingidos pelo AI-1, composta de 102 nomes. Foram cassados os mandatos de 41 deputados federais e suspensos os direitos políticos de várias personalidades de destaque na vida nacional, entre as quais João Goulart, o ex-presidente Jânio Quadros, o deputado federal e ex-governador do Rio Grande do Sul Leonel Brizola, o economista Celso Furtado, os ex-ministros Almino Afonso, do Trabalho, e Paulo de Tarso, da Educação, o presidente da Superintendência da Política Agrária (Supra) João Pinheiro Neto, o reitor da Universidade de Brasília Anysio Teixeira, o governador de Pernambuco Miguel Arraes, o chefe da Casa Civil Darcy Ribeiro, e Waldir Pires, entre outros; cento e vinte e dois oficiais foram também expulsos das Forças Armadas.

No dia seguinte, o Congresso Nacional ratificou a escolha, feita pelos militares, do general Humberto de Alencar Castelo Branco para a presidência; para a vice-presidência, o civil José Maria Alkmin, deputado federal do Partido Social Democrático (PSD), e secretário de Finanças do governador de Minas Gerais, José de Magalhães Pinto, um dos chefes civis do golpe.

> No dia 14 de abril de 1964 foi divulgada nova lista de cassações, incluindo 67 civis e 24 oficiais das Forças Armadas; entre os civis incluíam-se deputados estaduais e federais, além de intelectuais. [...] Em 15 de abril, Castelo Branco foi investido no poder presidencial, inaugurando uma série de governos militares no país. Em 17 de julho, com a justificativa de que as medidas de reestruturação política e econômica adotadas ou por adotar não se poderiam concretizar no prazo de vigência do AI-1, o Congresso aprovou por maioria absoluta a prorrogação do mandato de Castelo Branco até 15 de março de 1967, adiando as eleições presidenciais para 3 de outubro de 1966. Até o fim desse ano o governo prosseguiu com expurgos sucessivos, não admitindo a defesa dos acusados, e impôs punições diversas a cerca de 3.500 pessoas – entre as quais o ex-presidente Juscelino Kubitschek, que se exilou voluntariamente em Paris –, enquanto centenas de inquéritos policiais-militares – IPMs, eram instaurados para apurar as atividades comunistas no Brasil (Calicchio, 2008).

AI-2 e a extinção dos partidos (27 de outubro de 1964)

- Condições para criar o Estado de Sítio;
- Autorização para existência de apenas dois partidos: ARENA e MDB;
- Manifestações políticas de crítica ao regime serão consideradas crime.

No dia 27 de outubro foi anunciado o Ato Institucional nº 2, cuja elaboração fora coordenada por Juraci Magalhães, ministro da Justiça, e por Nehemias Gueiros. Composto de 33 artigos, o AI-2 redefiniu de forma autoritária os termos do AI-1, estabelecendo a eleição indireta para a presidência da República, a dissolução de todos os partidos políticos então existentes, a reabertura do processo de punições dos adversários do regime e a impossibilidade de reeleição do presidente da República.

Ainda segundo o documento, ouvido o Conselho de Segurança Nacional, o presidente poderia decretar o Estado de Sítio por 180 dias sem consulta prévia ao Congresso, ordenar a intervenção federal nos estados, decretar o recesso do Congresso e demitir funcionários civis e militares, além de emitir atos complementares e baixar decretos-leis sobre assuntos de segurança nacional.

> No próprio dia 27 de outubro, foi também expedido o Ato Complementar – AC 1, relacionando as medidas e sanções a serem tomadas com respeito às pessoas privadas de seus direitos políticos, cujas atividades ou manifestações de natureza política passavam a ser qualificadas de crimes. Ainda em cumprimento ao disposto no AI-2, em 20 de novembro foi expedido o AC 4, definindo as regras a serem seguidas na reorganização partidária. As limitações dessas regras permitiriam que se formassem apenas duas agremiações: de um lado, o partido governista Aliança Renovadora

Nacional – ARENA, e, de outro, o Movimento Democrático Brasileiro – MDB (Calicchio, 2008).

AI-3 e as eleições de 1967 (5 de fevereiro de 1966)

- Eleições para governador e vices serão indiretas;
- Prefeitos serão nomeados pelos governadores.

Em 5 de fevereiro de 1966, o presidente Castelo Branco editou o Ato Institucional nº 3, estabelecendo eleições indiretas para governador e vice-governador e fixando o calendário eleitoral. Os governantes estaduais seriam eleitos em 3 de setembro de 1966, por votação nominal, pela maioria dos membros das assembleias legislativas dos estados. Por outro lado, de acordo com o artigo 4 do Ato, os prefeitos dos municípios das capitais passariam a ser nomeados pelos governadores estaduais, "mediante prévio assentimento das assembleias legislativas ao nome proposto".

Em 3 de outubro seriam realizadas as eleições indiretas para a presidência da República e, por último, em 15 de novembro, seriam eleitos deputados federais e senadores. Estas últimas seriam as únicas eleições diretas. No dia 3 de outubro, o Congresso referendou para a presidência da República o marechal Arthur da Costa e Silva. Para a vice-presidência foi eleito Pedro Aleixo, deputado federal por Minas Gerais filiado à ARENA. A posse ocorreria somente no dia 15 de março do ano seguinte, já com uma nova Constituição em vigor, votada a toque de caixa.

AI-4 e a Constituição de 1967 (7 de dezembro de 1966)

- Constituição incorpora todos os anteriores Atos e Decretos Leis-DL, cerca de 190 DL;
- Discussão e aprovação ocorrem em apenas quarenta dias: entre dezembro/66 e janeiro/67;
- Predomínio explícito do Executivo sobre os demais poderes Legislativo e Judiciário;
- Nova constituição convive com um regime de permanente exceção, com a edição de sucessivos atos institucionais, emanados do poder central;
- Baixada a Lei de Segurança Nacional.

> Desde meados de 1966, estava em preparo o projeto de uma nova constituição que deveria incorporar todos os elementos permanentes dos atos institucionais e complementares, bem como os diversos decretos e leis promulgados a partir de 1964, [...] cerca de 190 decretos e leis. No dia 6 de dezembro de 1966, foi publicado o projeto de constituição redigido por Carlos Medeiros Silva, ministro da Justiça, e por Francisco Campos. Diante dos protestos suscitados pelo documento tanto na oposição como entre setores da ARENA, no dia seguinte o governo decidiu editar o AI-4, convocando o Congresso em sessão extraordinária de 12 de dezembro de 1966 a 24 de janeiro de 1967 para discutir, votar e promulgar a nova Carta sob regime de trabalho acelerado. Daquela data até a entrada em vigor da Constituição, prevista para 15 de março de 1967, o Executivo

poderia legislar por decretos em tudo o que se referisse à segurança nacional, administração e finanças. Em 24 de janeiro de 1967, sem que fosse considerada a maior parte das emendas propostas pelo Congresso, foi promulgada a nova Constituição. No dia seguinte, Castelo Branco expediu o Decreto-Lei nº 200 (Calicchio, 2008).

AI-5: endurecimento da ditadura civil-militar (13 de dezembro de 1968)

- Impõe os atestados ideológicos;
- Universidades são invadidas pela polícia e pelo Exército;
- Fechamento do Congresso Nacional por tempo indeterminado;
- Autorização para intervenção nos estados e municípios sem qualquer procedimento prévio;
- Autorização para a cassação de mandatos parlamentares e suspensão de direitos políticos por dez anos;
- Suspensão da garantia do *habeas corpus*;
- Autorização para sequestro de bens.

Enumero alguns acontecimentos que ocorreram no ano da decretação do AI-5, explicitando o descontentamento dos brasileiros e o recrudescimento da violência por parte dos militares armados[5].

---

5 Agradeço a contribuição de Alípio Freire a respeito da relação dos episódios ocorridos durante o ano de 1968.

A partir de março, o assassinato do estudante Édson Luis de Lima Souto, de dezoito anos, no restaurante estudantil chamado Calabouço, no Rio de Janeiro, torna-se um rastilho de pólvora que espalhou por todo o país uma onda de protesto.

O corpo baixou à sepultura no Cemitério São João Baptista na presença de 50 mil pessoas, depois de um enorme cortejo fúnebre que durou três horas e meia. O assassinato do estudante simbolizou, na simplicidade de seu corpo franzino, a enorme fenda que se instalara com as armas pesadas apontadas para os brasileiros contra os garfos e facas do restaurante estudantil.

O ato covarde levantou o Rio de Janeiro que saiu às ruas levando Édson Luis entre carros, que aos poucos acendiam os faróis; archotes improvisados feitos com jornais juntaram-se às velas que apareceram não se sabe de onde, e todos levaram à sepultura o filho desamparado que nos representava a todos: o estudante foi enterrado já à noitinha, sob luz de velas e ao som do Hino da República.

Após o assassinato de Édson Luis, foram somando-se outras manifestações: no dia 14 de abril,

> [...] 15 mil metalúrgicos em Contagem, na região da grande Belo Horizonte, em Minas Gerais, fazem greve e conquistam 10% de aumento do salário; dias após, ocorreu a adesão dos trabalhadores da Mannesman, também em Belo Horizonte, aumentando em mais 5 mil o número dos trabalhadores em greve (Lima e Arantes, 1984, p. 78).

Em 26 de junho de 1968, uma nova passeata no Rio de Janeiro reuniu 100 mil pessoas e terminou ao crepúsculo na Cinelândia, quando foi nomeada uma comissão para levar a Costa e Silva reivindicações tiradas em público. Foram indicados como representantes: o psicanalista Hélio Pellegrino, os estudantes Franklin Martins e Marcos Medeiros, o advogado Marcelo Alencar, o professor José Américo Pessanha, o padre João Batista Ferreira e Irene Papi, representando a União Brasileira de Mães. A conversa com o marechal em Brasília foi sumária, nenhuma reivindicação atendida (Arantes, 1999, p. 55).

Em julho eclodiu em São Paulo a greve de Osasco, na Cobrasma, e, à mesma época, a greve dos canavieiros da cidade do Cabo, em Pernambuco. Neste mesmo mês, mais de 300 mil estudantes fazem manifestações de protesto nas principais cidades do país.

Em agosto, a Universidade Federal de Minas Gerais é fechada e a Universidade de Brasília invadida pela Polícia Militar.

No dia 2 de setembro, o deputado Márcio Moreira Alves, do MDB, pronunciou um veemente discurso na Câmara conclamando o povo a realizar um boicote aos militares. O pronunciamento foi considerado ofensivo às Forças Armadas.

Em 12 de outubro, 740 estudantes que participavam do 30º Congresso da União Nacional dos Estudantes (UNE), realizado clandestinamente em um sítio, na cidade de Ibiúna, em São Paulo, foram presos, e entre estes expressivas lideranças estudantis: Luís Travassos, então presidente da UNE/RJ, e Wladimir Palmeira, presidente da UMES/RJ – União Metropolitana dos Estudantes Secundaristas do Rio de Janeiro.

A repressão oficial, cada vez mais intensa, era reforçada por organizações paramilitares de extrema-direita, como o Comando de Caça aos Comunistas (CCC) ou o Movimento Anticomunista (MAC), responsáveis por doze atentados ao longo do ano, entre eles a explosão de bombas contra a Associação Brasileira de Imprensa (ABI) e a livraria Civilização Brasileira, no Rio de Janeiro, e o jornal *O Estado de São Paulo*, na capital paulista. A direita também invadiu teatros no Rio de Janeiro, São Paulo e Rio Grande do Sul.

Várias organizações de luta armada urbana realizaram, segundo estimativas, 23 ações durante 1968. A primeira, em 8 de fevereiro, em Mauá, organizada pela Ala Vermelha; em julho, ação da Ação Libertadora Nacional (ALN), e a última (até agora catalogada), em 12 de outubro, pela Vanguarda Popular Revolucionária (VPR).

No dia 13 de dezembro, a Câmara dos Deputados rejeita, por 216 votos a 141, o pedido de licença para processar o deputado Márcio Moreira Alves.

Os militares não vacilaram frente ao crescimento da oposição organizada contra o duro regime que impunham pela força das armas.

Fecharam o Congresso Nacional, imediatamente. À noite do mesmo dia 13, baixaram o AI-5. A exceção estabeleceu-se como regra. O Estado de Exceção estava então consolidado.

> O AI-5 autorizou, independentemente de qualquer apreciação judicial, decretar o recesso do Congresso Nacional e de outros órgãos legislativos, a intervir nos estados e municípios sem as limitações previstas na Constituição, a cassar mandatos eletivos e a suspender por dez anos os direitos políticos de qualquer cidadão, a decretar o confisco de bens de todos quantos tenham enriquecido ilicitamente e a suspender a garantia de *habeas corpus*. Ainda no dia 13 de dezembro, o AC-38 decretou o recesso do Congresso Nacional por tempo indeterminado (Calicchio, 2008).

No dia 16 de janeiro de 1969, após uma reunião do Conselho de Segurança Nacional, o governo divulgou uma lista contendo quatro tipos de punições: cassação de mandato, cassação de mandato com suspensão de direitos políticos, suspensão de direitos políticos e aposentadoria compulsória.

Do AI-6 ao AI-17 (1º de fevereiro de 1969/14 de outubro de 1969)

O AI-5 deu origem, em etapas distintas, a mais doze atos institucionais, editados por Costa e Silva e pela Junta Militar que o sucedeu, a 59 atos complementares e oito emendas constitucionais, abrangendo todas as áreas da vida nacional. Tornou plena a legislação de exceção, e os governos militares puderam assim usar rotineiramente o poder coercitivo como alternativa para superar os conflitos políticos.

AI-6, editado em 1º de fevereiro de 1969, estabeleceu que os chamados crimes contra a segurança nacional passariam também a ser julgados pela Justiça Militar, ficando reduzidas as atribuições do Supremo Tribunal Federal (STF). No dia 7 de fevereiro, as cassações atingiram o próprio partido do governo.

AI-7, de 26 de fevereiro, anulou o calendário eleitoral, suspendendo as eleições parciais para cargos executivos ou legislativos da União, dos estados, dos territórios e dos municípios até novembro de 1970. No dia 13 de março, nova lista de cassações foi divulgada.

AI-8 foi editado no dia 24 de abril, acelerando a reforma administrativa iniciada pelo Decreto-Lei nº 200. O novo ato delegou aos executivos dos estados, do Distrito Federal e dos municípios de população superior a duzentos mil habitantes competência para implantar por decreto suas próprias reformas administrativas.

AI-9, em 25 de abril, retomou o tema da reforma agrária, dispondo que

> [...] o presidente da República (poderia) delegar as atribuições para a desapropriação de imóveis rurais por interesse social, sendo-lhe privativa a declaração de zonas prioritárias.
>
> Foram aposentados 219 professores universitários e pesquisadores, entre os quais os físicos José Leite Lopes e Mário Schenberg, as historiadoras Eulália Lahmeyer Lobo

> e Maria Ieda Linhares, os cientistas sociais Florestan Fernandes, Otávio Ianni, Fernando Henrique Cardoso, Paulo Duarte, Emília Viotti da Costa, Paul Singer, Luís Pereira e Paula Beiguelman, além do historiador Caio Prado Júnior. O jornalista e escritor Antônio Calado teve seus direitos políticos suspensos e quinze deputados federais, tanto da ARENA como do MDB, foram cassados (Calicchio, 2008).

AI-10, em 16 de maio, determinou que a suspensão dos direitos políticos ou a cassação de mandatos eletivos federais, estaduais ou municipais, com base no AI-1, AI-2, AI-5 e AI-6, acarretaria a perda de todos os cargos ou funções na administração direta ou indireta, bem como em instituições de ensino e pesquisa ou em organizações consideradas de interesse nacional, o que causou grandes dificuldades para a pesquisa no Brasil.

O presidente da República era também autorizado a estender essas sanções a pessoas punidas antes da edição do AI-5. Em fins de julho, foram atingidas, com penalidades diversas, cerca de quinhentas pessoas, entre membros do Congresso Nacional e das Assembleias estaduais e municipais, jornalistas, militares, diplomatas, médicos, advogados e professores.

AI-11, editado em 14 de agosto, fixou um novo calendário eleitoral, marcando todas as eleições para uma data única – 15 de novembro de 1969.

AI-12 foi um Golpe Branco dos militares, editado a partir do obscuro agravamento do estado de saúde do general Costa e Silva, que então ocupava a Presidência da República. O general Aurélio Lira Tavares, do Exército, o brigadeiro Márcio de Sousa Melo, da Aeronáutica, e o almirante Augusto Rademaker Grunewald, da Marinha, formaram uma Junta Militar, impondo um governo totalmente militarizado, e impediram a posse do vice-presidente Pedro Aleixo, sucessor natural de Costa e Silva nos termos da Constituição de 1967, que não se alinhava à *linha dura* dos militares e que, na reunião do Conselho de Segurança Nacional, argumentou contra o AI-5 e absteve-se na votação.

Os AI-13 e AI-14 (5 de setembro de 1969/10 de setembro de 1969)

- Banimento do território nacional;
- Admissão da pena de morte e prisão perpétua;
- Determinadas as condições para o fuzilamento.

O AI-13 estabeleceu o banimento do território nacional, enquanto o AI-14 modificou o artigo 150 da Constituição de 1967 que já admitia a aplicação da pena de morte ou prisão perpétua em casos de guerra externa, guerra psicológica adversa, revolucionária ou subversiva.

Os dois atos constituíram uma resposta apressada ao sequestro, ocorrido em 4 de setembro no Rio de Janeiro, do embaixador norte-americano Charles Burke Elbrick por um comando formado pelo Movimento Revolucionário 8 de Outubro (MR-8) e a Ação Libertadora Nacional (ALN), que exigiu a libertação de quinze prisioneiros políticos e a divulgação de um comunicado manifestando seu "repúdio à ditadura militar". A junta militar decidiu ceder às exigências, mas, por meio do AI-13, definiu o estatuto legal e condições dos presos que sairiam para o exterior em troca do diplomata, e, com o AI-14, instituiu medidas mais drásticas (prisão perpétua e pena de morte) nas quais pudessem ser enquadrados os membros do comando responsável pela captura do embaixador. No dia 9, os quinze presos foram libertados e exilados no México.

AI-15 (9 de setembro de 1969)

O AI-15 foi editado em 9 de setembro de 1969, fixando eleições em municípios sob intervenção federal. No dia 16, foi afastado definitivamente Costa e Silva.

O Decreto-Lei 898, de 27 de setembro de 1969, pôs em vigor nova Lei de Segurança Nacional, segundo a qual todo condenado à morte seria fuzilado se, em 30 dias, o presidente da República não comutasse a pena em prisão perpétua. O controle sobre a imprensa foi também intensificado, prevendo-se a prisão de jornalistas.

AI-16 (14 de outubro de 1969)

- Destituição do vice-presidente civil.

Em 14 de outubro de 1969, por meio do AI-16, foram declarados vagos os cargos de presidente e vice-presidente da República – destituindo, portanto, Pedro Aleixo, que desde a doença e afastamento de Costa e Silva e posse da Junta Militar ficou impedido de exercer seu mandato de vice-presidente.

AI-17, editado igualmente no dia 14 de outubro de 1969, autoriza transferir para a reserva os militares que houvessem atentado, ou viessem a atentar, contra a coesão das Forças Armadas.

No dia 15 de outubro, o AC-72 e AC-73 reabriram o Congresso Nacional, convocando os parlamentares a se apresentar em Brasília no dia 22 seguinte. No dia 17, a Junta Militar promulgou a Emenda Constitucional nº 1, incorporando dispositivos do AI-5 ao novo texto que se tornou conhecido como Constituição de 1969. A exceção estabelece-se, regiamente, dentro do que foi chamado de Constituição, assimilando os dispositivos do mais devastador dos atos institucionais, o AI-5, de dezembro de 1968[6].

Sobre os objetivos do golpe de 1964, Alípio Freire diz:

> Temos, antes de tudo, de entender que o golpe, e o regime de terror e superexploração dos trabalhadores e do povo que implantou, significou uma ruptura institucional e uma fratura histórica, desencadeadas pelo grande capital nacional e internacional e seus aliados, contra um programa

---

[6] A revogação do AI-5 ocorreu no final do governo de Ernesto Geisel, 1974-1978, pela Emenda Constitucional nº 11, de dezembro de 1978. A partir de 1º de janeiro de 1979, a face mais ostensiva das leis da ditadura foi revogada, embora vários de seus dispositivos já tivessem sido embutidos na Constituição de 1969 (Calicchio, 2008).

de reformas de interesse popular. Estas eram as chamadas Reformas de Base, que unificavam, naquele momento, um conjunto de projetos em torno de um desenvolvimento nacional independente, e fundado na distribuição de renda. Os golpistas, ao contrário, representavam projetos de desenvolvimento fundados na concentração de renda, subordinados aos interesses do grande capital internacional e à política dos Estados Unidos. O ponto número um desse segundo programa era a derrubada do Governo do presidente João Goulart – o Jango. Uma pesquisa feita pelo Ibope em março de 1964, às vésperas do golpe, mostrou que a maioria esmagadora dos brasileiros apoiava as reformas que o presidente Jango propunha, e votariam pela reeleição do presidente, caso isto fosse possível. Reverter esse quadro, portanto, exigia não apenas dar o golpe, como também implantar um regime fundado na violência. Ou seja, a violência não foi algo acidental ou que em alguns momentos foi praticada nos "porões do regime", fugindo ao controle dos militares e civis que dirigiam o país. Era parte constitutiva e inseparável do programa dos golpistas. O que vimos depois foi que, tendo como objetivo um avanço na concentração de riquezas, na ampliação dos seus lucros e poder, o Estado, controlado pelo grande capital e seus aliados, utilizará impunemente todos os meios de repressão e violência contra a classe trabalhadora, o povo, seus representantes, os que falavam e agiam em nome dos interesses do conjunto, seus movimentos e organizações

(Alípio Freire, entrevista ao Núcleo Piratininga de Comunicação, São Paulo, 22/6/2011, sobre a abertura dos arquivos e a criação da Comissão da Verdade).

Desdobramentos da exceção

O Estado de Exceção no Brasil foi construído sobre os alicerces do que os ditadores consideraram ser sua lei, sua Constituição, já que a primeira declaração pública sobre a nova forma de organização do poder foi a de que a Constituição e a nova forma de organização do poder autolegitimavam-se. Ao Congresso, por essência a casa legislativa de um Estado de Direito, caberia apenas ser informado.

Os golpistas puseram sobre suas próprias cabeças a coroa do poder. Não sentiram necessidade de recebê-la de outras mãos.

A conspiração civil-militar tramada continha todos os ingredientes da violência: primeiro na letra, depois na prática. A passagem à prática do que fora concebido como lei não previu, ou não se importou, com a forma de sua execução.

Ao suspender direitos políticos por dez anos, deliberar cassar direitos civis conquistados, decidir demitir e aposentar brasileiros de seus trabalhos dos quais dependiam para viver, a exceção foi criando como regra a eliminação política e civil dos brasileiros que não apoiavam o golpe. Primeiro ouviram os civis que os ajudaram a escrever os textos da exceção.

A estes brasileiros civis que haviam aderido ao golpe, coube o papel de auxiliares dos militares em cargos de vice-presidente, ministros civis ou de técnicos subalternos, do qual foram posteriormente destituídos. Assim, quando o general Costa e Silva foi afastado por motivos de saúde, em 9 de setembro de 1969, seu vice, o mineiro Pedro Aleixo, que deveria assumir o cargo vacante, foi sumariamente destituído da função, em 14 de outubro, por força do AI-16.

Decididos a sufocar a palavra ainda circulante em espaços legislativos amedrontados, os ditadores decidiram que apenas dois partidos poderiam existir – ARENA e MDB. Esta arquitetura do Legislativo, que permaneceu até os últimos dias do regime, revelou plenamente o resultado deste acordo da exceção, exercido durante quinze anos e meio, em 1979: ao discutir a lei da Anistia, os dois partidos sucumbiram às exigências dos militares.

À cassação e expulsão de professores e de cientistas políticos das universidades e de institutos de pesquisa públicos e/ou federais, assim como particulares, e às invasões de universidades como a UFMG e a UnB com o AI-5, em 1968, somou-se o Decreto-Lei nº 477, que, entre as punições previstas, proíbe o aluno desligado de "[...] se matricular em qualquer outro estabelecimento de ensino pelo prazo de três anos e, se for bolsista, perde o benefício por cinco anos" (Arantes, 1999, p. 58).

O cerceamento da liberdade nos *campi* universitários após o AI-5, ao qual se somou também a invasão, saque e ocupação do Conjunto Residencial da Universidade de São Paulo (CRUSP), manteve-se durante os anos seguintes: em 22 de setembro de 1977, durante a invasão da Pontifícia Universidade Católica de São Paulo, sob o comando do coronel

Erasmo Dias, bombas foram lançadas dentro do campus universitário, à rua Monte Alegre, no bairro de Perdizes, ferindo e queimando cinco estudantes.

Todos esses atos de violência foram medidas extremas para extirpar no país a possibilidade de elaboração teórica e científica, por meio da tentativa de intimidação e de cerceamento das atividades dos transmissores e formadores de opinião que, por vocação, são papéis e funções exercidas pelo professor e pelo pesquisador.

Durante todo o tempo em que vigorou o regime de exceção, correu desmedidamente sob seus alicerces o rio da tortura. Sobre a tortura, os legisladores não colocaram por escrito a autorização para torturar. Estariam desrespeitando as Convenções de Genebra, conforme diziam aos próprios presos. Não ousaram escrever, mas a exerceram durante todo o tempo.

Militares de diferentes patentes e policiais civis, agentes públicos no exercício de sua função pública, incorporaram o papel de torturador. Embora fosse uma exigência prática e uma política dos ditadores, tentou-se a qualquer custo mantê-las clandestinas em relação ao público, o que paulatinamente tornou-se impossível pelo testemunho dos próprios presos aos seus familiares e advogados, os primeiros a visitá-los.

Paralelamente à tortura dentro dos prédios públicos federais, estaduais e municipais, a tortura estruturou-se como prática das organizações paramilitares, entre as quais o Comando de Caça aos Comunistas, que pichava os muros das cidades com a frase: "*Já matou seu comunista hoje?*" Estes comandos paramilitares participavam também do sequestro dos opositores.

A repressão policial e militar teve o patrocínio de empresários que acompanharam diretamente sessões de tortura e financiavam equipamentos para torturar; um dos casos que se tornou mais conhecido, a partir de 1971, é o do empresário Hennig Boilesen, do grupo Ultragás.

Nas sessões de tortura, os agentes da repressão ostentaram, sem pudor, equipamentos adquiridos de exércitos estrangeiros, incorporaram ensinamentos sobre como matar sem deixar vestígios, oriundos mais proximamente das práticas nazistas durante a Segunda Guerra Mundial e assumidamente perpetrados pelos franceses na guerra da Argélia, entre 1955-1957.

Os ditadores brasileiros convidaram militares franceses, como o general Aussaresses para ensinar novas modalidades de tortura e provavelmente de fazer desaparecer os corpos de militantes assassinados. Orgulharam-se também os torturadores de informar aos presos que o Brasil já exportava *know-how* em tortura.

A Doutrina de Segurança Nacional aniquilou o Estado de Direito. O principal inimigo para os ditadores estava dentro do Brasil, era um inimigo interno. A violência não vacilou em prender o próprio concidadão e legislar sem limites contra os direitos que lhes eram inerentes. As sucessivas leis, atos, decretos voltaram-se contra os próprios brasileiros. A ditadura tentou o impossível: calar o povo de uma nação. A truculência no extermínio dos opositores de diferentes formas desarticulou, por um tempo, os resistentes.

A prisão sem mandato e sem hora para acontecer, a extinção do *habeas corpus*, o sequestro em plena rua ou dentro da própria casa; a prisão de militantes e de seus filhos tornou-se prática cotidiana dos agentes da repressão.

O número de presos políticos com seus filhos, que inicialmente pensava-se serem poucos, aumenta a cada ano com o relato de novos casos que vêm à tona. Por isso tenho a convicção de que a ditadura deixou territórios ainda velados, como o das prisões de militantes com seus filhos, principalmente porque estas situações nunca eram registradas oficialmente nos depoimentos.

A experiência da prisão de filhos de militantes clandestinos juntamente com os pais, como a que vivi pessoalmente, entre dezembro de 1968 e maio de 1969, presa com meus filhos André e Priscila, então com três anos e meio e dois anos e meio de idade, impulsionou-me a escrever sobre militantes políticos que viveram esta experiência de vida, e que deu origem ao ensaio "Dor e desamparo – filhos e pais, 40 anos depois", publicado em 2008 na revista "Psicologia Clínica" da PUC/RJ.

Entre as histórias a que me refiro, uma das mais pungentes é a de Tessa Lacerda, que nasceu oito meses após o assassinato de seu pai, Gildo Lacerda. Sua mãe Mariluce teve que lutar pelo reconhecimento de sua paternidade durante dezoito anos. Tessa, durante esses anos, ficou imaginando seu pai que nunca conheceria como "um pai enorme, gigantesco, um ideal de pai".

Somente muito mais tarde, já quase adolescente, foi-lhe contado que o seu pai que estava morto era também um desaparecido político. Lidar com a dor da materialidade da morte do pai, durante tantos anos, foi eclipsada pela dor avassaladora e indizível da imaterialidade da morte. Essa é dor que desde então suporta, semelhante à dor dos filhos de pais mortos e desaparecidos (Arantes, 2008, p. 75).

Após o AI-5, em dezembro de 1968, sempre que os advogados apresentavam um pedido de *habeas corpus* para pessoas consideradas desaparecidas políticas

> [...] a resposta era invariavelmente: encontra-se foragido. O termo desaparecido é usado para definir a condição de pessoas sobre quem as autoridades governamentais jamais assumiram ou divulgaram a prisão e morte, apesar de terem sido sequestradas, torturadas e assassinadas pelos órgãos de repressão. Foram consideradas foragidas pelo Estado até a Lei 9.140, em 4 de dezembro de 1995. O termo morto oficial define a situação de pessoas que foram presas, cuja morte foi reconhecida publicamente pelos órgãos repressivos. Muitas vezes, porém, tem sido necessário localizar os restos mortais enterrados com nomes falsos, um ato de ocultação de cadáver, pois as autoridades, apesar de saberem a verdadeira identidade dos mortos, como comprovam vários documentos localizados nos arquivos do Departamento Estadual de Ordem Política e Social – DOPS – de vários estados, os corpos eram enterrados com nomes falsos (Comissão de Familiares de Mortos e Desaparecidos Políticos, 2009, p. 22).

Embora o regime civil-militar tenha elaborado leis para perpetrar a desmontagem do Estado de Direito e a legalização da perseguição política, a legitimidade destes procedimentos jamais existiu. O conjunto dos Atos Institucionais compôs um regime de exceção, no qual o que era permitido a uns, era igualmente proibido ao outro. O paradoxo da exceção é que ela encerra, em si, seu contraditório.

As providências que tomaram de incorporar os atos de exceção às Constituições que organizaram em 1967 e 1969 até hoje repercutem no processo de redemocratização do país, e, entre essas exceções, sobressai-se a usurpação do direito à sepultura aos mortos que matou.

A autorização dos decretos secretos por Médici, em 11 de novembro de 1971, deixou seus filhotes e ainda hoje vemos essa esdrúxula medida permanecer nas casas legislativas.

Em 2004, uma matéria da revista *IstoÉ* revelou trechos de um documento que confirma a intenção deliberada de matar opositores, a partir de uma reunião entre Ernesto e Orlando Geisel, Milton Tavares, Antônio Bandeira e o presidente da República, Emilio Garrastazu Médici.

> Em maio de 1973, eles redefiniram as diretrizes da repressão política, cujo principal objetivo era "[...] a utilização de todos os meios para eliminar, sem deixar vestígios, as guerrilhas rurais e urbanas, de qualquer jeito e a qualquer preço" conforme trecho divulgado da ata. Foram constituídos "[...] dois grupos ultrassecretos – um no CIE (Centro de

> Informação do Exército) de Brasília e outro no DOI-Codi de São Paulo –, formados por menos de dez pessoas. Eles estavam autorizados a assassinar e sumir com os corpos e foram responsáveis pelo desaparecimento de cerca de 80 prisioneiros políticos entre 1973 e 1975 (Comissão de Familiares de Mortos e Desaparecidos Políticos, 2009, p. 22).

Campanha pela Anistia: fragmentos

A anistia uniu em único abraço todos os que estavam contra os ditadores; sabíamos com clareza meridiana quem era o inimigo principal.

A ternura combativa que reuniu a militância dos CBAs não foi menos aguerrida na elaboração das propostas políticas que se empenhavam igualmente na conquista da anistia para todos os atingidos pela repressão, apagando temporariamente as divergências, as diferenças políticas e as múltiplas concepções de enfrentamento da ditadura civil-militar que antes se multiplicara em organizações distintas.

Instalado em 12 de maio de 1978, o CBA/SP elaborou uma "Carta de Princípios e Programa Mínimo de Ação", que foi um instrumento político para subsidiar discussões que se multiplicavam a qualquer tempo em todo o país e também no interior do Estado de São Paulo, que chegou a organizar quinze comitês em diferentes cidades. Além do CBA/SP, foram organizados quinze CBAs no interior do estado, em São José dos Campos, Santos, Campinas, Piracicaba, Limeira, Sorocaba, Ribeirão Preto, Bauru, ABC, Assis, Osasco, Itapira,

Jacareí, Mogi das Cruzes e Guaratinguetá. Havia CBAs em todos os estados do Brasil, nas capitais e também em cidades do interior, e presume-se que tenham sido criados mais de cinquenta comitês, algumas vezes vinculando-se a sociedades e centros de defesa de direitos humanos já existentes. Os quatro Princípios e os sete Objetivos imediatos que compunham o Programa Mínimo de Ação foram apresentados em um folheto distribuído amplamente. Os quatro princípios expressos no Programa eram: 1) Anistia imediatamente; 2) Liberdade de palavra, de expressão, de manifestação; 3) Liberdade de associação e de reunião, autonomia sindical, direito de greve; 4) Liberdade de atuação política e de organização partidária. O Programa Mínimo de Ação propunha: 1) Fim radical e absoluto da tortura; 2) Libertação imediata de todos os presos políticos e volta dos cassados, aposentados, banidos, exilados e perseguidos políticos; 3) Elucidação da situação dos desaparecidos; 4) Reconquista do *habeas corpus*; 5) Fim do tratamento arbitrário e desumano contra os presos políticos; 6) Revogação da Lei de Segurança Nacional e fim da repressão e das normas punitivas contra a atividade política; 7) Apoio às lutas pelas liberdades democráticas (Comitê Brasileiro pela Anistia de São Paulo, 1978).

> [...] a luta pela anistia se inscreve no quadro geral das demais lutas do povo brasileiro pelas liberdades democráticas e pela total libertação econômica, social, política e cultural de toda a sociedade brasileira; e, ao mesmo tempo,

> proclama a especificidade da luta pela Anistia Ampla, Geral e Irrestrita a todos os presos e perseguidos políticos, como necessária e imprescindível (Comitê Brasileiro pela Anistia de São Paulo, 1978).

Em novembro de 1978, ainda em plena ditadura civil-militar, foi instalado o Primeiro Congresso Brasileiro pela Anistia. Preparado em grupos de trabalho que se reuniram nas salas do Instituto Sedes Sapientiae, com o apoio de sua diretora, Madre Cristina Sodré Dória, foi aberto na noite de 2 de novembro, no TUCA, Teatro da Pontifícia Universidade Católica de São Paulo, com a autorização da reitora, a professora Nadir Gouvea Kfouri, que um ano antes havia enfrentado com altivez a invasão do *campus* da universidade, comandada pelo coronel Erasmo Dias, então secretário da Segurança do Estado de São Paulo.

Os debates que antecederam o I Congresso de Anistia e as discussões que a partir de então se multiplicaram, propiciaram a ampliação da campanha, que recebeu solidariedade internacional estimulada pelos exilados brasileiros no exterior. O encerramento do congresso, no dia 5 de novembro, foi realizado no Teatro Ruth Escobar, na rua dos Ingleses.

Em 1979, foi criada uma Comissão Mista para elaborar um projeto do governo, com parlamentares das duas casas legislativas, e a presidência foi entregue a um senador da ARENA, Teotônio Vilela.

O *Documentário*, organizado sobre os trabalhos da Comissão Mista sobre Anistia, registra a realização de oito reuniões, entre junho e julho de 1979, e anexa os documentos examinados pela comissão, aproximadamente 330 páginas[7]. A Comissão ouviu, leu e conheceu amplamente as reivindicações dos brasileiros, ao longo do tempo que lhe foi dado pelos militares. Seu presidente teve uma conduta singular dentro de um país constrangido por um longo estado de exceção. Teotônio, como passamos a chamá-lo simplesmente, assumiu uma posição declarada em favor da anistia ampla, geral e irrestrita. Escolheu seus primeiros interlocutores em campo: os presos políticos.

No Prefácio que escreveu para o *Documentário*, o senador relata os contatos feitos para a elaboração da proposta da Comissão:

> Percorri o país de presídio em presídio, ouvi os clamores dos parentes e familiares dos desaparecidos, comuniquei-me com os exilados, conversei com o maior número possível de pessoas atingidas por atos de força do arbítrio, recebi

---

7 Esses documentos eram textos e cartas, enviados pelos presos políticos de todo o Brasil, pelos familiares de mortos e desaparecidos, pelas entidades de anistia, comitês de anistia e movimento feminino pela anistia, pelas entidades nacionais, Ordem dos Advogados do Brasil – OAB; Associação Brasileira de Imprensa – ABI; Sociedade Brasileira Para o Progresso da Ciência – SBPC; Instituto dos Arquitetos do Brasil – IAB; Federação Nacional dos Jornalistas – FENAJ; Associação de Servidores Públicos do Brasil, e também cartas de professores universitários punidos, de cientistas do Instituto Osvaldo Cruz, e de radialistas demitidos da Rádio Nacional.

> documentos, orientações, esclarecimentos, alternativas de como proceder nas pesquisas que enriquecessem os objetivos da Comissão, entendi-me com autoridades várias, senti, enfim, a nação. A partir daí, depois de trinta dias de intensa movimentação, iniciamos os trabalhos da Comissão (Congresso Nacional, 1982, p. 11).

No dia 10/7/1979 declarou ao jornal *Diário Popular*: "Estamos preocupados com as consequências reais da anistia. O projeto do governo é discriminatório e tem como primeira preocupação resguardar os interesses oficiais".

Negociações palacianas levaram à aprovação da Lei nº 6.683, que propôs uma Anistia parcial, restrita e, sobretudo, trouxe uma figura obscura – os crimes conexos – que pela ambiguidade da redação da Lei, já antecipada por Teotônio Vilela, acabou acobertando crimes comuns, como a tortura e os assassinatos, satisfazendo as exigências repassadas aos congressistas da ARENA, na comissão e no plenário, de perdão aos militares e seus colaboradores civis. Preservaram os militares de qualquer julgamento de seus quinze anos e meio de crimes de tortura e de sua responsabilidade pelas mortes e o desaparecimento forçado de militantes políticos.

A proposta da Comissão Mista e as emendas feitas ao projeto dos militares sequer foram examinadas, ficou exclusivamente a proposta oficial, e o resultado todos sabemos: a anistia não foi irrestrita, nem ampla e nem geral. A Lei nº 6.683 trouxe para aprovação os chamados crimes conexos e, com este funesto acerto, insistem em dizer, até hoje, que os militares e os civis que praticaram a tortura, os assassinatos, que mandaram desaparecer com os corpos dos que mataram, que prenderam crianças, mulheres grávidas e impuseram a Exceção como Regra, estão livres de qualquer responsabilização pessoal, civil e criminal pelos crimes que sabidamente cometeram. A vergasta prevaleceu sobre a oliveira!

Os movimentos de anistia continuaram sua proposta de luta. Mantiveram reuniões, encontros e debates, agora denunciando os limites da Anistia e, ao mesmo tempo, organizando uma pauta para receber os presos libertados, os banidos e exilados que enfim podiam voltar. Acompanharam a reintegração dos cassados e demitidos e continuaram denunciando as torturas. Principalmente permaneceram as mesmas perguntas de antes: Onde estão os desaparecidos? Em que condições morreram? O julgamento e a punição dos torturadores sempre foram exigências dos comitês de anistia, e permaneceram sendo.

A Convocatória elaborada pelos Movimentos de Anistia para o II Congresso Nacional pela Anistia, realizado em Salvador, nos dias 15,16 e 17 de novembro de 1979, foi explícita nas suas intenções:

> [...] estipulada sob um regime militar que sempre se caracterizou como antinacional, antipopular e antidemocrático, a Lei aprovada resultou em cometer mais e maiores injustiças. Não esvaziou os cárceres políticos, não facilitou a reintegração profissional dos servidores punidos; não abriu

> os quartéis para receber os militares cassados. O regime militar desfigurou, pois, e até onde pôde, o instituto universal da Anistia. E assim agindo desafia a fibra do movimento e nos empurra para prosseguir a luta (Arantes, 2009, p. 95).

Sob a consigna A *Luta Continua*, o resultado do II Congresso, que contou com expressiva adesão de numerosos anistiados políticos, lideranças civis, políticos, intelectuais, professores, artistas, estudantes, toda a militância dos movimentos de Anistia, fez uma denúncia vigorosa dos grupos paramilitares em atividade no país e propôs uma campanha permanente contra a Lei de Segurança Nacional. Durante o Congresso foi apoiada a impetração de *habeas corpus* para dezenove presos políticos que não foram beneficiados pela Anistia.

O CBA/SP promoveu a recepção dos exilados e banidos que retornaram do exterior. Nos aeroportos internacionais de Recife, do Rio de Janeiro e de São Paulo, os exilados foram recebidos pelos seus familiares, pelos amigos e pelos comitês de Anistia que organizaram as recepções, com faixas, cartazes com suas fotos, para uma recepção emocionada, manifestação à qual a população foi aderindo.

A partir de 1979, foram iniciados os traslados dos restos mortais dos militantes assassinados pela ditadura, para entregá-los aos seus familiares em suas cidades natais. Após 1980, além de participação em colóquios internacionais sobre desaparecidos políticos, o CBA/SP acompanhou processos de reconstituição de identidade de assassinados políticos. O primeiro reassentamento de identidade foi o de Luiz Eurico Tejera Lisboa, cujo corpo fora localizado em 2 de setembro de 1972, após inúmeras buscas, por sua viúva Suzana Lisboa, enterrado no Cemitério de Perus, em São Paulo, com o nome de Nelson Bueno.

A busca pelos desaparecidos e pelas circunstâncias de sua morte permanece em vigor, após mais de trinta anos passados da Anistia de 1979. A responsabilização dos torturadores, anistiados pela interpretação distorcida da lei, continua sustentada pelo Supremo Tribunal Federal, conforme decisão de 2010.

A anistia ao crime de tortura, interpretado como crime conexo, permanece um embate continuado entre brasileiros e o Poder Judiciário. O jurista Hélio Bicudo, que fundou e é presidente desde 2003 da Fundação Interamericana de Defesa dos Direitos Humanos, durante o evento "O profissional diante da situação de tortura", organizado pelo Conselho Regional de Psicologia de São Paulo, em 8 de abril de 2005, com apoio do Conselho Regional de Serviço Social de São Paulo, apresentou uma análise esclarecedora e crítica desta interpretação. Reproduzo, na íntegra, a fala de Hélio Bicudo, pela lucidez da argumentação.

> O que me parece desconcertante é que, se lermos com atenção a Lei de Anistia, nós iremos verificar que em nenhum instante ela permite essa esdrúxula interpretação, da qual decorre a impunidade que, podemos dizer, desonra o Brasil como Estado e nação. O grande argumento para

a consideração de que se trata de uma lei de duas mãos é a alusão feita no artigo primeiro a crimes políticos ou conexos com estes. Os crimes cometidos pelos torturadores seriam conexos aos praticados pelas vítimas. É, realmente, ignorar o que sejam crimes conexos em direito penal. Em delitos praticados pelo mesmo agente pode acontecer que exista entre eles um liame, um nexo; e ele pode praticar um crime para ocultar outro crime ou para tirar proveito do primeiro crime que ele praticou. Nesses casos não temos delitos independentes, pois estão ligados por um nexo subjetivo. A conexão, dizem os autores, os penalistas, pode ser teleológica ou ideológica, quando um crime é praticado para assegurar a execução de outro. Por exemplo, mata-se para roubar. O crime meio é o homicídio e o crime fim é o roubo. Os dois crimes estão ligados pelo laço de causa e efeito. Existe um segundo tipo de conexão, consequencial; quando um crime é cometido para assegurar a ocultação, a impunidade ou a vantagem de outro. Por exemplo, incendeia-se uma casa para impedir que um crime de furto, nela praticado, seja apurado. E tem, ainda, um outro tipo de conexão, a conexão casual; quando um crime é cometido quando da prática do outro. Por exemplo, a subtração de joias da vítima estuprada. A conexão não se refere, pois, à diversidade de autores, mas de delitos cometidos pelos mesmos agentes. Quer dizer, vários delitos podem ser praticados por duas pessoas que estão de acordo em praticar aquele delito, mas o delito é o mesmo, e as pessoas são as mesmas. Então, é por isso que existe o que nós chamamos de conexão. Daí ser claro que a tortura cometida contra um paciente não pode ser considerada conexa ao delito político por este, eventualmente, cometido. Quer dizer, a tortura não é uma continuidade do ato praticado pelo paciente da tortura; são fatos completamente independentes um do outro, exatamente porque se trata de agentes diferentes atuando em campos diversos. Assim, quando o parágrafo primeiro do artigo primeiro da lei de Anistia fala em crimes de qualquer natureza relacionados com crimes políticos ou praticados por motivação política, refere-se justamente àqueles que praticaram estes crimes. E os que torturaram e mataram não participaram dos crimes políticos ou cometidos por motivação política. Eu acho que isto é claro (Bicudo, Pronunciamento no debate "O profissional diante da situação de tortura", organizado pelo Conselho Regional de Psicologia de São Paulo, em 8/4/2005).

Presos políticos e resistentes: testemunhos

"Em latim, pode-se denominar o testemunho com duas palavras: testis *e* superstes. *A primeira indica o depoimento de um terceiro em um processo; o* superstes, *indica a pessoa que atravessou uma provação."*

(Seligmann-Silva, 2003, p. 377-378).

Escolhi cinco testemunhos de militantes políticos que foram presos e torturados durante a ditadura civil militar. Todos, há mais de quarenta anos, tinham entre 25 e 35 anos de idade, aproximadamente. Pertenciam a organizações políticas que estavam na clandestinidade e foram sequestrados dentro de casa ou à luz do dia, em locais públicos. Desde o momento de sua prisão foram espancados e agredidos com violência. O tempo em que estes episódios ocorreram é diferente e poder-se-á perceber que a violência sempre foi total. O ódio expressou-se no ato dos sequestros e das capturas.

As diferentes organizações políticas e partidos a que pertenciam eram igualmente consideradas *inimigos internos* e o método adotado o mesmo: massacrar. O objetivo principal da tortura, arrancar confissões. As ações calculadas, as cenas montadas para torturar, a concepção de câmaras especiais, cadeiras eletrificadas, coroas mortíferas ou simplesmente a força bruta desfraldaram a bandeira da crueldade em seu pior cenário: as prisões. A humilhação, a tentativa de quebrar a resistência ferindo o corpo e atingindo a alma não teve limites.

O torturador desvelou sua face assassina e exerceu sua humanidade na desmedida insensatez; optou pela agressividade extrema, deixou aflorar o que Freud concebeu como pulsão de destrutividade, a pulsão de morte.

No texto *O mal-estar na cultura*, Freud assume plenamente a existência e a inclinação destrutiva do ser humano como uma disposição original, independente, e afirma que a cultura encontra nessa disposição seu mais poderoso empecilho. A face assassina do humano é uma herança mítica do parricídio – morte do pai da horda, herança sobre a qual Freud concebe as *inscrições* constitutivas do psiquismo, delineadas em *Totem e tabu.*

O segredo sobre a tortura e a tentativa de imposição do silêncio materializaram-se como um corolário imposto pelos mandantes da tortura – fazer calar. Sironi e Branche, duas pesquisadoras francesas sobre a prática da tortura, dizem que

> [...] qualquer que seja o contexto cultural, as palavras das vítimas de tortura são assustadoramente as mesmas: é muito difícil falar sobre a tortura. Esta determinação, dizem, "é recorrente em todas as culturas e, em todas, a tortura pretende (e consegue) fazer calar as vítimas e, por consequência, também os perpetradores, que terminam por se beneficiar do silêncio sobre as práticas de tortura. [...] O que se pretende é um ataque através do indivíduo a seu grupo de pertencimento (Sironi e Branche, 2002[2004], p. 59).

Neste trabalho, os testemunhos romperam as barreiras possíveis e expuseram sua dor. Falaram sobre a tortura enquanto ainda estavam presos, ou a relataram, tempos depois, para que se soubesse o que acontecia dentro das prisões da ditadura.

Os testemunhos aqui reunidos são evidência, também, da parcial derrota dos objetivos pretendidos pelos torturadores, embora a um custo inestimável para cada um que a sofreu. São testemunhos de militantes resistentes que permanecem, após seu retorno à liberdade, protagonistas de suas atividades cidadãs, e continuam sustentando seus ideais, os mesmos pelos quais foram considerados *inimigos internos*.

Os presos políticos, ao contrário do que poderiam imaginar os ditadores, durante todo o tempo em que estiveram presos continuaram militantes. Denunciaram, rebelaram-se, fizeram protestos, greves de fome, escreveram textos, escreveram livros.

Hoje, mais de trinta anos após a Anistia de 1979, conhecemos melhor a extensão da ditadura, a partir das informações que paulatinamente vão sendo agregadas pelas pesquisas, pelas buscas dos familiares e pelo do próprio governo em processo de aperfeiçoamento democrático.

Jacob Gorender, em 1998, diz que, embora ainda não se saiba com certeza dos números exatos relativos aos golpes sofridos pela esquerda, "[...] as informações hoje disponíveis e aproximações calculadas por baixo, há cerca de 50 mil pessoas com passagem pelas prisões por motivos políticos; cerca de 20 mil pessoas submetidas a torturas físicas também por motivos políticos" (p. 269).

Sobre a relação dos mortos e desaparecidos políticos, os dossiês organizados em parceria com a Comissão de Familiares de Mortos e Desaparecidos, publicados pela Secretaria Especial de Direitos Humanos da Presidência da República em 2007 e, em 2009, pelo Arquivo Público do Estado de São Paulo, são mais precisos, isto porque as buscas permanecem e as situações destes casos são permanentemente atualizadas, com a incorporação de novas denúncias e de informações referentes a casos antes pouco esclarecidos, incluindo os casos de responsabilidade da Operação Condor.

> Podemos dizer, porém, que cerca de 50 mil pessoas foram presas somente nos primeiros meses da ditadura; há pelo menos 426 mortos e desaparecidos políticos no Brasil – incluindo 30 no exterior; um número desconhecido de mortos em manifestações públicas; 7.367 indiciados e 10.034 atingidos na fase de inquérito, em 707 processos na Justiça Militar por crimes contra a segurança nacional; 4 condenações à pena de morte; 130 banidos; 4.862 cassados; 6.592 atingidos; milhares de exilados; e centenas de camponeses assassinados; até o momento, 24.560 vítimas de perseguição por motivos políticos foram anistiadas Comissão de Familiares de Mortos e Desaparecidos Políticos, 2009, p. 21).

Os fragmentos de testemunhos que apresento já haviam sido publicados anteriormente em veículos diferentes. Os fatos que envolveram a prisão e tortura de Gilse Cosenza foram subsidiados pelo livro *As moças de Minas*, de Luiz Manfredini; os depoimentos de Alípio Freire e de Rita Sipahi foram a mim cedidos pessoalmente pelos autores, e fazem parte dos *Relatórios de Prisão* encaminhados à Secretaria de Justiça e da Defesa da Cidadania de São Paulo, para a Comissão Especial criada pela Lei nº 10.726 de 9/1/2001. As petições de Aldo Arantes e de Haroldo Lima integram desde

1977 meu arquivo pessoal e foram publicadas no Jornal *O Globo* em 2 de setembro de 1977 com o título: "Ordem dos advogados do Brasil divulga documentos sobre maus-tratos".

Esta petição foi encaminhada ao Conselho de Justiça da 1ª Auditoria, da II Circunscrição da Justiça Militar, em São Paulo, enquanto Aldo e Haroldo ainda estavam presos no Presídio da Justiça Militar Federal em São Paulo, conhecido como presídio do Barro Branco.

Uma cópia deste documento manuscrito foi entregue pessoalmente a Raimundo Faoro, então presidente do Conselho Federal da Ordem dos Advogados do Brasil, pelos advogados de Aldo e Haroldo. Também Maria Victoria Benevides, a quem na ocasião entreguei uma fotocópia, relatou pessoalmente ao presidente Faoro as torturas e as circunstâncias da prisão de Aldo Arantes, que acompanhava como amiga, e também como ex-integrante da Juventude Universitária Católica e da Ação Popular. O presidente do Conselho Federal da Ordem remeteu o documento que recebeu *duas vezes* ao diretor-presidente do jornal *O Globo*, Roberto Marinho, que tomou uma decisão inédita: publicou-o na íntegra.

Gilse Maria Westin Cosenza: Belo Horizonte, 1969

Entre as montanhas de Minas

A porta abriu-se de uma vez só, rapidamente. Gilse sentiu a mão grande e forte a agarrá-la pelo pescoço e puxá-la, com violência, para dentro. Seu corpo miúdo atravessou a pequena sala, chocou-se contra a parede e se estatelou no chão. [...[Logo estava sendo violentamente esbofeteada por dois policiais. Caía de um lado para outro, eles a seguravam e estapeavam. Somente alguns instantes após o início da pancadaria é que perguntaram, aos berros:

– Nome?

– Endereço?

– O que você veio fazer aqui?

[...] A cabeça de Gilse trabalhava num ritmo febril. A queda da casa de Loreta era péssimo sinal. Passava os olhos pelo cômodo: tudo revirado. Os policiais mantinham-se ali para prender quem chegasse. [...] Algemaram-na, meteram-na no camburão que mandaram vir e partiram. [...] Gilse parou na porta da sala, olhou para o interior e tomou um susto. Havia quase 40 presos sentados em cinco fileiras de carteiras escolares, guardadas por soldados armados com fuzis dispostos entre cada uma das fileiras. [...] O panorama era desolador. Gildásio, que não via há mais de um ano, estava magro, barba por fazer, roupas puídas, fisionomia carregada. Sentiu pena. Ao vê-la, o irmão arregalou mais ainda os olhos e, com os braços, fez um gesto de embalar crianças, como perguntando pela menina. Gilse ensaiou um sorriso e balbuciou:

– Tudo bem.

Dois policiais conduziram-na até uma carteira vaga nos fundos da sala. Enquanto caminhava, ia cruzando olhares com os presos. Reconheceu aturdida, Loreta, Sissi, Rosário,

> Verona, Luiz Raul, Max, Olavo. Sentou-se na carteira, cruzou os braços, prosseguiu observando os companheiros e, mentalmente, tentando imaginar como caíram e qual era, exatamente, a natureza da situação (Manfredini, 1989, p. 77-79).

Estavam todos no Departamento de Instrução da Polícia Militar (DI) do Prado, em Belo Horizonte, no qual permaneceram os primeiros quatro dias de sua temporada no DI, sem qualquer explicação. Eram militantes da Ação Popular (AP), e os órgãos de segurança, nesse começo de 1969, fizeram inúmeras prisões em BH. Gilse, Loreta, Sissi, Laudelina e Rosário foram as moças de Minas, como ficaram conhecidas, pela sua têmpera frente à repressão.

Após o início do IPM, sob a responsabilidade do coronel Góes, Gilse espantou-se com o que lhe disse o capitão Lacerda, seu interrogador:

> – Pois pense bem. Não se esqueça que você tem uma filha e o pessoal está no seu encalço. Você sabe, temos aqui pessoas sem sentimento de humanidade. Sabe-se lá o que poderão fazer com sua filha em defesa da segurança do país (Manfredini, 1989, p. 89).

As palavras do capitão ficaram rodando na sua cabeça, quando voltou para cela e uma angústia avassaladora tomou--lhe a alma: e se tivessem localizado Juliana? Juliana, sua filhinha de cinco meses de idade, havia nascido de um parto prematuro de gêmeas, aos sete meses de gestação, difícil e arriscado, do qual sobreviveu com 1 quilo e 400 gramas. Os meses iniciais foram cruciais para a bebê, que teve também duas severas infecções.

No dia de sua prisão, Gilse havia deixado sua filha, com a amiga Corina, antes de se dirigir para a casa na qual foi presa. A possibilidade dos militares trazerem-lhe o bebê foi a principal ameaça que naquele momento ocupou seu raciocínio frente à repressão. O que fazer?

Falaria, não falaria, daria alguma informação menor, não daria, a mistura com os ideais assumidos desde sua vida de estudante secundarista, na Juventude Estudantil Católica feminina, a JEC[8], passando pela sua vida de militante de AP, seus compromissos com a luta como militante clandestina e integrada na produção, na defesa da causa pela qual assumiu lutar, rodaram na sua cabeça.

Gilse permaneceu um tempo infinito raciocinando e preparando-se para seu encontro com o interrogador nos dias seguintes. Prostrada durante a madrugada, achou que ia enlouquecer. Resolveu agir e começou a andar sem parar dentro da cela, de um lado ao outro.

---

[8] A Juventude Estudantil Católica Feminina (JECf) foi um movimento leigo ligado à Ação Católica Brasileira, nas décadas de 1950 e 1960 e tinha por objetivo o apostolado católico entre os estudantes secundaristas. A JEC masculina e JEC feminina tinham estruturas organizativas próprias.

Rádio Solitária

> [...] pé com pé, contando e recontando cada vez mais rápido. Necessitava exercitar-se para oxigenar o corpo, manter a lucidez e vencer a guerra. Mais tarde resolveu cantar. Com um grampo de cabelo foi rabiscando na parede o nome das canções. E fundou a Rádio Solitária, que singrou a noite, interrompida apenas quando Gilse, exausta, atirou-se na cama e dormiu (Manfredini, 1989, p. 90).

No dia seguinte foi conduzida a novo interrogatório.

> – Eu acho que você não vai gostar do que poderá acontecer com ela. É bom pensar seriamente nisso. A pista está esquentando, não demora e a gente tem a menina aqui... (Manfredini, 1989, p. 91).

Gilse continuou firme, muda, enrolando. No dia seguinte encontrou o coronel Góes, possesso e berrando:

> – Só quero avisar uma coisa: por mais que queiram, vocês não têm condições de nos enfrentar. Pense nisso, moça: nós temos o Estado a nosso favor, a força militar. Vocês estão em nossas mãos. Não contem com defesa. E digo mais: vocês são mulheres e a barra por aqui poderá ficar muito pesada. [...] Nós já sabemos onde está sua filha. Logo, logo, ela chega aqui. Não compreendo: o primeiro papel de uma mãe

> é defender os filhos. E o que a senhora faz, hein? Expõe sua filha recém-nascida ao perigo! Perigo sim! Em pouco tempo a menina estará aqui e devo-lhe dizer que coisas muito criativas poderão ser feitas com ela e tenho a impressão de que a senhora não se importa com isso. Pudera, são comunistas! (Manfredini, 1989, p. 91).

Gilse pôs-se a vomitar sem parar, o vômito, as lágrimas, um tremor incontido... estava sentindo-se quase nocauteada, quando o sargento Léo, presente na sala, falou:

> – Imagina, você amarrada, a gente bota a menina numa banheirinha cheia de gelo. Quanto tempo será que leva para ela virar picolé, hein? Eu nunca botei uma criancinha no pau de arara, nem dei choques. Que tal? Será que um choque só mata? (Manfredini, 1989, p. 91).

O chefe do IPM, coronel, assistia a tudo, nervoso, impaciente, apoiando os seus comandados. Gilse voltou para a cela, e as dúvidas permaneceram, o que fazer, que atitude tomar? A hora h estava próxima e, acuada, sentia-se sem saída. Recolocou a Rádio Solitária, os movimentos incessantes e autocalmantes, o turbilhão de ideias sem ter com quem conversar.

Ameaçando Juliana

A penitenciária de Santa Teresa estava mergulhada num silêncio de inverno após o almoço. Gilse foi retirada bruscamente da cela por policiais:

> [...] que a conduziram para uma sala ampla e praticamente vazia da área administrativa. Sobre uma mesa de escritório havia uma banheirinha de plástico rosa, abarrotada de gelo. Ao lado, um cassetete e um pau de vassoura. Defronte à mesa, havia uma cadeira onde a amarraram, com as mãos para trás. Logo em seguida o sargento Léo entrou na sala, quieto, com aquele jeito de buldogue. Trazia uma mamadeira, que depositou ao lado da banheirinha. Ao sair, dirigiu-se à presa: – sua última oportunidade. A menina está chegando (Manfredini, 1989, p. 99).

O cenário macabro, bárbaro, inimaginável para Gilse, deixou-a atordoada e confusa. Sem despregar os olhos da banheirinha, imaginava a filha afundando no gelo e as dúvidas avolumaram-se na sua cabeça. Decidiu definitivamente calar-se, tentando não olhar a mamadeira, a banheirinha. Imaginou que poderia tentar passar ao ataque, e decidiu, com a força que não imaginava ter, começar a berrar com os militares, dizendo-lhes que aquilo era um blefe, que não estavam com Juliana, que estavam tentando desarmá-la e que se algo acontecesse ao bebê, eles eram os responsáveis. Disse-lhes mais:

> – Vocês serão os assassinos, haverão de pagar por esse e tantos outros crimes. Ouviu, sargento Léo? A ditadura não vai durar para sempre! A mesa vai virar, ouviu, sargento Léo? O sargento acusou o golpe. – Só mesmo uma mãe terrorista pode deixar que a filha morra. [...] Enfurecido, partiu pra

> cima dela com bofetões e murros e rubro gritava ensandecido. Disparou *telefones*[9] nos ouvidos, bofetões no rosto, murro no estômago. Amarrada à cadeira caiu no chão, foi chutada e pisada (Manfredini, 1989, p. 100).

O sargento foi contido e retirado da sala pelos demais policiais presentes à cena.

> Os ouvidos zumbiam por causa dos golpes de telefone, os cabelos estavam encharcados de suor, a blusa rasgada, o rosto coberto por lágrimas, mas, na solidão que ficara na sala, ouvindo sua própria respiração entrecortada, teve uma visão cheia de lágrimas da banheirinha, e imaginou: Juliana estava a salvo! (Manfredini, 1989, p. 100).

Dias mais tarde Gilse recebeu visita dos pais e ficou sabendo que Juliana, desde o dia em que fora presa, fora levada por Corina para o Rio de Janeiro, ficando aos cuidados de sua irmã Gilda e do cunhado Henfil, seus padrinhos de casamento.

Gilse permaneceu presa e após um mês o IPM, que deveria se encerrar daí um mês, avançou pouco. Depois dos episódios que envolveram Juliana, houve um intervalo entre os interrogatórios. O coronel Góes sentiu-se desrespeitado quando soube da visita dos pais de Gilse, que não passou por sua autorização.

---

[9] *Telefone* é uma forma de tortura que consiste em bater simultaneamente com as duas mãos, em concha, nas duas orelhas/ouvidos, provocando lesões no tímpano, tonturas e até perda de sentidos. Em geral a vítima é imobilizada numa cadeira e o torturador age por trás, surpreendendo-a. (Freire et al., 1997, p. 517).

Dias depois, foi conduzida à Penitenciária Magalhães Pinto, na qual havia um grupo de companheiros que foram chamados para acareação, e Gilse percebeu que tinha havido um recrudescimento da violência, quando o coronel Góes dissera-lhe que a brincadeira havia acabado: – "agora vai ser no pau".

Na maquininha, inscrição U.S. Army

O interrogatório continuou durante mais alguns minutos e dada a sistemática negativa de Gilse,

> [...] o capitão fez um sinal de cabeça para o sargento. Ele disparou, quase correndo para o fundo da sala, arrancou-a da cadeira e a arrastou para outro cômodo. Começou a tirar a sua roupa. Gilse havia se prevenido e, antes de sair da penitenciária, vestira-se com o máximo que pode. Lutava contra o sargento, aplicava pontapés, cabeçadas, mordidas. Ele mal conseguira desvesti-la do paletó do terninho marrom. Ela estava ainda com uma blusa de manga comprida, a calça muito justa, meia três-quartos, duas calcinhas, sapato. O capitão Jésu veio em auxílio de Léo e minutos depois em luta encarniçada, Gilse estava nua... Colocou-a sobre as latinhas à força (Manfredini, 1989, p. 126).

Sobre as *latinhas*[10], com os pés descalços, caía, era esmurrada colocada novamente e as perguntas sucediam-se. Seus

---

[10] A tortura sobre as *latinhas*, usada em homens e principalmente com mulheres, consistia em colocar as vítimas nuas sobre latinhas de leite condensado, já

seios eram torcidos com força e mordidos, a mão do militar enorme no seu púbis, a deixaram exangue no chão, e ouviu o capitão Lacerda dizer que "o Léo só se satisfaz quando a mulher sofre".

> Caiu no chão, ficou encolhida num canto da sala. O sargento Léo saiu e logo voltou com uma pequena máquina, colocou-a sobre a mesa, e Gilse percebeu a inscrição U.S. Army. Debatia-se muito. Com a ajuda dos outros dois, o sargento a imobilizou sobre a mesa, atou os fios nos dedos das mãos e dos pés e as descargas começaram. A manivela rodava progressivamente mais rápida e as descargas chacoalhavam o corpo miúdo de Gilse. Depois prenderam os fios na vagina, e mais choques. Léo saiu da sala e voltou novamente, com mais dois policiais que trouxeram outra mesa, um cabo de vassouras e um par de algemas. Nova luta para colocá-la no pau de arara. Naquela posição sentia-se aberta, vulnerável, exposta, humilhada e degradada. Era difícil engolir a saliva. [...] O sargento Léo armou-se de um cassetete coberto por tachinhas e passou-lhe a bater nas coxas, nas nádegas, na vagina, na planta dos pés (Manfredini, 1989, p. 126).

---

abertas e sem tampa, sobre as quais tinham que saltar ao mesmo tempo com os dois pés.

Foi retirada do pau de arara[11] e foi-lhe perguntado: Vai falar? Ela disse, vou.

Tomando um tempo entre recompor-se e vestir-se, fumou calmamente um cigarro, pensando em como continuar a não dizer nada, sentou-se como pôde e passou a responder às perguntas,

"O que você fazia na subversão no tempo de estudante?"

Gilse tentou novamente enrolar, dizendo que era uma liderança conhecida, presidente do Diretório Central dos Estudantes, eleita, o que levou os militares a descomporem-se plenamente.

Encurralada

> Foi jogada no chão, encurralada pelo sargento Léo entre seu corpo enorme e a parede, que passou a desfechar-lhe *telefones* ininterruptamente.
>
> Repetiu a sessão das *latinhas*, mordendo-a com raiva e ódio, e passou a esfregar seu sexo, para fora da calça, no rosto de Gilse, no seu corpo batido, forçando-o na boca, no rosto, gemendo e resfolegando (Manfredini, 1989, p. 126).

---

11 *Pau de arara*: forma de tortura que consistia em uma barra móvel de ferro ou madeira e dois suportes da mesma altura, sobre os quais é colocada a barra com a vítima pendurada, totalmente despida. As pernas flexionadas nos joelhos, sob os quais passa-se a barra; os braços puxados para baixo da barra, abraçando coxas e tornozelos, e os pulsos são amarrados um ao outro por uma corda. A barra é levantada e colocada sobre os suportes. Totalmente exposta, a vítima é torturada cruelmente com choques elétricos, dados pela *maquininha*, afogamento, açoitamento, entre outros. (Freire et al., 1997, p. 515).

Como um brutamonte, estuprou-a sem pudor, incansável, e com violência. Gilse foi novamente colocada no pau de arara e as sessões de eletrochoque se sucederam, sob golpes de cassetete.

> O sargento Léo, que retornara, passava as mãos nas nádegas de Gilse, metia-as na vagina, [...] quando apalpou a cicatriz do parto, disse: é a própria puta que pariu, toda costurada! (Manfredini, 1989, p. 127).

Deixaram-na na sala muito tempo, pendurada no pau de arara; pela janelinha do alto da sala de tortura, percebeu, de cabeça para baixo que estava amanhecendo.

Gilse ainda ficou presa durante um ano e três meses, entre junho de 1969 a setembro de 1970.

Em Belo Horizonte, lembrança indelével

Reencontrei Gilse depois de longos anos, em junho de 2009. Fiz-lhe uma visita, em seu apartamento em Belo Horizonte, no qual mora sozinha. Fui motivada pela notícia de sua enfermidade, um câncer devastador, descoberto dois anos antes, durante um exame de rotina. A doença só foi possível ser contornada com a retirada de órgãos internos importantes, que exigiram ósteses, que a deixaram fragilizada, com apenas 39 quilos de peso, dez quilos a menos de seu peso original. Depois de longa quimioterapia foi hospitalizada novamente, em dezembro de 2007, após sofrer um acidente vascular cerebral hemorrágico que a deixou mais de um mês em estado semi-inconsciente e com delírios recorrentes.

Em seus pesadelos e no seu delírio, em 2007, a presença dominante era a do coronel Góes, seu principal torturador. Achava que estava em uma prisão disfarçada como hospital, que todos de branco eram policiais cúmplices do coronel Góes e que todos os procedimentos faziam parte de interrogatórios e de torturas que a deixavam amarrada à cama, com tubos na boca, sem poder levantar-se ou mexer-se.

Não se lembra, com clareza, do que ocorreu neste longo tempo; somente depois, muito depois, soube dos detalhes pelas suas duas filhas, Juliana e Gilda, que a acompanharam durante a hospitalização. Gildinha um dia contou-lhe que logo que os tubos foram retirados, ela saiu da cama, em um momento intempestivo, buscando as escadas e elevadores para fugir do hospital que pensava estar a serviço de seu torturador, o coronel Góes.

Gildinha e Juliana certamente conheceram um momento singular de sua corajosa mãe batida não somente pela doença do corpo, mas envolvida pela bruma das lembranças do tempo da tortura, em que não se submeteu ao algoz.

A perplexidade dos filhos na relação com a devastação da vida de seus pais, acossados pela violência da ditadura, não foi incomum entre as famílias dos militantes políticos. A radicalidade dessa experiência estabelece uma relação paroxística com os filhos que encontram seu pai ou encontram sua mãe descentrados do lugar que é próprio aos pais e às mães: o lugar de amparo. Esta experiência dispara um movimento que materializa a devastação que a ditadura civil-militar impôs aos filhos e os efeitos da tortura transgeracional que não conhece fronteiras.

Nesta visita de Belo Horizonte, em julho de 2009, encontrei Gilse plenamente disposta, com o peso recuperado, elegante no seu corpo miúdo, loquaz, planejando seu retorno às atividades públicas de militância política, no movimento de mulheres, nas lutas pelos direitos humanos, no PCdoB, partido ao qual aderiu, juntamente com parte dos militantes e dirigentes da Ação Popular Marxista Leninista (APML), em 1972-1973.

Contei-lhe sobre minha pesquisa e ela me cedeu uma cópia do livro de Luiz Manfredini, baseada na longa entrevista que as cinco *moças de Minas* já haviam dado ao autor no final da década de 1980. Ainda era difícil, para Gilse, falar sobre a sua tortura, preferia que eu me reportasse ao texto já publicado. O cuidado e a fraternidade desvelada no livro de Luiz Manfredini estimularam-me a recolher os fragmentos que reuni como o testemunho de Gilse.

Foi um reencontro fraterno; fomos contemporâneas de militância na mesma organização, a Ação Popular, tivemos as mesmas raízes na envolvente e incansável participação na Juventude Estudantil Católica Feminina em Belo Horizonte, na década de 1950, quando ainda éramos adolescentes e estudantes secundaristas.

Gilse deu-me um exemplar do livro, e contou-me, entre outras coisas, uma conversa com seus atuais médicos, após sua recuperação recente. Um deles disse-lhe que várias vezes, em 2007, durante o tempo em que ela esteve parcialmente inconsciente, falava:

– O Góes não vai conseguir tirar nada de mim, o Góes não vai conseguir; eu não vou falar nada pro Góes.

O médico lhe perguntou:

– Gilse, mas afinal, quem é esse Góes?

Gilse lhe disse:

– Espera, amanhã você vai saber.

No dia seguinte, levou para a equipe clínica exemplares do livro *As moças de Minas*. No livro escrito pelo companheiro e amigo Luiz Manfredini estão contadas a história da prisão e tortura, em 1969, das cinco moças de Minas: Gilse Maria Westin Cosenza; Loreta Kiefer Valladares; Laudelina; Delcy Gonçalves de Paula, a Sissi e Maria do Rosário Peixoto.

Alípio Raymundo Vianna Freire: São Paulo, 1969

Pau de arara: um método genuinamente brasileiro de torturar

Alípio teve que ouvir dos militares que o torturavam a afirmação de que o pau de arara era genuinamente brasileiro, tendo origem no modo como os índios carregavam suas caças. Contudo a sordidez do método, Alípio esclarece em seu depoimento, tem certamente origem na Europa, na Idade Média, apesar de seu nome tropical. Alípio constatou também que todos os seus torturadores que pertenciam ao séquito do major Beltrão (major Inocêncio Fabrício de Mattos Beltrão), entre civis e militares, usavam um único codinome, sob o qual escondiam sua verdadeira identidade. Chamavam uns aos outros de Guimarães, durante o tempo em que Alípio permaneceu na Operação Bandeirante-Oban.

Alípio Freire foi preso aos 23 anos de idade no domingo 31 de agosto de 1969, no dia em que o general Arthur da Costa e Silva sofreu o derrame cerebral que o tirou do poder.

No seu depoimento[12], relata:

> *Fui sequestrado (preso sem mandado judicial e mantido em cárcere clandestino), quando chegava numa casa situada na então rua Raimundo Testa nº 14 (Bairro da Previdência – São Paulo-SP), por um grupo paramilitar a serviço do regime implantado no país em 1964.*
>
> *O grupo de sequestradores era formado por cerca de 15 homens que, descobri em seguida, compunham uma das equipes da Operação Bandeirante-Oban.[...]*
>
> *Ali mesmo começaram as torturas: amarraram-me as mãos para trás com uma corda e, em seguida, os tornozelos;*

---

12 O depoimento de Alípio Freire foi escrito em junho/julho de 2002, para seu *Relatório de Prisão*, encaminhado à Secretaria de Justiça e de Defesa da Cidadania de São Paulo para a comissão criada pela lei 10.726 de 9/1/2001 e, no ano de 2007, foi a mim cedido pelo próprio Alípio para este trabalho. O texto contém dezoito páginas e foi escrito na cidade de Campinas, SP, sendo estas não numeradas. Reproduzo, *ipsis litteris*, fragmentos deste depoimento. Alípio era militante da Ala Vermelha do Partido Comunista do Brasil (PCdoB-AV) – movimento que se formou em 1966, com base num movimento de oposição à linha do PCdoB.

faziam-me perguntas e me cobriam de golpes de cassetete, socos, tapas e pontapés – o rosto foi o alvo principal dos tapas; o baixo ventre, tórax e cabeça dos socos e cassetetadas, que também eram aplicadas nas costas, flancos, braços e pernas. Os pontapés não escolhiam alvo. Queriam nomes e endereços de pessoas, e minha implicação com os moradores (já presos em sua maioria) daquela casa. Como me recusasse a prestar as informações, a violência prosseguia.

Depois de quase duas horas, encapuzaram-me com uma fronha e soltaram-me os tornozelos. Um dos meus sequestradores segurava a ponta da corda que me prendia os pulsos (como se me levasse por uma coleira) e um segundo mantinha o cano de uma pistola automática, engatilhada, encostado em minha nuca. Assim, e acompanhado de uma comitiva de uma meia dúzia de membros daquela equipe, me retiraram da casa pelo quintal dos fundos, fazendo-me pular o muro de uma residência vizinha – onde haviam encostado uma escada – atravessar o jardim, e sair pela rua de trás, onde fui embarcado numa caminhonete veraneio C-14. [...] fui conduzido (sempre encapuzado) ao quartel do Batalhão de Reconhecimento Mecanizado – Rec-Mec, do II Exército, na esquina das ruas Abílio Soares e Tutoia. Era nesse quartel que, então, funcionava a Oban, centro de torturas e interrogatórios (também de assassinatos muitas vezes seguidos de ocultação de cadáveres) de revolucionários e outros opositores do regime.

[...] Enfiaram-me outra vez a fronha na cabeça, e me deixaram por algum tempo numa espécie de antessala. Esperavam

retirar de um compartimento contíguo alguém que estava sendo torturado, para em seguida me levarem para lá. Pela dificuldade de respiração do preso percebi que deveria se tratar de Renato Carvalho Tapajós, que sofria de rinite. Sim, era ele – confirmaria em seguida. Desocupada a sala de torturas, seria a minha vez: despido, fui alçado no pau de arara. Pendurado, amarraram-me um fio descascado no artelho maior esquerdo e, com o outro polo, iam percorrendo várias partes do meu corpo: ouvidos, boca, língua, narinas, cantos dos olhos, mamilos, todo o tórax (com uma atenção especial para a região onde se localiza o coração), pernas, braços, umbigo, pênis, testículos e ânus. A corrente elétrica era puxada de uma tomada (naquele dia, 110 volts). Concomitantemente, além de murros, tapas e "telefones", era surrado com bastões e com uma tira de lona dobrada e molhada. Vez por outra, derramavam água ou algum refrigerante sobre todo o meu corpo, com o objetivo de potencializar os efeitos dos choques, aumentando a condutibilidade da corrente. Nessas ocasiões, fizeram várias vezes escorrer para dentro das minhas narinas o líquido (ora água, ora refrigerante) com que me molhavam o corpo, provocando fortes afogamentos. Em determinado momento – uma vez que não obtinham informações – disseram que iriam buscar minha mãe para torturar. Enquanto eu permanecia pendurado, os Guimarães sumiram por meia hora. Decorrido esse tempo, voltaram fazendo grande algazarra, insinuando que traziam alguém da minha família (Freire, 2002).

Alípio relata com os pormenores, que consegue lembrar após mais de trinta anos, as torturas a que foi submetido, desde o dia 31 de agosto, e durante a primeira semana de setembro. Neste tempo, a tentativa dos militares foi a de quebrar por fora e por dentro sua resistência, sua dignidade pessoal, seus princípios, para arrancar o mais rapidamente possível informações que levassem os policiais a outros militantes. Não conseguiram!

Alípio organizou suas lembranças nesta primeira etapa de sua prisão, em torno de balizas:

- *a data da minha prisão (noite de domingo, 31 de agosto);*
- *o empalamento (noite da segunda-feira, 1º de setembro);*
- *a surra comandada pelo major Beltrão (noite da terça-feira, 2 de setembro);*
- *a data da tortura conjunta com Misael e Takaoka, seguida de fuzilamento e atropelamento simulados (noite e madrugada da quarta para quinta-feira, 3 e 4 de setembro);*
- *a tortura coletiva na própria cela para "pagar a gasolina do avião" (na manhã da sexta-feira, 5 de setembro);*
- *e a nossa transferência e chegada ao DOPS (tarde do sábado, 6 de setembro)* (Freire, 2002).

1º de setembro – máquina de choque

Alípio se refere à tortura que sofreu com uma maquininha de choque:

[...] um telefone de campanha que funciona através de magneto, e cujo reostato é acionado por uma manivela; [...] à medida que a manivela é girada e dependendo da velocidade com que isto é feito, produzindo trancos alternados no corpo do preso, como se fossem seguidas convulsões e espasmos. O telefone de campanha enquanto instrumento de tortura já era sistematicamente aplicado pelos agentes – sobretudo paraquedistas (os paras) – da OAS (Organisation de l'Ármée Secrète) francesa desde o final da Segunda Guerra, contra os militantes que lutavam pela independência da Argélia.

[...] Em seguida – sempre no pau de arara – passaram a outro tema: queriam saber o nome real do "Juca". Trouxeram-me uma lista com os nomes de professores de um curso de teatro situado à rua Augusta. Frente à minha negativa em identificar qualquer desses nomes, passei a ser torturado para dizer "pelo menos" se "Juca" era um homem ou uma mulher. [...] Mudaram em seguida a pergunta e passaram direta e desabridamente a me interrogar se "Juca" seria o nome de guerra de Vanda Cosmo. Nada foi confirmado ou dito – sequer se "Juca" era o nome de um homem ou de uma mulher.

[...] Passaram a insistir em saber quem era minha mulher ou namorada. Disse-lhes que não tinha. Depois de muito tempo sobre este ponto – e sem se convencerem da minha versão – entrou na sala um Guimarães com uma madeira de uns quatro centímetros de diâmetro e que se abria em ângulo de cerca de 120 graus. Uma das hastes era mais curta (cerca de 15 ou 20 centímetros) e outra, por onde o torturador a empunhava, era

mais longa (cerca de 40 centímetros). Eu estava pendurado no pau de arara e me ameaçavam de empalamento com aquela madeira caso eu não confirmasse ter uma mulher ou namorada e – sobretudo – lhes entregasse o nome. Acabaram por fazê-lo.

A tortura ainda prosseguiu e, depois, me levaram de volta à cela[13] (Freire, 2002).

Dia 3 de setembro: torturados juntos

Pela manhã, deixaram-me na cela, embora alguns companheiros tenham sido levados para interrogatórios – entre os quais Vicente Roig.[...] Por volta das 21h00, foram me buscar novamente na cela. Levaram também Misael e Carlos Takaoka. Seríamos torturados juntos. [...] Neste salão nos despiram (nas torturas estávamos sempre nus) e ali ficaram nossas roupas quando fomos empurrados através de uma porta para um segundo ambiente, onde seríamos torturados. Nesta

[13] "Ali, na Oban, encontrei meus amigos e camaradas de militância na Ala Vermelha do Partido Comunista do Brasil (PCdoB-AV): Cid Barbosa Lima Junior, Misael Pereira dos Santos, Renato de Carvalho Tapajós, Vicente Eduardo Gómez Roig e um jovem (por volta de 19 anos) que ainda não conhecia e que se chamava Ricardo de Jesus Cochiglia (ou Crochiglia – não tenho certeza do seu último nome). Todos haviam sido torturados e particularmente Misael, Renato e Vicente estavam em condições deploráveis.[..]) A porta da cela era uma grade de alto a baixo, e a parede onde se abria formava, à direita de quem olhava de dentro, um ângulo reto com outra parede, onde uma porta-grade idêntica fechava uma segunda cela, bem menor que a nossa. Nela, estavam meu amigo e camarada de militância Carlos Yoshikazu Takaoka (em estado calamitoso) e uma meia dúzia de jovens com os quais não tivera qualquer contato anterior, e cujos nomes descobri nos dias subsequentes: Celso Frateschi (17 anos), Durval de Lara Filho (um jovem de Itapetininga de uns 20 anos), Paulo Frateschi (18 para 19 anos), William João Bittar (cerca de 19 anos)" (Freire, 2002).

ocasião, todo o arsenal utilizado das vezes anteriores foi posto em ação contra os três. Revezavam-nos nos paus de arara, no magneto etc. Naquela noite, Takaoka – sem óculos – tinha os olhos e pálpebras muito inchados, e seus olhos eram duas frestas muito vermelhas, como se fossem coágulos de sangue. Cheguei a imaginar que os olhos do meu amigo houvessem sido vazados. O mais perverso neste método de tortura coletiva era o fato de os torturadores transferirem para nossas mãos o poder de sevícia, vida e morte sobre os demais companheiros: uma chantagem que consistia em interrogar um de nós enquanto o(s) outro(s) era(m) supliciado(s). Caso o que estava sendo torturado morresse, os culpados seriam os outros dois, por não haverem falado – conforme repetiam insistentemente os Guimarães. Embora tenhamos sido conduzidos com as máscaras de napa até a sala de torturas, durante esta sessão fomos supliciados sem máscara ou capuz: não bastava sentirmos o que nos acontecia, era preciso assistir de perto, vermos claramente o que faziam com os nossos camaradas.

Depois de muitas horas, a sessão foi interrompida bruscamente por um Guimarães que entrou aos berros e acompanhado de um auxiliar, mandando pararem com aquilo. Durante alguns minutos (que pareciam horas) instalou-se uma situação patética: todos os Guimarães abandonaram a sala e ficamos sozinhos nas posições em que estávamos sendo torturados – Misael continuou pendurado no pau de arara, enquanto Takaoka e eu permanecíamos amarrados em cadeiras, sentados com o tórax encostado no espaldar e os pulsos atados por cordas aos tornozelos. Foi nesta posição que momentos antes haviam feito sulcos nas minhas costas, com um bastão de metal muito fino e pontiagudo, e em seguida esfregado uma estopa com alguma substância cáustica sobre os arranhões, provocando um inchaço que durou algumas semanas. Agora, os Guimarães haviam desaparecido e nós estávamos ali congelados nas posições anteriores.

A cena só se reanimou quando Misael foi retirado do pau de arara e conduzido para o salão onde deixáramos as roupas. Ali – descobriria mais tarde – cada um de nós deveria prestar um depoimento. O fato é que a espera foi longa – ou assim pareceu. O segundo a ser levado foi o Takaoka.

Permaneci sozinho na sala de torturas, até que entraram dois Guimarães. Um, relativamente baixo, moreno, barba cerrada e malfeita, entroncado, ventre proeminente, de pronunciada calvície, trajando calça jeans e uma camiseta de jersey azul-marinho. Aparentava uns quarenta anos e tinha um olhar de roedor. O outro descendia de orientais (provavelmente de japoneses). Embora não fosse alto, era um tipo longilíneo, de pele muito clara e pálida, imberbe, cabelos e olhos negros. Trajava-se todo de preto, botas de verniz, de cano curto ("botinhas"), bico fino e salto "carrapeta"; calça de veludo cotelê; camisa de gola olímpica, e uma jaqueta curta de couro. Parecia muito jovem, por volta de vinte anos. Desamarraram-me sem estardalhaço, fizeram-me sentar em posição normal na mesma cadeira, amarrando-me em seguida os pulsos para trás, e cada um dos tornozelos na lateral de cada uma das pernas da frente da cadeira, de modo que permanecesse de pernas abertas, com pênis e testículos expostos.

Amordaçaram-me com uma tira estreita de pano. Depois, puseram-se de frente para mim. Sorriam estranhamente. Foi quando o moreno passou o braço sobre os ombros do oriental, trazendo-o para junto de si, arrastando-o delicadamente até onde eu estava e fazendo-o tocar meu pênis. Abraçavam-se, beijavam-se e se esfregavam com alguma volúpia. Comecei a gritar guturalmente e a espernear (apesar das pernas amarradas), até que veio um terceiro Guimarães que, aos gritos, mandou que eles parassem, que a sessão de tortura já havia terminado, retirando-os da sala e desamarrando minha mordaça. [...]

Por fim, chegou a minha vez de ser levado para o salão (Freire, 2002).

Dia 5 de setembro: tortura coletiva, um dia após o sequestro do embaixador norte-americano

Logo cedo o major Beltrão veio à cela onde estávamos, escoltado por cerca de uma dúzia de Guimarães. Alguns altos, outros baixos e ainda os de estatura média. Brancos, loiros, negros, mulatos, morenos. Gordos e magros – os havia de todos os tipos. Alguns vinham com cassetetes, outros empunhavam um "chico doce"[14] *(porrete de madeira). Mandaram-nos sentar encostados às paredes, mãos nas nucas. Abriram a porta. Trouxeram os presos que estavam na cela ao lado e entraram. Trancaram a grade. Disseram que precisávamos pagar a gasolina*

---

[14] *Chico doce* é porrete de madeira usado por policiais e carcereiros para espancar presos e presas nas delegacias e presídios (Freire et al., 1997, p. 505).

que seria utilizada pelo avião que levaria os 15 presos libertados em troca do embaixador para Cuba. Além do mais – acrescentavam – precisávamos fazer ginástica, pois éramos muito moços para estarmos daquele jeito, naquele estado. Um dos Guimarães – sempre instruído pelo major Beltrão – assumiu o posto de treinador. Mandou que nos levantássemos sem tirar as mãos da nuca. Em seguida, que nos abaixássemos nas pontas dos pés e com os joelhos flexionados. Ordenou então que começássemos a andar em pequenos pulos, sempre em fila. Ele marcava o ritmo. Obviamente a maioria de nós não conseguia (e/ou não se dispunha) fazer aquele exercício. Uns não saíam do lugar, outros caíam. Era nesse momento que os demais Guimarães – que até aí apenas assistiam à cena – entravam em ação, chutando e batendo nos que estavam parados ou que haviam caído. Chico doce e cassetetes entravam em ação. Fomos obrigados em seguida a correr em círculos e a outros exercícios. A apoteose foi "furar petróleo", porque "gasolina – gritavam – é feita de petróleo". "Furar petróleo", no caso, significava o seguinte: de pé, sem flexionar os joelhos, vergar-se para frente, tocar com a ponta do indicador da mão direita o chão e – sem tirá-lo daquela posição e no ritmo imposto pelo Guimarães treinador – girar em torno do dedo. Além de tudo, essa "ginástica" provocava uma forte tontura que logo derrubava os "atletas", transformando-os em alvos privilegiados dos pontapés e pauladas dos Guimarães. A sessão durou quase duas horas (Freire, 2002).

Corda de caranguejos

> *[...] Fomos transferidos em caminhonetes acompanhadas por uma forte escolta para a sede do Departamento de Ordem Política e Social, o DOPS, na Praça General Osório, no centro da cidade;[...] Carlos Yoshikazu Takaoka, Misael Pereira dos Santos, Renato Carvalho Tapajós, Vicente Eduardo Gómez Roig, Laís Furtado Tapajós e Margarida Maria do Amaral Lopes. As mulheres foram numa caminhonete e os homens numa segunda. Íamos algemados uns aos outros, com os braços trançados de forma bizarra. Na verdade parecíamos uma corda de caranguejos. Deixávamos o quartel. Os outros companheiros presos seriam removidos em seguida para a delegacia da Rua Tutoia – dois ou três quarteirões depois do quartel do Rec-Mec – onde seriam inauguradas as novas instalações da Oban no dia 7 de setembro de 1969 – o Dia da Pátria, como faziam questão de frisar Guimarães e militares. Somente algumas semanas depois começaram a ser levados para o DOPS* (Freire, 2002).

Alípio informa que permaneceu durante um longo tempo no DOPS, e que as torturas foram inúmeras e contínuas, até meados de outubro e na segunda quinzena de novembro.

> *Isto porque, durante o período que se estende entre a segunda quinzena de outubro e a segunda metade de novembro, o DOPS esteve totalmente mobilizado em torno das quedas da ALN que redundariam no assassinato de Carlos Marighella no dia 4 de novembro daquele ano.*

Além de delegados como os doutores Vanderico, Tucunduva, Lessa, Ivahir, Raul Pudim, Edsel Magnotti, Romeu Tuma (hoje senador da República) e outros, circulavam nos corredores daquela instituição pública notórios membros da organização clandestina de ultradireita Comando de Caça aos Comunistas – CCC, como Raul Careca; agentes do Centro de Inteligência da Marinha – CENIMAR, com destaque para dois (particularmente cruéis) que nos torturaram e interrogaram várias vezes e que atendiam pelos codinomes de "Santiago" e "Marinheiro", e sobretudo os membros da Escuderie Le Coq – o Esquadrão da Morte –, societas sceleris chefiada pelo delegado Sérgio Paranhos Fleury. [...] A maioria desses personagens participou diretamente das torturas contra presos e presas. Todos, porém, em algum grau, gerenciaram o método das sevícias.

A sala de torturas situava-se no quarto andar, no final de um longo corredor ladeado de salas de delegados.

Frequentei diversas vezes esse quarto andar (Freire, 2002).

Choques elétricos na cadeira do dragão

Numa tarde, fui conduzido àquela sala de torturas (certamente não foi a primeira vez) para ser interrogado por dois agentes do CENIMAR que atendiam pelos codinomes de Marinheiro e Santiago. Não lembro exatamente do tema central deste interrogatório. Sei apenas que me perguntaram diversas vezes sobre Nobue Ishii. Nobue era uma militante da Ala Vermelha sequestrada em maio daquele ano, violentamente torturada, e que conseguiu fugir da Santa Casa de Misericórdia, para onde fora levada em coma. Neguei conhecê-la. Durante esta sessão – comandada pelo Marinheiro, secundado por seu assessor – conheci dois novos instrumentos de tortura, aos quais fui submetido: a cadeira do dragão, chamada também de trono do dragão ou de "cadeira elétrica", e o choque de televisão. Alguns companheiros – entre os quais o Renato Tapajós – já me haviam descrito o trono do dragão, por haverem-no experimentado na Oban. Além dele, Vicente Roig também já o frequentara no DOPS. Para mim, porém, só vim a experimentá-lo pela primeira vez naquele dia.

O trono do dragão (pelo menos o do DOPS paulista) era uma cadeira grande, de estrutura de madeira (caibros) e com assento, encosto e parte superior dos braços de metal; uma trava móvel entre as duas pernas dianteiras permitia que as pernas do torturado fossem imobilizadas e presas para trás, na altura das canelas; nos braços (da cadeira), tirantes – com os quais eram atados e também imobilizados, pelos pulsos, os nossos braços. Os ancestrais históricos deste instrumento de tortura são as cadeiras de interrogatório, utilizadas na Europa pelo menos desde os séculos XVI e XVII. Essas cadeiras foram utilizadas pela Inquisição, que provavelmente introduziu seu uso nas Américas. São duas as diferenças básicas entre essas cadeiras e as nossas contemporâneas: as primeiras tinham assento e/ou encosto e/ou braços recobertos por pinos de metal pontiagudos, sobre os quais se assentava o torturado/a; ao invés dos choques (não havia energia elétrica naqueles tempos), elas eram aquecidas com fogareiros ou tochas colocados sob o assento.

> *Utilizado fundamentalmente para torturas com choques elétricos, no trono do dragão voltei a experimentar as correntes puxadas de tomadas e de um telefone de campanha. A novidade veio em seguida: plugaram a cadeira num aparelho de televisão que emitia violentas descargas. Para se ter uma ideia do significado dessas descargas, é importante saber que em diversos momentos vi uma faísca/fagulha percorrendo minha pele, como se fosse um corisco. Também ali eles nos molhavam o corpo nu com água ou refrigerante e trabalhavam com um polo fixo e outro móvel: o primeiro, acoplado à cadeira, e o segundo percorrendo os diversos pontos do nosso corpo.[...] Além dos choques, imobilizado – e sempre despido – na cadeira, fui submetido a vários espancamentos e "telefones" nas orelhas. Em diversos momentos daquela sessão o Marinheiro sentou-se em uma cadeira frente a frente comigo, colocando seu pé calçado sobre meu pênis e testículos que pressionava – como se operasse um acelerador de automóvel, à medida que me interrogava. Ao mesmo tempo, deslocava sua dentadura dupla (postiça) com a língua para fora da boca, encaixando-a em seguida através de sucção. Saíamos muito arrebentados desses choques de alta voltagem e baixa amperagem, e por dias seguidos – vez por outra e quando menos esperávamos – tínhamos repentinos tremores convulsivos, como se estivéssemos recebendo uma descarga elétrica. Percebi isto claramente em mim, e também em Vicente Roig que havia sido igualmente torturado na cadeira do dragão do DOPS* (Freire, 2002).

A Ordem Política e Social: crueldade sem limites

Mas no DOPS paulista não era apenas na sala de torturas do quarto andar que a Ordem Política e Social se implantava pelo terror – embora aquela fosse o local tecnologicamente mais preparado para este fim.

As acareações eram momentos de muita violência, mas costumavam ocorrer em salas de delegados, mesmo quando era necessária a utilização do magneto. Enfim, os telefones de campanha são portáteis.

Várias vezes fui acareado ou interrogado em conjunto com outros companheiros ou companheiras. Sempre com muita pancadaria. As acareações eram feitas geralmente em salas de delegados ornamentadas sem qualquer pudor pelo símbolo da Escuderie Le Coq/Esquadrão da Morte: a caveira com as duas tíbias cruzadas.

[...] Numa tarde, pouco depois de nossa chegada (provavelmente ainda no mês de setembro) Renato Tapajós foi levado para o quarto andar. Algumas horas depois, quando desceu, além de novas escoriações, estava ensanguentado: haviam-lhe desferido uma coronhada numa das orelhas que sangrou, molhando-lhe parte do rosto, pescoço e encharcando sua camisa.

Por volta do final de setembro, chegou à cela 2 um jovem de cerca de 24 anos. Chamava-se Sérgio (não me recordo o nome). Ele e sua mulher (que se não me engano chamava-se Ana) haviam sido presos sob a suspeita de manterem algum vínculo com a Ação Popular (AP). Sérgio foi levado para a tortura diariamente durante uns dez dias. No final, já não conseguia andar, precisávamos carregá-lo para ir ao banheiro ou para tomar banho, e seus lábios estavam totalmente queimados e secos dos choques. O casal foi solto em pouco tempo e nunca mais soubemos deles.

Durante a segunda quinzena de outubro eram sobretudo os militantes presos da Ação Libertadora Nacional (ALN) que subiam para o quarto andar. O delegado Sérgio Paranhos Fleury cuidou pessoalmente do caso. Na cela 2, estava conosco naquele tempo Paulo de Tarso Venceslau, militante daquela organização. Durante a última semana de outubro ele foi levado quase todas as noites para ser interrogado. Voltava sempre e cada dia mais arrebentado. Contra ele – além do pau de arara e choques – utilizaram diversas vezes o afogamento, introduzindo-lhe um tubo (ligado a uma torneira) na boca ou nas narinas. Em várias ocasiões chegou carregado e molhado. Certa feita, sangrava por uma das narinas.

Ainda que estivessem em outras celas, presenciamos várias vezes a chegada de, entre outros, Maria Aparecida dos Santos, Manoel Cyrillo de Oliveira Netto e Carlos Eduardo Fleury (três militantes da ALN) que desciam arrebentados depois de serem torturados, quando passavam pelo corredor em frente à nossa porta, rumo aos seus xadrezes. É importante chamar a atenção para o fato de que Carlos Eduardo Fleury continuou sendo torturado mesmo depois de haver tentado suicídio, cravando uma tesoura no peito.

Uma mulher presa naquele mesmo período, de apelido (não era nome de guerra) Tiana e acusada de manter ligações com a ALN, não resistiu: transpôs o limiar da razão. Delirou diversas vezes. Foi também no mês de outubro que chegou ao DOPS Hilda Gomes da Silva. Seu marido, Virgílio Gomes da Silva – o Jonas, acabara de ser assassinado sob torturas na Operação Bandeirante e seus quatro filhos menores lhe haviam sido tomados e permaneciam desaparecidos.

No final de novembro fui chamado e levado à sala do delegado Edsel Magnotti. Enfim, chegara o meu dia de fazer o chamado depoimento em cartório. Em cartório, mas sob a ameaça permanente de voltar a ser torturado. Em cartório, mas regado de gritos e alguns tapas. Esses depoimentos em cartório eram enviados à Justiça Militar e serviam de base para a decretação formal de nossas prisões preventivas, quando nos tornávamos sub judice, tendo fim, portanto, a condição de sequestrados e desaparecidos. Aliás, foi nesta condição de sequestrados que muitos desapareceram para sempre (Freire, 2002).

Condenação

No Tiradentes fomos testemunhas de torturas contra muitos presos comuns correcionais. Fomos também testemunhas do desaparecimento de diversos desses presos, levados pelo Esquadrão da Morte e encontrados dias depois assassinados à margem de estradas ou em arrabaldes da cidade de São Paulo. Denunciamos àquela época esses acontecimentos, que só tiveram fim graças à intervenção do doutor Hélio Bicudo.

Em 31 de agosto de 1972 (três anos após o sequestro) teve início o julgamento do nosso processo, concluído no dia seguinte – 1º de setembro de 1972. Fui condenado a dez anos de reclusão pelo Conselho Permanente de Justiça (CPJ), da 2ª Auditoria Militar da 2ª Circunscrição Judiciária Militar de São Paulo (Freire, 2002).

O depoimento de Alípio, um documento público disponibilizado nos arquivos do Ministério de Justiça, testemunha a tortura como prática do Estado brasileiro e do governo civil-militar executada por civis e militares, pela polícia civil, por militares do Exército e da Marinha, e da Aeronáutica, perpetrada em diferentes órgãos públicos dentro do Estado de São Paulo, explicitando o apoio irrestrito dos governantes da cidade e do Estado de São Paulo, além dos militares das diferentes armas.

As incontáveis referências aos companheiros das mais diferentes organizações políticas que lutavam contra a ditadura são evidências de que a caça sem tréguas e a violência nas práticas de interrogatório, reinstalando a crueldade extrema nas salas usadas para torturar, espalhadas por incontáveis edifícios e prédios pertencentes ao patrimônio público, ou ocupadas e/ou cedidas por particulares – como a Casa da Morte em Petrópolis – alcançaram a quase totalidade da militância clandestina no Brasil, e deixaram uma geração, que naquela época tinha entre dezoito e menos de trinta anos de idade, a mercê de um destino funesto.

Os laços de amizade forjados entre os militantes que foram presos e os que foram torturados juntos ou que ouviram a dor às vezes sem palavras, inúmeras vezes liquefeitas em lágrimas, que se espalhava pelos corredores, e todos os que conviveram entre si, confinados nas prisões, nos cubículos mal iluminados das delegacias, nas torres e pavilhões dos presídios federais e estaduais, forjaram uma cumplicidade fraterna entre os militantes que só se conheciam pelos nomes frios ou que nunca souberam seus nomes verdadeiros, ou os souberam muito tempo depois.

Alípio relatou-me recentemente que enfim lembrava-se do casal da Ação Popular que então acompanhou no momento de sua destruição física pela tortura. Descobriu em 2009, após quarenta anos passados os nomes de ambos, durante a Primeira Caravana da Anistia em São Paulo, quando seus processos foram julgados: Sergio Nicoletti e Vera Nicoletti. Abraçaram-se emocionados, enlaçados por uma fraterna cumplicidade enraizada na dor sem palavras.

Giorgio Agamben escreveu um ensaio sobre o amigo, no qual conta que na Galeria Nacional de Arte Antiga em Roma há um quadro de Giovanni Serodine que representa o encontro dos apóstolos Pedro e Paulo na estrada do martírio, circundados pela gesticulação desordenada dos soldados e dos carrascos que os conduzem ao suplício.

> Serodine representou os dois apóstolos tão próximos, com as frontes quase coladas uma na outra, que estes absolutamente não podem se ver: na estrada para o martírio, estes se olham sem se reconhecerem. Essa impressão de uma proximidade excessiva é ainda acrescida do gesto silencioso das mãos que se apertam embaixo, dificilmente visíveis. Sempre me pareceu que esse quadro contenha uma perfeita

> alegoria da amizade. O que é, de fato, a amizade senão uma proximidade tal que dela não é possível fazer nem uma representação nem um conceito? (Agamben, 2010, p. 84).

Rita Maria de Miranda Sipahi: Rio de Janeiro, 1971[15]

Rita, você vai ficar pra sempre presa, sua prisão é perpétua?

A pergunta foi feita a Rita, pelo seu filho Paulo, então com sete anos de idade. Talvez tenha ouvido na televisão, talvez tenha ouvido em outro lugar. De qualquer forma, somente muito tempo depois de visitar a mãe que fora presa em sua presença, Paulo pôde formular a pergunta. Na verdade Rita foi sequestrada, como sempre foram feitas as prisões, à queima-roupa, invadindo casas, arrombando portas, arrebatando no meio da rua. Paulo e Camila, com cinco anos de idade, viram sua mãe ser levada por vários homens; o pai, Antonio Othon Pires Rolim, estava viajando. Somente reencontraram-se, mãe e filhos, meses depois em São Paulo. A prisão de Rita, no Rio

[15] O depoimento de Rita foi elaborado para seu relatório à Secretaria de Justiça e de Defesa da Cidadania do Estado de São Paulo, para comissão criada pela lei 10.726 de 9/1/2001. Seu texto me foi cedido, em 2007, por ela própria. O texto "Depoimento sobre a situação de constrangimento a que fui submetida na condição de presa política", escrito em 2002, contém seis páginas que não estão numeradas. Rita Sipahi era militante da Ação Popular (AP), e posteriormente do Partido Revolucionário dos Trabalhadores (PRT), que se formou em 1968, por iniciativa de setores da Ação Popular, e incorporou ex-militantes de outras organizações: Partido Comunista Brasileiro (PCB), Organização Revolucionária Marxista – Política Operária (POLOP) e Partido Comunista do Brasil (PCdoB). (Sipahi, 2002).

de Janeiro, foi mantida clandestina pelos militares, que não a registraram nos autos de sua prisão.

Desamparo

> *Tensa, amarga e com uma profunda tristeza – depois de deixar os filhos com minha amiga Ruth Cartaxo – fui encapuzada e levada a um quartel do Exército brasileiro, onde (soube depois) funcionava o Destacamento de Operações e Informações – Centro de Operações de Defesa Interna (DOI-Codi) do Rio de Janeiro. Enquanto permaneci naquele local, fui interrogada por diversas pessoas. Num desses interrogatórios, fui mantida despida e de frente voltada para o ângulo das paredes, num dos cantos de uma sala. Cada vez que tentava mudar de posição ou virar o rosto para ver as pessoas que me mantinham naquela situação, recebia fortes empurrões, sofria ameaças e levava pancadas. A ordem era de não os encarar, e responder ao interrogatório a que era submetida, olhando sempre para a parede. Em seguida, mostraram várias fotografias de pessoas conhecidas que estavam machucadas, para que eu as identificasse. A sessão só foi encerrada depois de muitas horas de empurrões, e todo tipo de intimidação e sob a ameaça de que logo eu iria decidir reconhecer as pessoas das fotografias. Até que num final de tarde fui retirada da cela e, outra vez encapuzada, enfiada numa perua C-14. A escolta era composta por cinco ou seis policiais. A sensação era de total desamparo e muito medo, pelo que supunha me aguardava. A cada vez que indagava sobre o motivo de prisão, eles respondiam que em São Paulo eu ficaria sabendo. [...]* (Sipahi, 2002).

Operação Bandeirante

O destino em São Paulo foi a Oban – Operação Bandeirante. Estávamos no início de junho de 1971. Na verdade, a Operação Bandeirante havia precedido a criação do DOI--Codi de São Paulo e, embora em 1971 ali já funcionasse o DOI-Codi, costumava-se chamar o local de Oban. Logo que cheguei, fui entregue à equipe do torturador que atendia pela alcunha de Jesus Cristo. [...] Logo no início, fui recebida e encaminhada para uma sala onde tudo repercutia um barulho terrível de pancadaria, gritos e palavrões: "filha da puta", "tem cara de santa, mas é comunista", "terrorista". Isto provocou em mim a sensação de uma casa despencando sobre minha cabeça, e de que a minha sobrevivência dependeria de como eu me protegesse dos tijolos e das vigas de madeira que caíam. Isto se mantém até hoje em minha memória. Inclusive na memória da sensação física. [...]

Houve um dia em que minha roupa foi retirada bruscamente e introduzida na boca, enquanto os choques eram aplicados na vagina. Uma sensação de morte e gritos que repercutiam: "para, para" ordenava o capitão Rolim, chefe da equipe do dia, que bruscamente entrou na sala, suspendendo a sessão para em seguida me levar a uma suposta enfermaria onde me aplicaram uma injeção, apesar de toda a resistência que consegui esboçar. [...] Aquele tempo durou quantos dias? A memória daquele caos não registrou o tempo (Sipahi, 2002).

Um amigo preso

> *Minha saúde e meu estado físico estavam deteriorados. Um dia, durante uma acareação com um preso médico, Carlos Régis Bastos Rampazzo, este conseguiu que lhe permitissem me fazer um curativo.*
>
> *Tanto ele quanto eu já havíamos sido submetidos a torturas, o que era fácil de se perceber pelo estado físico de ambos. Naquele momento não fomos torturados juntos, talvez pela sua presença de espírito ao chamar a atenção, como médico, para a erupção na minha perna de um eczema, que agravava o estado de abatimento em que eu me encontrava. Regis foi tão enfático em sua observação sobre o estado da minha perna que os policiais não tiveram outra alternativa senão permitir que ele me examinasse. O curativo que ele fez na minha perna, mais que a importância do atendimento médico necessário, significou o oposto do que aquelas pessoas faziam acontecer. Na memória, reencontrar o Regis naquelas circunstâncias, e termos dito que não nos conhecíamos, ficou para sempre como mais um ato de dignidade, de afirmação da vida.* (Sipahi, 2002).

A experiência de Rita, reconhecendo no militante preso, e também torturado, o médico, certamente possibilitou com que ambos recuperassem a dignidade afrontada pela tortura, em uma situação de mútuo reconhecimento. Nesta aproximação, o amparo pôde ser oferecido, pois, mesmo desamparado, Régis teve assegurada por Rita sua vocação para cuidar, que a crueldade dos torturadores não conseguiu destruir. Rita e Régis, presos e colocados frente a frente no campo da tortura, viveram momento singular e vital: de um lado, a violência da acareação, e de outro, o reconhecimento mútuo, que preservou, em ambos, o melhor do humano.

Inúmeros depoimentos de campos de tortura reconhecem na amizade o principal ingrediente para suportar a devastação imposta pelos torturadores. A amizade supõe a aproximação parcimoniosa e ao mesmo tempo generosa entre dois seres humanos, sem a exigência da exclusividade.

Caterina Koltai escreveu um ensaio sobre a amizade reunindo diferentes autores e analisou estas relações. Entre esses, destaco a referência a Sidney Stewart, um jovem combatente norte-americano da Guerra do Pacífico.

> Preso pelo exército japonês, foi exposto a todas as atrocidades e humilhações dos campos de prisioneiros das Filipinas, Japão e Coreia. Único sobrevivente de seu campo, ao retornar aos Estados Unidos, escreveu *Give us the Day* tanto para homenagear seus companheiros de sofrimento quanto para tentar entender como os seres humanos se esforçam em viver e sobreviver em condições inumanas extremas, perguntando-se até onde um humano pode ir sem perder sua humanidade constitutiva. [...] Ao falar da sobrevivência em situações extremas, ele é taxativo ao dizer que só se pode fazer face a elas contando com a ajuda de um amigo. [...] Nos momentos de maior desamparo, quando a pessoa sente

que vai sucumbir à dor, basta uma mão ou um abraço para se sentir novamente humana. O amor tímido que existe entre os homens, ao qual damos o nome de amizade, é necessário à sobrevivência (Koltai, Texto apresentado no VII Congresso Norte Nordeste de Psicologia, CONPSI, Salvador, 2011).

Equipes paramilitares

Quando o comando da Oban considerava que já obtivera tudo que podia obter de uma presa ou de um preso, éramos enviados para o DOPS – saíamos das mãos dos militares e das equipes paramilitares e éramos entregues à Polícia oficialmente responsável pela Ordem Política e Social. Mas ficava sempre a ameaça: caso viessem a descobrir que a pessoa omitira informações, ela retornaria para recomeçar todo aquele processo infernal.

No DOPS, situado na praça General Osório, devia aguardar ser chamada para "fazer o cartório" – depoimento final que era encaminhado a um Tribunal de Guerra [...] requerendo o nosso enquadramento judicial na Lei de Segurança Nacional, o que implicava, quase sempre, novos interrogatórios sob tortura, que precediam esse depoimento final. Importante registrar que, logo num dos primeiros dias de DOPS, ao ver o estado físico lamentável em que eu chegara, o delegado responsável pela condução do meu caso e dos demais presos envolvidos no mesmo processo comentou: "eles arrasam, deixam do jeito que ela está, e depois nos responsabilizam pelos estragos". Havia naquela ocasião uma concorrência entre as duas instituições responsáveis pela captura, prisão, interrogatórios e torturas das pessoas militantes ou não consideradas subversivas (Sipahi, 2002).

Meu irmão

O delegado Sérgio Paranhos Fleury – personagem que dispensa apresentação ou adjetivo – interferiu junto ao delegado responsável pela formalização do processo, no sentido de me interrogar sobre uma pessoa da organização à qual pertencia o meu irmão. Fleury descobrira, a partir do meu sobrenome Sipahi, escrito de formas diferentes pelos diversos policiais, que eu era irmã de Aytan de Miranda Sipahi, que já se encontrava preso desde janeiro de 1970. Fiquei esperando a tarde toda que eles comprovassem se os da Oban tinham informações sobre meu parentesco com o Aytan. Ao ser perguntada, afirmei que eles sabiam que eu era sua irmã. A única equipe que me identificara como irmã fora a do Jesus Cristo, exatamente a que estava no dia em que o delegado Fleury me ameaçou de levar para interrogatório. Só voltei à cela às 22h00.

Foi também no DOPS que, numa tarde de domingo (dia em que raramente havia torturas), fui levada ao quarto andar, onde estavam as salas de interrogatórios e a sala de tortura para ser interrogada por militares do Centro de Inteligência da Marinha – CENIMAR.

Paralelamente, era assistir diuturnamente outros presos e presas subirem para o quarto andar e descerem cada vez mais arrebentados. Noites povoadas de gritos. Ali também o tempo estava suspenso, a espera era interminável e o futuro de cada um sempre incerto (Sipahi, 2002)

Torre das Donzelas

Depois de uma longa espera, fiz o depoimento em cartório e fui transferida para o Recolhimento de Presos Tiradentes (o Presídio Tiradentes, na avenida de mesmo nome). Era um alívio. Enfim, estava sub judice. Saíra da condição de sequestrada mantida em cárcere clandestino, e passara a existir pública e oficialmente.

Isto colocava alguns importantes limites na ação dos órgãos de repressão. [...] As perdas tinham sido e continuavam sendo muitas, e as perspectivas eram sombrias. De qualquer modo, a morte prosseguia rondando, e os assassinatos de nossos companheiros e companheiras eram anunciados com versões mirabolantes pelos jornais, rádios e televisões, e confirmadas pelos nossos advogados ou visitas com detalhes sórdidos que os meios de comunicação ocultavam, ou sobre os quais sequer tinham informações mais precisas.

O local do Presídio Tiradentes, onde as presas eram confinadas, era uma torre da antiga Casa de Detenção de São Paulo, construída no começo do século XX, e que fora destinada pelas autoridades carcerárias para a reclusão das presas políticas nos anos 1960 até 1972, quando o presídio foi desativado para o início das obras de construção da Estação Tiradentes do Metrô.

A Torre – como era conhecido o local que, em seguida, seria batizada pelos nossos companheiros presos de "A Torre das

Donzelas" – tinha uma única porta. As celas eram precárias, não possuíam condições mínimas de higiene e salubridade: os banheiros eram equipados com fossas turcas; o espaço onde se improvisou uma cozinha não apresentava condições materiais para a preparação de alimentos; o local destinado ao chamado "banho de sol", para uma população carcerária de uma média de 30 mulheres, consistia num espaço de cerca de 25 metros quadrados. Permaneci presa na Torre por onze meses, quando tive a prisão preventiva relaxada.

Enquanto estive presa, a guarda dos meus dois filhos ficou com os tios, sem que eu tivesse condições de avaliar por quanto tempo esse tipo de situação se manteria. Impotência absoluta. Questionamento permanente. Como tudo aquilo se refletiria neles? Deixaria muitas marcas? [...] Numa tarde de visita, no pátio do Presídio Tiradentes, Paulo – meu filho mais velho, então com sete anos –, em prantos me perguntou:

"Rita, você vai ficar pra sempre presa, sua prisão é perpétua?".

Eu o abracei tentando explicar – da melhor maneira possível – que não. Mas ele só chorava... claramente chorava para além do que verbalizara na pergunta. O que se passava exatamente em sua emoção, quais todos os significados que emprestava à expressão "prisão perpétua" – que ouvira nos noticiários de TV –, nunca descobri. Nunca saberei.

Julgada no dia 25 de abril de 1974 fui condenada a oito meses de reclusão; já estivera presa por onze meses – ou seja, três meses a mais (Sipahi, 2002).

Rita transitou pelas celas da repressão em sobressalto, todo o tempo, pelas consequências de sua prisão em relação aos filhos, e sabe que até hoje não sabe exatamente o que pode ter permanecido neles, como sequela, desta experiência, que foi sua, que foi deles. Era uma fase da vida em que o inominável e indecifrável permanece pulsando na cabeça infantil, como um imã que atrai fantasmas sem contornos. O encontro com o irmão, Aytan Sipahi, também preso, foi uma experiência incomum e desconcertante, da qual a repressão certamente pretendeu tirar o máximo de vantagem. Os torturadores tentaram constranger e ferir, a militante, a mãe, a irmã, a companheira, a amiga. Mas não conseguiram desconstruir seus ideais, e nem alcançaram plenamente seus objetivos.

Aldo Silva Arantes e Haroldo Borges Rodrigues Lima: São Paulo, 1976

Chacina da Lapa

A Chacina da Lapa, em 16 de dezembro de 1976, foi brutal e avassaladora. O cerco à casa da rua Pio XI, no bairro da Lapa, na zona oeste de São Paulo, foi uma operação do II Exército, sob o comando do general Dilermando Monteiro, em conjunto com a Polícia Civil do Estado de São Paulo com o delegado Sergio Fleury.

Foi uma ação montada com o aval do Centro de Informação do Exército de Brasília e com o pleno conhecimento e aval do militar presidente de plantão, o general João Baptista

Figueiredo. "De Brasília vieram o chefe de sua seção de operações, o coronel Carlos Alberto Brilhante Ustra, e algo como quatro homens. Outra equipe viera do Rio de Janeiro" (Gaspari, 2004, p. 376).

O cerco começou na madrugada e isolou a região, para uma atividade rotineira, conforme informado à população do bairro que se espantou com a quantidade de viaturas e carros na região, fechando acessos. "Segundo os vizinhos, em nenhum momento houve troca de tiros, mas sim uma fuzilaria que partia apenas do lado de fora, em que estavam os agentes da repressão política" (Comissão de Familiares de Mortos e Desaparecidos Políticos, 2009, p. 673). Dentro desta casa havia sido realizada, durante os dias 14 e 15, uma reunião do Comitê Central do PCdoB.

Os militares e policiais foram prendendo, um a um, os dirigentes que saíam da reunião. Na mesma noite ocorreram as prisões de Aldo Arantes, Wladimir Pomar e João Baptista Franco Drummond. Os três foram seguidos e presos em locais diferentes, bastante afastados da casa. Na manhã seguinte, prenderam Elza Monnerat, Joaquim Celso de Lima e Haroldo Lima, que também já haviam saído da casa da rua Pio XI e igualmente foram seguidos. Nessa mesma manhã, entraram atirando e massacrando os dirigentes que nela permaneceram: Pedro Ventura Felipe de Araújo Pomar e Ângelo Arroyo. A prisão de Maria Trindade deu-se após o morticínio.

João Baptista Franco Drummond foi, posteriormente, assassinado sob tortura no DOI-Codi/SP, na madrugada de

16 de dezembro, conforme reconheceu a Justiça Civil em 1993 "[...] decisão que não deixou dúvidas sobre a responsabilidade dos agentes públicos daquele órgão de segurança" (Comissão de Familiares de Mortos e Desaparecidos Políticos, 2009, p. 671).

Em 14 de abril de 1977, presos há quatro meses, Aldo e Haroldo decidiram fazer uma Petição aos Membros do Conselho de Justiça da 1ª Auditoria da II Circunscrição Judiciária Militar, na verdade uma carta-denúncia sobre as torturas a que foram submetidos desde o momento em que foram presos.

Nesta Petição, questionam as declarações públicas do general Dilermando dizendo que não mais se torturava nas dependências do exército, e que as declarações prestadas pelos advogados e familiares eram mentiras. A decisão de denunciar bem como manter de dentro das prisões uma luta possível contra os militares também ocorrera em outros momentos, e em outros presídios nos quais presos políticos encaminharam denúncias de suas prisões às instituições e personalidades comprometidas com a luta pelo fim da ditadura no Brasil[16]. Vale também ser feita uma referência às inúmeras greves de fome feitas pelos presos políticos como protesto em relação às condições a que eram submetidos bem como por um posicionamento político em relação à luta pela Anistia, principalmente a partir de 1978.

---

16 Estas instituições foram, principalmente, a Ordem dos Advogados do Brasil – OAB; a Associação Brasileira de Imprensa – ABI; a Conferência Nacional dos Bispos do Brasil – CNBB, na figura do Cardeal Dom Paulo Evaristo Arns, Arcebispo de São Paulo, e também parlamentares, chamados "autênticos", do MDB.

As denúncias de tortura contra os presos partiam principalmente dos próprios presos, que as apresentaram quer em cartas/documentos de denúncia, como durante seu julgamento nos tribunais militares ou em momentos que as relatavam aos seus familiares e advogados. Estas denúncias, saindo dos presídios, estando os presos ainda presos, sempre foram atos de coragem e determinação política dos próprios presos. Estes documentos saíram dos presídios em segredo, camuflados, retirados pelos advogados ou pelos familiares, para posterior encaminhamento aos destinatários, e sempre com a devida informação para os jornalistas que nesta época cobriam também, com ousadia, esta área.

Muitas vezes as denúncias foram feitas às próprias personalidades que visitavam os presos, como no caso do arcebispo de São Paulo, Dom Paulo Evaristo Arns, ou, em 1979, diretamente feitas aos parlamentares responsáveis pelos encaminhamentos da Lei de Anistia no Congresso Nacional, como Teotônio Vilela, presidente da Comissão Mista de Anistia.

Destaque especial deve ser feito a Dom Paulo Evaristo Arns que, entre incontáveis episódios relativos à repressão e à violência policial, política e militar tanto no Brasil quanto em países do Cone Sul e da América Latina, teve ação corajosa, e acolhedora[17]. Em relação ao episódio da Lapa, exerceu uma

---

[17] Relato analítico e histórico indispensável sobre a participação de Dom Paulo e da Comissão de Justiça e Paz na defesa da vida e dos direitos humanos está no livro de Maria Victoria de Mesquita Benevides, *Fé na Luta: a Comissão de Justiça e Paz de São Paulo, da ditadura à democratização*.

ação essencial. Procurei-o dias após a queda da Lapa para denunciar as prisões e informando que sabia sobre a tortura e a violência que ocorriam.

O cardeal naquele dia, 20 de dezembro de 1976, saía para um almoço de confraternização de fim de ano entre autoridades do Estado de São Paulo: ele, o Cardeal; Paulo Egydio, governador do Estado e o comandante do II Exército, general Dilermando Gomes Monteiro. Dom Paulo disse-me, face ao relato, que conversaria pessoalmente, no almoço, com o governador e principalmente com o general Dilermando Monteiro sobre a manutenção da prática da tortura, já que o próprio general havia-lhe dado a garantia de que não mais se praticaria a tortura em São Paulo, desde o assassinato, em outubro de 1975, de Vladimir Herzog e o de Manoel Fiel Filho, em janeiro de 1976, ambos sob tortura.

Certamente esta decisão de Dom Paulo de falar diretamente com o Comandante, no calor dos fatos, deve ter reverberado em relação à vida dos presos sob a responsabilidade do Comandante Dilermando. Mesmo assim, o próprio II Exército não autorizou que representantes da Comissão Internacional de Juristas Católicos, por sugestão do Cardeal, visitassem os presos da Lapa, conforme informação que me foi repassada, recentemente, por Aldo Arantes.

As Petições de Aldo e Haroldo foram publicadas na íntegra no jornal *O Globo* em 2 de setembro de 1977. Reproduzo a notícia pelo ineditismo de ter sido a primeira vez que o jornal

O *Globo* publicava na íntegra uma carta-denúncia feita pelos próprios presos.

> ORDEM DOS ADVOGADOS DO BRASIL DIVULGA DOCUMENTOS SOBRE MAUS-TRATOS
> *O presidente da Ordem dos Advogados do Brasil, Raimundo Faoro, divulgou ontem petições manuscritas, encaminhadas ao Conselho de Justiça da 1ª Auditoria da II CJM, por Aldo Silva Arantes e Haroldo Borges Rodrigues Lima, em que eles denunciam maus-tratos a que teriam sido submetidos em órgãos de segurança, após terem sido presos por atividades subversivas. As cópias das petições foram encaminhadas à OAB pelos advogados dos dois presos, Márcia Ramos de Souza e Luiz Eduardo Greenhalgh, de São Paulo. Raimundo Faoro disse ontem que, na qualidade de membro do Conselho de Defesa dos Direitos da Pessoa Humana, enviará cópias dos documentos ao Ministro da Justiça* (Arantes, 1977).

Aldo: no Rio de Janeiro, tecnologia a serviço da tortura, a geladeira

Fui preso no dia 15/12/76, por volta das 22h30m, na estação Paraíso do Metrô, sem saber quem me prendia. Fui arrastado e submetido a uma saraivada de socos e pontapés. Algemado e encapuzado, colocaram-me num carro. Como eu protestasse contra a prisão, fui golpeado inúmeras vezes na boca. Levado para um local que mais tarde vim saber tratar-se do DOI-Codi – II Exército, recebi inúmeras ameaças de morte e fui duramente espancado no rosto, no tórax e em outras partes do corpo. Os murros que foram desferidos contra meu peito foram tão violentos que fiquei com o pulmão direito dolorido por mais de quinze dias. Um alicate foi utilizado para apertar os meus polegares, enquanto estava sendo torturado. Mesmo de capuz, pude perceber uma grande movimentação dos torturadores e ouvi gritos de torturas que vinham de outra sala. Após ficar muito tempo de pé, tendo ao lado um rádio ligado em alto volume, recebi violentos socos no estômago e inúmeros "telefones" nos ouvidos. Além das constantes ameaças, os torturadores ironizavam a respeito da questão dos Direitos Humanos. Falavam de sua gana em colocar as mãos sobre Dom Evaristo Arns. Algemado, de mãos para trás, encapuzado e sentado no chão, passei o dia 16 e a noite de 16 para 17.

[...] Sempre encapuzado, deitado na parte traseira de um Volks, fui conduzido a um aeroporto e daí, de avião, ao local que posteriormente disseram-me tratar-se do Rio de Janeiro. Já no avião, percebi a presença de outros presos, sabendo mais tarde tratar-se de Haroldo Borges Rodrigues Lima, Wladimir Ventura Torres Pomar e Elza de Lima Monnerat. No Rio permaneci em órgão de segurança que desconheço. [...] Fiquei por vários dias na chamada "geladeira", sofisticada máquina eletrônica de torturas, uma verdadeira máquina de fazer loucos. Diante daquilo pude confirmar, com clareza, como a técnica pode se colocar a serviço das mais abomináveis causas. A "geladeira" é um cubículo totalmente fechado, sem janelas, entrando o oxigênio por orifícios existentes nas paredes de eucatex. Esta cela se encontra

dentro de outra, de concreto. Os movimentos do torturado são controlados através de um circuito interno de televisão ou coisa parecida. Um sistema de som serve para emitir estridentes ruídos e para a comunicação com o preso. Ali permaneci por 5 ou 6 dias nu, algemado, de mãos para trás, de capuz, sem comer ou dormir e fazendo as necessidades fisiológicas dentro da cela. Durante dia e noite sons, os sons mais estridentes, eram emitidos com o objetivo de, segundo afirmação deles, desestruturar minha personalidade. Além dos sons diabólicos, alguns dos quais pareciam penetrar no cérebro como um saca-rolhas, eram emitidos gritos com palavras de baixo calão, dirigidos à companheira Elza de Lima Monnerat. *De vez em quando abriam a porta e jogavam-me baldes d'água e jarras de água gelada. Nestas condições não se podia ter noção do tempo* (Arantes, 1977).

"Me matem com dignidade"

O torturador insistia em afirmar que ali se utilizava o método de Pavlov. Tentavam induzir-me a ideia de que eu estaria ficando louco e afirmavam que tinham como objetivo matar-me ou fazer-me louco. Por estar muito cansado e não querer ficar no centro da cela, como pretendiam os torturadores, fui golpeado por diversas vezes na cabeça. Após 5 ou 6 dias nesta situação, já meio transtornado, comecei a bater com a cabeça na parede da cela. Fui novamente espancado e levei vários "telefones". Neste momento, já estava tão cansado e sonâmbulo que não sei exatamente o que fizeram comigo. Lembro-me de um dos torturadores empoleirado nos meus ombros. Nestas condições, exigi do chefe daquele centro de torturas que me fuzilassem, que me matassem com dignidade. A partir daí mudaram a tática de tortura e tiveram início as sessões de choque elétrico. Recebi descargas elétricas nos dedos das mãos, dos pés, nos órgãos genitais, na barriga, no peito e nos braços. Um dos torturadores se divertia em arrancar mechas do meu bigode. Após uma sessão de choques elétricos tive de ser carregado para a cela, tal o meu estado físico. Farto das descargas elétricas, fiquei com o umbigo queimado e com inúmeros hematomas na barriga e nos braços. Para apagar as marcas deixadas pela tortura, fui submetido a banhos de raios ultravioleta, onde havia hematoma. Durante todo esse período, procuraram criar um clima de terrorismo. Falavam em matar-me e jogar meu corpo na represa de Três Marias. Diziam que o chefe deles já havia assegurado a cobertura para o meu "desaparecimento", anunciando minha morte pela imprensa (Arantes, 1977).

Solitária

No dia 27 de dezembro, retornei a São Paulo. Ao chegar, encapuzado e ainda no avião, recebi um soco no estômago. Jogado no fundo de uma perua, fui conduzido ao DOPS. Lá fiquei, durante 37 dias, num cubículo, nu, sem tomar banho, sem material de higiene pessoal e recebendo refeições por debaixo da porta. O vaso sanitário ficava encostado na laje que servia de cama e exalava um constante mau cheiro. [...] Quase diariamente, altas horas da noite, havia torturas a outros presos, criando um clima de tensão, de tortura psicológica. No dia 28 de dezembro, no DOPS, fui pendurado no pau de arara. Lá também no dia 30, logo após estar com minha advogada, desci para ser interrogado. O responsável pelo interrogatório afirmou que eu me enganava se estivesse pensando que o fato de ter estado com minha advogada alteraria alguma coisa, acentuando que ele estava acostumado a acompanhar enterros. Em seguida determinou nova sessão de torturas, onde três torturadores desfecharam-me violentos e generalizados golpes pelo corpo e sobretudo na cabeça (Arantes, 1977).

A posse de Carter e a cadeira do dragão

Durante o tempo em que estive na masmorra do DOPS, fui levado diversas vezes por semana, encapuzado, algemado de mãos para trás e deixado nos fundos de uma viatura policial, para depor no DOI-Codi – II Exército. Os policiais responsáveis pelo transporte obrigavam-me a abaixar e levantar, a dar inúmeras voltas para superar obstáculos inexistentes no DOPS. No DOI-Codi permanecia respondendo a interrogatórios quase sempre encapuzado, das 9 horas da manhã às 6 da tarde. [...] A partir de certo momento, passei a ser interrogado por um elemento que se apresentou como violento. Além de extremar nas ameaças, amarrou-me a uma cadeira e desferiu-me inúmeros murros no peito. Posteriormente, um dos interrogadores afirmou que não havia mais torturas no país. Disse que Carter iria tomar posse naqueles dias e que o embaixador dos Estados Unidos no Brasil estava fazendo grande pressão sobre o governo brasileiro em relação à questão dos direitos humanos. Este foi o sinal (um incentivo) para o recrudescimento da tortura física. No dia 24 de janeiro, logo que cheguei para o interrogatório, pude identificar o clima de violência. Fizeram-me despir as roupas e, encapuzado, fui amarrado numa cadeira pelas pernas e pelos braços, sendo estes amarrados atrás da cadeira. Submetido a descargas elétricas, particularmente nos órgãos genitais, tinha os meus gritos abafados pelo alto volume de um rádio constantemente ligado. Neste dia fui torturado das 9 horas da manhã a pouco mais do meio-dia. No dia 27, fui novamente submetido à tortura. Durante todo o dia, amarrado da mesma forma que no dia da tortura anterior, recebi fortes e continuadas descargas elétricas, particularmente nos órgãos genitais. Com a aplicação destas descargas elétricas meu corpo se contraía violentamente. Por inúmeras vezes a cadeira caiu no chão e eu bati com a cabeça na parede. As contrações provocavam um constante e forte atrito com a cadeira, causa dos hematomas e feridas constatadas em meu corpo pelo laudo médico. Não contentes com este tipo de tortura, meus algozes resolveram submeter-me ao que chamaram de "tortura chinesa". Deixaram-me nu e encapuzado num colchão, amarraram minhas pernas e braços e prendiam estes ao meu pescoço. Para não deixarem marcas dos choques, colocaram pequenas tiras de gaze nos meus dedos do pé, molharam meu corpo com água por várias vezes para que a descarga elétrica tivesse maior efeito. Os choques se sucediam até o fim do dia, [...] por inúmeras vezes, fiquei completamente tonto e tive meu braço esquerdo completamente paralisado, quando estive no DOPS. Tenho tido constantes ausências, ou seja, desde de sucumbir da consciência, bem como outras manifestações secundárias. [...] Removido da cela forte para as celas comuns do DOPS, ali permaneci mais 10 ou 12 dias, até ser transferido para a prisão do Hipódromo (Arantes, 1977).

Nota indigna do DOI/Codi

Diante destes fatos foi com surpresa que tomei conhecimento da nota do Comando do II Exército, que informava não ter eu sido torturado e que a exigência da apuração dos fatos representava uma "insidiosa acusação" e uma "calúnia". Os fatos falam por si sós. Além deles, considero oportuno contestar alguns argumentos suscitados na referida nota (Arantes, 1977).

Aldo contesta, um a um, todos os pontos da nota emitida pelo comandante do DOI/Codi de que não tinha havido tortura. Presta homenagem aos companheiros assassinados no massacre da Lapa, e reitera suas convicções políticas.

Haroldo: Coronhada pelas costas

Fui preso, às 9h do dia 16 de dezembro de 1976, em frente à minha residência, em São Paulo, os meus captores, antes de me dirigir qualquer palavra, desferiram-me violenta coronhada pelas costas. O sangue brotou do talho aberto na cabeça, ensanguentando a camisa que vestia. Debaixo de inúmeros socos, gritos e palavrões, arrojaram-me em um carro. Vedaram-me os olhos e ataram-me os pulsos, com o que me pareceu ser uma fita de nylon. *Tiraram-me o relógio, do qual não tive mais notícias.*

Percebi a presença de mais ou menos uns dez homens para me prender, e uns três ou quatro carros na operação. No lugar para onde fui conduzido, e que até hoje não sei, ao certo qual seja, algemaram-me com as mãos para trás, encapuzaram-me e jogaram-me no chão de um pátio onde fui deixado várias horas. [...] Penso que já se iniciava a madrugada do dia 17 quando alguém, precedido de grande movimentação, entra na sala em que estava, retira o capuz do meu rosto, cuidando de apertar meus olhos para que não o visse, e perguntou-me o nome. Neguei a minha verdadeira identidade, como vinha fazendo até então. [...] Ouço então a seguinte declaração enfática: 'Você é Haroldo Borges Rodrigues Lima, da Comissão Executiva do Comitê Central do Partido Comunista do Brasil. Diga sim ou não'. Confirmei meu nome, ao que ouvi: 'Eu sou o doutor Marcos. Guarde esse nome, pois haveremos de conversar bastante e em alto nível'. O doutor Marcos pareceu surpreso com a minha camisa ensopada de sangue, e providenciou o primeiro curativo para minha cabeça (Lima, 1977).

Perdendo a noção do tempo

O dia 17 vinha raiando, quando me levaram a um aeroporto. Embora encapuzado, percebi que Elza Monnerat fora presa, pois escutei a sua voz repetir diversas vezes: 'Covardes'. Compreendi também que outros presos estavam sendo introduzidos no avião. Depois soube tratar-se de Wladimir Pomar e Aldo Arantes. [...] Quando me desamarraram os pulsos, protestei por me terem deixado algemado 24 horas contínuas. À ordem de tirar a roupa, voltei a protestar e não a cumpri. Despiram-me à força. Então, ali mesmo, naquela sala, inteiramente nu, levantei a minha voz em protesto demorado. [...]

Fui, em seguida, mãos algemadas às costas, posto em um cubículo frio onde se produziam em altas escalas sons de explosões, gritos histéricos, ruídos de metralhadoras, zumbidos agudíssimos, permeados com ofensas gritadas em baixo calão e, vez em quando, um banho de água gelada.

Comecei a perder a noção do tempo, pois a luz do sol não mais via. Talvez tenha passado naquele cubículo umas doze horas, após o que me transferiram para uma pequena sala, no centro da qual havia uma cadeira onde fui sentado. Aí, despido, com um dos braços permanentemente algemado a um dos braços da cadeira, só sendo retirado em rápidos momentos. [...] Neste período de onze dias não me deixaram deitar, nem mesmo no chão, uma única vez. [...]

Como em meu poder foi apreendida uma lista de aproximadamente uns oito "pontos"[18] *de rua que teria naqueles dias, pediram-me para decifrá-la. Não o fazendo, fui inteiramente amarrado à própria cadeira em que me encontrava calçado por diversas peças de espuma de* nylon *e submetido ao primeiro e demorado tratamento de choque elétrico, inclusive nos órgãos*

---

[18] *Pontos* eram os locais nas ruas nos quais os militantes clandestinos encontravam-se para seus contatos políticos e eram permanentemente alterados e itinerantes, tentando evitar sua localização pela repressão.

genitais e ânus. Daí por diante, a tortura pelo choque elétrico e as pancadarias foram constantes. [...]. Após uma demorada sessão de choque, enfurecido por não ter conseguido o que desejava, o torturador desferiu-me tão violento golpe sobre o coração que momentaneamente perdi os sentidos (Lima, 1977).

Já exportamos know-how sobre tortura

[...] Em determinado instante, fizeram-me ver uma bala sendo posta no tambor de um revólver, em uma posição que detonaria quando o gatilho fosse acionado pela terceira vez. O cano do revólver foi encostado com força em meu ouvido. Estipularam que, ou eu revelava a localização da chamada 'gráfica', ou a minha hora final havia soado. E, ritmadamente, o gatilho foi sendo apertado, a primeira, a segunda vez...

As torturas continuaram sistematicamente. E a essas somavam-se as ameaças de me levarem a novas e mais terríveis sevícias, a mim descritas minuciosamente. Diziam, com evidente orgulho, que sobre o assunto já não tinham nada a dever a qualquer organização estrangeira. Ao contrário, informaram-me, já estavam exportando "know-how" a respeito.

[...] Quanto à Igreja, entre outros pressupostos que tinha que negar com múltiplos argumentos, estava o de que o bispo Dom Pedro Casaldáliga fosse militante do PC do Brasil e de que Dom Evaristo Arns, o Cardeal de São Paulo, fosse comunista! (Lima, 1977).

Em São Paulo: solitária

> *Eu e meus companheiros fomos alojados individualmente em um cubículo existente no DOPS. Cada cubículo tinha um buraco embaixo da porta, por onde era servida a comida. Um colchão de espuma em cima de uma laje fria, ao lado do vaso sanitário, era tudo que existia nesta cela solitária, de pouco mais de quatro metros quadrados de área, onde o dia e a noite não se diferenciavam para o ser que, inteiramente despido, jazia em seu interior. Nesses cubículos passamos 36 ou 37 dias que, somados aos onze já sofridos no Rio, totalizavam 48 dias de cela solitária. Não se tomava banho, não se tinha acesso a qualquer objeto como, por exemplo, escova de dentes, sabão. O sol nem se via, e até papel higiênico, às vezes, não se conseguiu. Certa feita, um interrogador do DOI-Codi, do II Exército, ali penetrou e mandou encostar a porta por fora. Saiu dizendo que enlouqueceria se ali passasse 15 minutos!*
>
> *No DOPS de São Paulo, torturou-me ouvir, diversas noites, gritos lancinantes de pessoas que evidentemente sofriam [...]* (Lima, 1977).

Em relato recente, Haroldo contou que durante todas as noites em que esteve preso no DOPS de São Paulo, quando não foi mais torturado, durante todas as noites, sem exceção, ouviu gritos lancinantes dos presos correcionais sendo torturados. Não houve uma noite sequer em que não houvesse tortura desses presos no DOPS de São Paulo, durante os 37 dias em que esteve confinado na cela solitária. Contou também, em outra ocasião, que à noite,

> por baixo da cela-forte tinha uma entradinha onde punham a comida; a cela forte era absolutamente fechada, você ficava despido, absolutamente nu, não havia um pedacinho de papel. Para respirar deitava no chão e respirava por essa abertura um pouquinho de ar, pois o calor era insuportável. À noite, me comunicava com o Aldo e vice-versa através de assobio, assobiávamos juntos a Internacional Comunista, bem baixinho, era uma forma de dizer um para o outro que estávamos vivos e darmos uma força um para o outro (Arantes, 1999, p. 138).

> *Os interrogatórios no DOI transcorreram em um clima de aberta ameaça até o dia 5 de janeiro de 77. Nesse dia, recebi choques elétricos e golpes generalizados pelo corpo, das nove horas da manhã até às 16h30, mais ou menos. [...] No dia 27 de janeiro, fui transportado pela manhã para o DOI, juntamente com Aldo Arantes. E estava sendo interrogado no andar térreo quando ouvi gritos de Aldo, sendo torturado no andar superior ao que me encontrava* (Lima, 1977).

Haroldo, ao terminar a petição, presta sua homenagem aos assassinados na casa da Lapa, denunciando o massacre, que ficou sabendo pelos jornais e pelos próprios torturadores. Denuncia a farsa na montagem dos interrogatórios sob tortura e reafirma suas convicções políticas. Em relação à afirmação de que João Baptista Drummond morreu atropelado ao sair da casa em que se reuniram, assim como Aldo, denuncia a mentira apresentada à imprensa. Drummond morreu sob tortura, logo após sua prisão.

No olho do furacão

"Só se pode, paradoxalmente, respeitar a memória dos mortos e a experiência-limite dos sobreviventes se se acolhe o silêncio e a interrogação que provocam" (Gagnebin, 2000, p. 108).

As inquietações que os cinco testemunhos despertam certamente fazem percursos próprios em cada um que os acolhe. É unânime, porém, a evidência da participação dos agentes do Estado brasileiro na produção da tortura, que autorizaram, exerceram e tiveram todo o apoio para praticar. Os testemunhos referem-se a Belo Horizonte, Rio de Janeiro e São Paulo, em diferentes períodos da ditadura, em 1969, 1971 e 1976.

Em todos os lugares em que foram torturados, a mesma truculência dos torturadores, que não se importaram em deixar evidências da origem dos equipamentos que usavam, não se envergonharam em dizer que poderiam torturar bebês. Otimizaram a tortura com recursos tecnológicos e não desprezaram os métodos mais arcaicos; vangloriaram-se de dizer que o pau de arara era um método genuinamente brasileiro e que já podiam exportar *know-how* sobre tortura.

Civis e militares a serviço da mesma intolerância frente ao *inimigo interno*, os torturadores tentaram exercer sua destrutividade com eficácia. Promoveram as experiências de tortura com posições estressantes que, anos depois, seria batizada de *tortura light*; tentaram desidentificar-se chamando-se uns aos outros pelo mesmo nome – os Guimarães –; andaram em aviões e viaturas policiais nos diferentes estados, com os presos sequestrados, revelando uma rede de sustentação policial e militar pertencente às diferentes armas. Qual seria a vitória jurídica da tortura, se as provas colhidas não valem como prova? Qual seria a vantagem pessoal do torturador em submeter um outro humano como ele a uma humilhação sem parâmetros?

A hipótese da psicanálise é a de que o ganho do torturador não está na eventual confissão que arranca de sua vítima: o ganho principal está no exercício autorizado e desmedido de sua livre destrutividade, sem que tenha de negociar com alguém, e nem consigo mesmo, o prejuízo causado, sem que sofra com o que produz, sem que se sinta culpado pela sua prática.

A dor da dúvida – que ele não tem – no campo da ética entre os humanos, a angústia frente à ambivalência de sentimentos que não o alcança, a dor no corpo que ele não sofre, faz com que o ganho psíquico que o torturador desfruta seja sua principal vitória. A certeza da impunidade é a coroação da sua ignomínia.

O torturador, diferentemente do torturado que teve cassada sua cidadania, é laureado pelo seu serviço. Prestou sua atividade como servidor público, cumpriu ordens, exerceu-se como a *manus longa* do poder soberano. Mantém intacta a linhagem dos que sustentam a vertente criminosa como herança filogenética e torna-se avalista de que este fio não se romperá nos porões, no pântano, no deserto, nos laboratórios de tortura, nas experiências com cobaias humanas, nas prisões inóspitas, nos territórios sob o sol tropical e nem nos campos de neve.

Uma das inquietantes constatações é que a tortura apossa-se das novas tecnologias para torturar e, paradoxalmente, não se desfaz dos métodos e equipamentos medievais anteriormente usados. A ciência e o desenvolvimento da inteligência foram usados nos laboratórios de tortura e nos lugares de sua prática.

Esta é uma das condições que revelam que a face pior do humano sustentou-se o tempo todo na proximidade com o corpo, com a carne, com o sangue, com o olhar de sua vítima.

A introdução dos fios de cobre nos corpos para eletrificá-los, a cupidez frente à nudez forçada, a violação do corpo aprisionado, o repertório das sórdidas palavras são a prova de que a tortura é praticada por humanos e esta condição da humanidade não dignifica a espécie humana.

Esta condição de humano qualifica o torturador como plenamente responsável pelo que faz, pelo que preferiu conscientemente fazer, pelo que teve a intenção de fazer, e leva-nos a reafirmar, com Freud, que a condição originária e inconsciente do humano mantém-se em qualquer ato que venha a praticar e, quando a tortura torna-se este ato, essa condição está mantida.

Qualificá-la como ato inumano torna-se um paradoxo: quem seriam os que podem dizer que o ato da tortura é inumano?

Esta concepção talvez contenha o desconhecimento de que somente os humanos praticam a tortura, logo, ao defenestrá-la do campo do humano, a tortura fica sem um terreno próprio. Se não é do terreno humano, é de qual terreno?

Sendo designada como não humana, tem como consequência a indiferença dos demais humanos aliviados com o descompromisso moral por uma prática que foi exercida por uma espécie de gente que não é humana e que lhe é estranha.

Por tudo isso, os torturadores são plenamente responsáveis pelos atos que escolheram fazer e pelas ordens que escolheram obedecer: devem ser ouvidos, ser julgados, ser penalizados pelo crime humano que cometeram, que mandaram cometer, que autorizaram, que souberam que ocorria e que presenciaram em silêncio.

Os depoimentos de Gilse, Alípio, Rita, Aldo e Haroldo são prova material do que foi praticado dentro do Brasil na conduta com presos políticos sob a tutela do Estado, dentro de equipamentos militares e da polícia civil.

A militância que os ex-presos continuaram exercendo é também a expressão máxima de que a tortura não é eficaz para o que imaginaram os torturadores: apesar de destruir por dentro e de deixar sequelas psíquicas, somáticas e transgeracionais, a tortura não atingiu o cerne dos militantes. Não dissolveu o núcleo pétreo da ética e do compromisso com seus ideais.

Resistência dentro das prisões

A resistência dentro dos presídios foi constante no Brasil enquanto perdurou a ditadura, até a anistia de 1979. Dentro das prisões, os militantes políticos foram resistentes, vivendo a experiência complexa de unirem-se contra o inimigo comum, a repressão e a ditadura civil-militar. Exerceram várias formas de luta, como presos. Duas práticas tornaram-se comuns nos diferentes presídios e em épocas distintas:

1) a elaboração de documentos de denúncia sobre suas prisões, sobre as torturas que sofreram, os nomes dos torturadores que os torturaram e os instrumentos de tortura usados;
2) em momentos específicos, decidiram fazer greves de fome, renunciando a uma das poucas liberdades de que ainda dispunham.

Tanto os documentos e as greves de fome envolveram reuniões, discussões, rachas e reaproximações, votação e aprovação das formas de redação dos textos, a época própria para divulgá-las, a quem encaminhá-los e como fazê-lo. Estes documentos denunciaram os assassinatos e os desaparecimentos.

Estas denúncias, juntamente com outros depoimentos, possibilitaram a edição do livro *Desaparecidos Políticos*, organizado por Reinaldo Cabral e Ronaldo Lapa, e editado pelas Edições Opção e pelo Comitê Brasileiro pela Anistia do Rio de Janeiro, em 1979. As denúncias das condições carcerárias em presídios sob a responsabilidade do Exército, (DOI-Codi); da Marinha (CENIMAR), ou da Aeronáutica (CISA), ou ainda dos DOPS, dos quartéis e de estabelecimentos penais, nos quais os presos estiveram em cumprimento de pena ou levados à disposição da Justiça, foram igualmente objeto de documentos e cartas.

Muitas destas denúncias foram acompanhadas de greves de fome que chegaram a ser mais de vinte, entre os anos de 1970 e 1979. Gilney Amorin Viana e Perly Cipriano, ex-presos no Presídio Político do Rio de Janeiro – presídio da Frei Caneca –, apresentam uma relação das principais greves de fome no livro que publicaram juntos em 1992 sobre relatos de presos políticos e greves de fome (Viana e Cipriano, 1992, p. 34).

Relação das principais greves de fome

- 1970 – Ilha das Flores/Rio de Janeiro – greve dos presos políticos para denunciar o sequestro de que foram vítimas as presas políticas à porta do Presídio Feminino de Bangu, depois de terem sido soltas, por mandato do Supremo Tribunal Militar;
- 1971 – Ilha Grande/Rio de Janeiro – greve de fome durante dezessete dias, visando a conseguir alojamento

específico para os presos políticos, bem como condições carcerárias condignas;

- 1971 (março) – Linhares, Juiz de Fora/Minas Gerais – 42 presos políticos, homens e mulheres, fizeram treze dias de greve de fome reivindicando melhoria de condições carcerárias, contra o rigor e a disciplina militar que se tentava impor aos presos;
- 1971 (setembro) – Linhares, Juiz de Fora/Minas Gerais – greve, da qual participaram cinquenta presos, contra a invasão da penitenciária ordenada pelo DOI-Codi e executada pelas tropas da PM contra a humilhação pessoal e a depredação dos bens, e, principalmente, contra a transferência súbita das presas da ala feminina para local ignorado, sob o pretexto de que estava havendo uma tentativa de motim no presídio, por parte dos presos políticos;
- 1972 – Tiradentes, São Paulo/São Paulo – greve de fome durante doze dias, contra a política de isolamento e separação dos presos políticos, sob ameaça de morte;
- 1972 – Tiradentes, Carandiru, São Paulo/São Paulo – nova greve, que durou 32 dias, contra a política de distribuição dos presos políticos por diversos presídios do Estado, nos quais não se teria garantias para sua segurança e pela reunificação deles;
- 1974 – Fortaleza de Santa Cruz, Rio de Janeiro/Rio de Janeiro – quatorze presos políticos em greve de fome pelo fim da política de destruição física e psicológica a

que estavam submetidos, inclusive com espancamento e bombas de gás lacrimogêneo nas celas;

- 1974 – Instituto Penal Sarazate, Fortaleza/Ceará – greve de fome contra as restrições à visitação e às más condições carcerárias;
- 1975 – Ilha Grande/Rio de Janeiro – trinta e três presos em greve de fome, durante dezessete dias, pela transferência para outro estabelecimento penal situado no continente, na cidade do Rio de Janeiro;
- 1975 (julho) – Itamaracá, Recife/Pernambuco – greve de fome por quinze dias, por melhoria das condições carcerárias contra as arbitrariedades policiais e pela quebra do isolamento a que estavam submetidos os presos levados para quartéis;
- 1975 (outubro) – Itamaracá, Recife/Pernambuco – greve de fome por 25 dias, pela volta dos presos transferidos para os quartéis e pela cessação do isolamento a que estavam submetidos, dentro do próprio presídio, Rholine Sonde Cavalcante e Carlos Alberto Soares, condenados à prisão perpétua;
- 1975 (final de 1975) – Barro Branco/São Paulo – greve de fome contra as arbitrariedades e limitações impostas às condições carcerárias;
- 1977 – Bangu Feminino – Penitenciária Talavera Bruce, Rio de Janeiro/Rio de Janeiro – greve de fome das presas políticas pela transferência para uma ala especial do Presídio Político Frei Caneca;

- 1977 – Presídio Político Frei Caneca – Divisão de Segurança do Presídio Milton Dias Moreira e Bangu Masculino – Presídio Esmeraldino Bandeira/Rio de Janeiro – greve de fome contra o descaso das autoridades quanto às reivindicações das presas políticas de Bangu-Feminino;
- 1977 – Lemos de Brito, Salvador/Bahia – greve de fome em solidariedade às presas de Bangu/Rio de Janeiro;
- 1977 – Barro Branco/São Paulo – contra a limitação das visitas[19].
- 1978 – (abril e maio) Itamaracá, Recife/Pernambuco – greve de fome pela quebra do isolamento de Rholine Sonde Cavalcante e Carlos Alberto Soares, condenados à prisão perpétua;

Relação de uma sucessão de greves de fome de apoio e solidariedade aos presos políticos de Itamaracá nos seguintes

19 Em diferentes ocasiões os presos políticos enviaram a instituições e autoridades brasileiras documentos de denúncia sobre as arbitrariedades, torturas e o uso da Justiça Militar como instrumento político. Em 12/12/1977, um relato detalhado foi enviado pelos prisioneiros do presídio da Justiça Militar de São Paulo – Presídio do Barro Branco – ao presidente do Conselho Federal da OAB, Raimundo Faoro. Assinam esse documento: Aldo Arantes, Altino Dantas Junior, Antonio André Camargo Guerra, Antonio Pinheiro Salles, Ariston Oliveira Lucena, Aton Fon Filho, Diógenes Sobrosa de Souza, Francisco Gomes da Silva, Gregório Mendonça, Haroldo Borges Rodrigues Lima, Hilário Gonçalves Pinha, Joaquim Celso de Lima, José Carlos Giannini, José Milton Ferreira de Almeida, Luiz Vergatti, Manoel Cyrillo de Oliveira Netto, Marco Antônio Tavares Coelho, Oswaldo Pacheco da Silva, Paulo Walter Radtke, Pedro de Camargo, Wladimir Ventura Torres Pomar.

presídios: Frei Caneca/Rio de Janeiro, Bangu-Feminino/Rio de Janeiro, Barro Branco/São Paulo, Lemos de Brito, Salvador/Bahia, Linhares, Juiz de Fora/Minas Gerais, perfazendo o total de 84 grevistas. A greve de fome dos presos de Itamaracá durou 27 dias, terminando a 10 de maio, quando também terminaram as demais greves de solidariedade;

- 1979 (julho) – Greve de Fome Nacional dos Presos Políticos de repúdio ao projeto governamental de Anistia Parcial e de apoio às lutas pela Anistia Ampla, Geral e Irrestrita. Iniciada a 22 de julho, pelos presos políticos do Frei Caneca – Rio de Janeiro, e seguida pelos presos políticos dos seguintes presídios: Itamaracá, Fortaleza, Natal, Penitenciária Feminina de São Paulo, Barro Branco/São Paulo e Lemos de Brito, Salvador/Bahia.

Coroa de Cristo

A coroa de Cristo foi o nome dado pelos torturadores à tortura que consistia em uma fita de aço que envolvia o crânio, apertada lentamente por um parafuso, lembrando procedimentos medievais. Aurora Maria Nascimento Furtado foi morta na Invernada de Olaria, no Rio de Janeiro, por esse processo. Seu corpo assassinado apresentava sinais de afundamento do crânio e os olhos pendiam fora das órbitas. Esta foi uma das mais violentas formas que foram usadas, e o nome que os torturadores escolheram para a tortura é desconcertante e abre o elenco de torturas praticadas contra os presos políticos, muitas delas praticadas também com os presos correcionais e muitas delas ainda em vigor. Toda a relação das torturas foi listada e descrita pelos próprios presos, enquanto ainda estavam sob a guarda do Estado.

A tortura, a relação dos torturadores e os métodos usados durante a ditadura civil-militar constam de documentos--denúncia, assinados, conhecidos e remetidos a instituições e personalidades públicas, enquanto vigorou a ditadura e após. Um destes documentos tem o título *O nosso testemunho*[20] e foi elaborado em 1979 pelos presos políticos do Rio de Janeiro, da Frei Caneca, e dirigido à OAB, ABI, CNBB, Comitê Brasileiro pela Anistia, Movimento Feminino pela Anistia, Comissão de Direitos Humanos do MDB e aos parlamentares da Pré-CPI dos Direitos Humanos do MDB. Os presos apresentam os pressupostos políticos que levaram à construção da máquina de tortura, e relatam os tipos de tortura a que pessoalmente foram submetidos, os locais nos quais foram torturados ou estiveram presos, e relacionam o nome dos agentes que participaram diretamente da tortura.

Seguindo esta estrutura, cada um dos quatorze presos, devidamente identificados com seus nomes e organização a que

---

20 Os presos que assinam estas denúncias, em 18 de abril de 1979, incorporadas no *Documentário organizado por determinação do presidente da Comissão Mista do Congresso Senador Teotônio Vilela* e publicado pelo Congresso Nacional em 1982 são: Alex Polari de Alverga; Antônio Pereira Mattos; Carlos Alberto Sales; Gilney Amorin Viana; Helio da Silva; Jesus Paredes Soto; Jorge Santos Odria; José André Borges; José Roberto Gonçalves de Rezende; Manoel Henrique Ferreira; Nelson Rodrigues; Paulo Henrique Oliveira da Rocha Lins; Paulo Roberto Jabur; Perly Cipriano (Congresso Nacional, 1982, p. 249).

pertenciam, relacionam, caso a caso, seus torturadores, com suas respectivas patentes militares, em que figuram brigadeiros, tenentes-coronéis, capitães, majores, tenentes, cabos, soldados. Há também uma relação de guardas e agentes penitenciários, delegados, médicos, além de agentes civis, identificados apenas com seus crachás ou com o nome usado pelos demais torturadores, em geral, precedidos da designação de "Doutor".

A relação das torturas a que foram submetidos consistia em: uso de capuz, formas de imobilização, espancamento, corredor polonês, telefone, pau de arara, choques elétricos, hidráulica, palmatória, escova de aço, nó da Máfia, queimaduras de cigarro, cadeira do dragão, tamponamento com éter, tortura sexual, soro da verdade ou pentotal, "geladeira". A geladeira é descrita com detalhes em relação aos zumbidos permanentes, temperaturas insuportáveis, técnicas de sugestão, luz ofuscante, combinação de processo de sofrimentos físicos e psicológicos, cheiro nauseabundo por não haver sanitário dentro da geladeira, sons ensurdecedores permanentemente ligados, entre os principais dispositivos deste equipamento de tortura.

Os presos descrevem outros métodos de tortura de que têm conhecimento e sabem que foram usados contra outros prisioneiros no Rio de Janeiro e em outros presídios: tortura sexual sob a forma de estupro, com utilização de objetos e animais e principalmente uso de insetos contra mulheres; uso de animais como cobras e jacarés para intimidar, morder ou causar pânico; aborto intencional em mulheres.

Denunciam o uso de torturas que, pela sua violência, presumiram terem sido destinadas aos presos que tivessem sido previamente condenados à morte: arrastamento em viaturas, como a que ocorreu na Base Aérea do Galeão, com Stuart Angel Jones; escalpo, que consistia na retirada de pele em toda uma região do corpo, deixando-o em carne viva; churrasquinho – introdução de cone de papel pelo ânus ou vagina para atear fogo; cama cirúrgica – em imitação ao "potro" usado na Inquisição na Idade Média.

A tortura com maçarico industrial foi aplicada a João Lucas Alves, que apresentava sinais de queimaduras profundas nas nádegas, vistas pelos próprios presos, em seu corpo já inerte.

Para finalizar sua denúncia, relacionaram todos os presos que sabiam terem sido cobaias humanas para aulas de tortura, o que foi também relatado em várias publicações posteriores, entre elas os livros *Brasil nunca mais* e *Tiradentes, um presídio da ditadura*, e relatam casos de vários presos correcionais que serviram como cobaias para aulas práticas da técnica a ser usada e para a formação de novos torturadores. Durante estas aulas, eram apresentados *slides* e fotos explicativas.

Em 2007 e 2009 dossiês sobre mortos e desaparecidos políticos, publicados pela Secretaria Especial dos Direitos Humanos da Presidência da República e pelo Arquivo Público do Estado de São Paulo, apresentam um total de 1.272 páginas nas quais estão relatados os casos de desaparecidos e de mortos e as circunstâncias que levaram à morte, todas envolvendo tortura e os respectivos agentes envolvidos, bem como a tentativa reiterada de falsear as condições em que morreram.

A tortura foi uma prática autorizada pelos governantes enquanto vigorou a ditadura civil-militar. Estas práticas ocorreram dentro de instituições do Estado brasileiro, prisões, locais de isolamento, hospitais militares, cadeias públicas e ainda em casas de tortura clandestinas sob a responsabilidade de agentes da repressão. Os torturadores, executores e mandantes eram homens preparados, que ostentavam altas patentes militares, delegados, agentes e investigadores e outros profissionais, todos eles pessoas preparadas para os cargos que exerciam.

Além da perseguição sem limites aos que consideraram seus opositores, exerceram suas profissões aliadas à prática cruel e violenta de procedimentos extremos para arrancar confissões, confirmar informações e muitas vezes, para humilhar, desrespeitar e fazer prevalecer o mal como procedimento de sua escolha. Incluíram a sistemática das torturas com componentes sexuais, tanto em mulheres como em homens. Não se intimidaram ao exercer sua função de torturador. Acreditavam e continuam acreditando em sua impunidade.

A organização da tortura e da morte

"Em 1215, o *habeas corpus* nasceu na Inglaterra para conter o poder ilimitado dos reis e como exigência de justo processo legal. Ter o corpo levado à presença de um juiz queria dizer, simplesmente, apresente a pessoa com vida. [...] Ter o corpo, neste livro, significa literalmente devolver às famílias, companheiros e amigos, os restos mortais de um número expressivo de brasileiros e brasileiras que foram mortos – quase todos sob tortura – por resistir a um regime ditatorial que violou as regras da vida constitucional republicana durante 21 anos" (Vannuchi, 2010, p. 3).

A partir de 1969, a repressão aos militantes opositores ao regime militar recrudesceu, com a decretação, em 13 de dezembro de 1968, do Ato Institucional nº 5, o AI-5. Os ditadores sentiram-se à vontade, com a exceção mais uma vez imposta como regra, para sistematizar o aparato da repressão, e pensavam em otimizar a violência da tortura, integrando comandos, operações e tornando oficial este dispositivo. Junto a comandos militares, do Exército, da Marinha e da Aeronáutica, criaram operações e comandos especiais que ficaram tragicamente conhecidos como locais de tortura e morte.

A Operação Bandeirante (Oban), agência de repressão criada em São Paulo, concebida para atuar fora da hierarquia militar,

> [...] tinha poderes para centralizar sob comando de militares do II Exército todas as forças de segurança para uma ação conjunta e dispor do que fosse necessário para realizar suas ações. Com a Oban, começou a ser montada a máquina de repressão que se encarregaria, durante a década

> de 1970, de sequestrar, prender, torturar, executar e fazer desaparecer os corpos de opositores do regime (Secretaria de Direitos Humanos da Presidência da República, 2010, p. 104).

Depois de um ano, a unificação da repressão aperfeiçoou sua estrutura em todo o país, o modelo da Oban foi multiplicado e otimizado e surgiram os Destacamentos de Operações de Informações (DOI), que operacionalizavam o que fosse determinado pelos Centros de Operações de Defesa Interna (Codi), que eram colegiados com função administrativa formados por representantes das três Forças, Exército, Marinha e Aeronáutica, e representantes do aparato de repressão do Estado.

> Submetidos ao Alto Comando do Exército e articulados com o Centro de Informação do Exército (CIE), os DOI-Codi evitavam a dispersão de forças até então existentes, embora as outras armas também tenham mantido em atividade seus organismos de inteligência e repressão, o Centro de Informações da Marinha (CENIMAR) e o Centro de Informações da Aeronáutica (CISA) (Secretaria de Direitos Humanos da Presidência da República, 2010, p. 104).

Com a ajuda dos quartéis, das auditorias militares, das delegacias de polícia e de segurança, entre outras, e com o Departamento de Ordem Política e Social (DOPS), o esquema legalizado pela exceção manteve o tempo todo sua face clandestina, composta de uma rede de casas de tortura, de locais preparados para torturar que funcionavam em sítios, casarões desocupados, casas de pequeno porte em bairros afastados, conjuntos comerciais, apartamentos em prédios residenciais, e até mesmo dentro de uma boate, conforme o livro *Habeas corpus*.

Este sistema de repressão funcionou com o apoio de médicos legistas, de serviços funerários em grandes cidades do país, contando com a conivência dos apoiadores civis da ditadura, governadores e prefeitos, que disponibilizaram equipamentos públicos para serem locais de tortura ou locais de ocultamento de corpos. Com o apoio de empresários no financiamento da repressão, da grande mídia comercial, seja no que diz respeito à repercussão das versões oficiais, seja cedendo publicações para organismos da repressão, seja na cessão de viaturas para o transporte de presos e de cadáveres. A prática da tortura sistemática e cotidiana e o assassinato e desaparecimento dos corpos foram facilitados pela orientação de não se registrar as prisões ou muitas vezes registrá-la a partir dos nomes frios que os militantes usavam nos documentos que portavam consigo, o que levou a repressão a ocultar da família, dos amigos ou de seus advogados a verdadeira identidade do preso, embora soubesse claramente de quem se tratava.

> Quando a polícia prendia um militante clandestino, ela sabia que, exatamente por isso, poderia não revelar sua prisão ou comunicá-la à família. Nem a família sabia o nome "frio" que constava da clandestina identidade,

> sendo muitas vezes informada que não havia ninguém com o nome suposto em dependências policiais. A identidade clandestina foi usada contra o militante pela repressão militar para prender, matar e fazer desaparecer. Em grande parte, os desaparecidos são militantes clandestinos que a polícia enterrou com os nomes "frios" constantes das identidades e pior, enterrou-os como indigentes em valas comuns, sem nome, nenhum nome, N. N.
> Raramente a polícia prendeu qualquer clandestino sem saber que estava prendendo um militante político. Em geral já sabia quem era. Ao lhe colocar o capuz para vedar-lhe os olhos, já dizia: você é fulano de tal. A polícia antes de prender seguia o militante, muitas vezes já sabia a que organização pertencia, sobretudo na cidade (Arantes, 1999, p. 80).

Por isso a enorme dificuldade da Comissão Especial Sobre Mortos e Desaparecidos Políticos (CEMDP)[21] durante seus onze anos de funcionamento, compreendidos entre 1995 e 2007, para solucionar os casos que examinou. Os trabalhos desta comissão foram sistematizados e publicados em livro-relatório, *Direito à memória e à verdade: Comissão Especial sobre Mortos e Desaparecidos Políticos*, que contou com o apoio da Comissão de Familiares de Mortos e Desaparecidos Políticos.

[21] A Comissão Especial sobre Mortos e Desaparecidos Políticos (CEMDP) foi instituída em 1995 pela Lei 9.140/95 para buscar solução para os casos de desaparecimento e mortes de opositores políticos por autoridades do Estado durante o período de 1961-1988.

A estrutura oficial de tortura e morte foi integrada a partir da Oban, que funcionou inicialmente no Quartel do Batalhão de Reconhecimento Mecanizado (REC-MEC) na esquina das ruas Tutoia e Abílio Soares, na região do Ibirapuera em São Paulo. No dia 7 de setembro de 1969, em homenagem ao Dia da Pátria, foi inaugurada nova instalação na 36ª Delegacia da rua Tutoia, na qual posteriormente funcionou o DOI-Codi em São Paulo, seguido pelos demais DOI-Codi criados no ano de 1970 no Rio de Janeiro, Recife e Brasília; em 1971 em Curitiba, Belo Horizonte, Salvador, Belém e Fortaleza e, em 1974, em Porto Alegre (Secretaria de Direitos Humanos da Presidência da República, 2010, p. 106-111).

Também integraram esta estrutura o CENIMAR, que funcionava no quinto andar do Ministério da Marinha no Rio de Janeiro; a CISA, alojada na Base Aérea do Galeão, no Rio de Janeiro; o DOPS/São Paulo.

Paralelamente à estrutura oficial de tortura e de morte, havia centros secundários desse sistema, hoje conhecidos pelos registros oficiais de interrogatórios de presos: a antiga Escola de Veterinária do Exército, em Curitiba, o Quartel do Barbalho, em Salvador; o Pelotão de Investigações Criminais do Exército, principal centro de torturas de Brasília; o 10º Batalhão de Caçadores em Goiânia; o Quartel da Polícia do Exército na Vila Militar do Rio de Janeiro, a Delegacia Policial de Invernada de Olaria, no Rio de Janeiro e a Casa de Detenção de Recife (Secretaria de Direitos Humanos da Presidência da República, 2010, p. 109-110).

À parte da estrutura oficial da rede montada para torturar e matar, havia uma estrutura clandestina, provavelmente utilizada para facilitar a eliminação dos militantes e o ocultamento dos corpos. Esta rede estava ligada aos centros oficiais e servia-lhes de apoio. Entre os locais clandestinos que se entrelaçaram nesta trama, a Casa de Petrópolis, também conhecida como Casa da Morte, poderia ser considerada paradigmática, bem como a Fazenda 31 de Março em São Paulo e a Casa de São Conrado, no Rio de Janeiro. Além destes, o livro *Habeas corpus* enumera outros nove locais de prática clandestina da tortura, e onde parte dos desaparecidos políticos provavelmente foi exterminada.

Antígona, onde estão seus irmãos?

A referência à Antígona recupera do texto trágico de Sófocles uma das mais desconcertantes histórias de amor e de ódio entre irmãos. Antígona, filha de Édipo, enfrentou Creonte, rei de Tebas, dando sepultura a seu irmão Polinices. Etéocles e Polinices, seus dois irmãos, haviam lutado em posições adversárias, na guerra dos Sete Chefes contra Tebas, e, iguais em destreza e coragem, mataram-se mutuamente. O rei de Tebas organizou a cerimônia fúnebre de Etéocles, que lutara a seu favor, e proibiu o sepultamento de Polinices, seu adversário.

Desafiando a proibição real, Antígona decidiu sepultar o irmão, cumprindo o sagrado dever de dar sepultura aos mortos. Este desafio e insubmissão ao soberano impôs-lhe trágico e paradoxal destino: ao contrário do irmão, a quem fora negado o sepultamento, foi enterrada viva em uma gruta de pedra nas montanhas.

Confinada neste lugar opaco e indeterminado entre a vida e a morte, Antígona sucumbiria, sem qualquer possibilidade de sobreviver. A sentença de Creonte antecipa um destino trágico que os tiranos e ditadores de civilizações posteriores passaram a exercer: a negação da sepultura aos que manda matar, criando a figura contemporânea do desaparecimento forçado por motivação política.

Lacan oferece uma leitura de Antígona que torna possível múltipla abrangência. Ao contestar o rei tebano, que estabeleceu a lei e a identificou com os decretos dos deuses, Antígona, pelos laços de sangue, opõe-se ao mandamento de Creonte: reivindica para si o que quis fazer e diz que, como a lei dos deuses não está escrita, ela pode também tomá-la para si.

"Quando ela se justifica perante Creonte sobre o que fez [...] diz: Pois de nenhuma maneira Zeus proclamou isso para mim; não é Zeus quem te dá o direito de fazer, de dizer isso" (Lacan, 2008, p. 328).

Apesar da contestação, é derrotada e encaminhada para um local em que estará suspensa entre a vida e a morte, e este é o suplício que lhe é destinado. Sem estar morta, já está riscada do mundo dos vivos, e durante longo tempo vai queixar-se de partir sem tumba, ainda que trancada numa tumba, sem morada e sem amigo que chore por ela.

Mas, diz Lacan,

> [...] as coisas poderiam ter tido um término se o corpo social tivesse aceitado perdoar, esquecer, e cobrir tudo com honras funerárias. É na medida em que a comunidade se recusa a isso que Antígona deve fazer o sacrifício de seu ser para a manutenção desse ser essencial [...] familiar, motivo, e eixo verdadeiro, em torno do qual gira toda essa tragédia (Lacan, 2008, p. 334).

A interpretação de Lacan enlaça ao destino de Antígona a comunidade que foi surda ou indiferente ou imobilizada frente ao castigo que ela iria sofrer, um suplício paradoxal, pois ainda viva poderia ter sido escutada. Mas a surdez do rei e a surdez do *corpo social* que poderia apoiá-la na sua queixa acabaram por determinar sua extrema dor e o suplício de seu desaparecimento em vida.

O desaparecimento forçado já fora exercido na Segunda Guerra Mundial quando o Programa *Nacht und Nebel* – Noite e Neblina – foi concebido para fazer sumir os corpos dos opositores sem deixar rastro. Esta prática passou a ser exercida com desenvoltura na guerra da Argélia e posteriormente nas ditaduras latino-americanas, Brasil, Argentina, Uruguai, Paraguai e Chile.

> *Desaparecido é aquela vítima para a qual permanece a ocultação do destino ou paradeiro, ou seja, quando não se divulgou ou identificou os restos mortais, ou não se encontrou a pessoa viva*

(Declaração Sobre a Proteção de Todas as Pessoas Contra os Desparecimentos Forçados, promulgada pela Assembleia Geral da ONU em 18 de fevereiro de 1992).

No Brasil, os defensores da ditadura civil-militar mantêm os corpos dos desaparecidos ocultados. A materialidade de suas mortes permanece inacessível. Suas vidas e mortes permanecem suspensas, ao mesmo tempo em espaço indeterminado, envoltas em opacidade, sem contorno e sem lugar. Por que no Brasil os desaparecidos ainda continuam nesta zona indeterminada entre a vida e a morte?

Se estão vivos, onde estão?

Se estão mortos, quem os matou?

Em 2007, o livro sobre mortos e desaparecidos *Direito à Memória e à Verdade*, publicado pela Secretaria Especial dos Diretos Humanos, informa que, no final de 2006, a CEMDP concluíra a análise, investigação e julgamento de casos de mortos e desaparecidos, com a Lei 9.140/95 e seu anexo. A busca, durante quase quarenta anos, pelo esclarecimento dos casos de morte, das circunstâncias em que ocorreram são a evidência de que as mortes ocorreram por tortura ou em decorrência da tortura.

Em 2010, com o esclarecimento dos casos que no Brasil enquadram-se na definição da Convenção da ONU acima expressa, o livro *Habeas corpus* diz que "[...] os corpos de um número incerto de brasileiros – provavelmente entre 150 e 180 – que se opuseram e foram mortos pelo regime civil-militar não foram devolvidos às suas famílias até o final de 2010" (Secretaria de Direitos Humanos da Presidência da República, 2010, p. 178).

Muitos corpos ainda estão desaparecidos, e a busca pelo esclarecimento foi dificultada, não só com a descoberta da ramificação clandestina de apoio à rede oficial para a tortura, como com a descoberta de que há vários cemitérios, espalhados por todo o país, nos quais provavelmente podem estar enterrados corpos dos desaparecidos.

Sob o título "Cemitérios e valas clandestinas", a equipe do livro *Habeas corpus* relata pormenorizadamente informações, algumas já devidamente comprovadas, da existência de ossadas, dentre as quais estariam os restos mortais de vários militantes políticos presos durante a ditadura civil-militar e cujo paradeiro até hoje era considerado desconhecido. "O uso do cemitério de Perus, para esconder os corpos dos opositores eliminados e a existência da vala, já eram de conhecimento da Comissão de Familiares de Presos Políticos desde 1978" (Secretaria de Direitos Humanos da Presidência da República, 2010, p. 124).

A descoberta posterior foi a existência da criação de valas clandestinas como um procedimento para esconder os corpos dos militantes entre ossadas anônimas, prática exercida em outros cemitérios de São Paulo, como o Cemitério de Vila Formosa, também identificado como local que recebeu corpos de opositores, enterrados em sacos plásticos e de forma camuflada na gigantesca área que ocupa 763 mil metros quadrados na Região Leste de São Paulo; além desses, há mais três cemitérios que receberam corpos para serem enterrados anonimamente em São Paulo.

Igualmente, há seis cemitérios no Rio de Janeiro, três em Pernambuco, um no Paraná, quatro localizados em áreas do estado de Goiás, hoje estado de Tocantins e um em Minas Gerais, cujas investigações feitas ao longo dos anos indicam a ocorrência da mesma prática e a existência de valas clandestinas.

Ao lado desses vinte cemitérios, resta o céu como testemunha dos corpos jogados ao mar ou nos rios que banham nosso imenso país, ou, provavelmente, queimados na serra das Andorinhas, na região do Araguaia, que foi palco do enfrentamento dos militantes mortos no Araguaia até hoje desaparecidos. A principal dificuldade em relação à localização dos corpos dos militantes que combateram no Araguaia deve-se à "Operação Limpeza" que, hoje se sabe, foi executada com maestria nesta região, cumprindo à risca, entre outros, os ensinamentos do general Aussaresses que no Brasil ministrou cursos de capacitação e de treinamento, na região amazônica.

Os trabalhos para localização dos corpos dos militantes políticos desaparecidos permanecem como uma decisão de governo e foi implantada, em 2006, pela CEMDP vinculada à Secretaria Especial de Direitos Humanos, a proposta de criação de um banco de DNA, com perfis genéticos que possibilitem a comprovação científica de restos mortais ou de ossadas localizadas.

A principal continuidade destes procedimentos de resgate da memória, da verdade com vistas à Justiça, é a instalação da "Comissão Nacional da Verdade" encaminhada durante a gestão do ministro Paulo Vannuchi, da Secretaria de Direitos Humanos e que, desde maio de 2010, iniciou sua tramitação como Projeto de Lei de nº 7.376/2010 no Congresso Nacional.

No dia 18 de novembro de 2011, a Presidenta da República Dilma Rousseff sancionou a Lei nº 12.528, que cria a *Comissão Nacional da Verdade no âmbito da Casa Civil da Presidência da República.* A Lei é composta de treze artigos e, no seu artigo 1º, estabelece sua finalidade: examinar e esclarecer as graves violações de direitos humanos praticadas entre 1946 e 1988 a fim de efetivar o direito à memória e à verdade histórica e promover a reconciliação nacional.

Entre seus sete objetivos, estão:

- esclarecer os fatos e as circunstâncias dos casos de graves violações de direitos humanos entre 1946 e 1988;
- promover o esclarecimento circunstanciado dos casos de tortura, mortes, desaparecimentos forçados, ocultação de cadáveres e sua autoria, ainda que ocorridos no exterior;
- identificar e tornar públicos as estruturas, os locais, as instituições e as circunstâncias relacionados à prática de violação de direitos humanos – entre 1946/1988 – e suas eventuais ramificações nos diversos aparelhos estatais e na sociedade;

- encaminhar aos órgãos públicos competentes toda e qualquer informação obtida que possa auxiliar na localização de corpos e restos mortais de desaparecidos políticos;
- colaborar com todas as instâncias do poder público para a apuração de violação de direitos humanos;
- recomendar a adoção de medidas e políticas públicas para prevenir violação de direitos humanos, assegurar sua não repetição e promover a efetiva reconciliação nacional;
- promover, com base nos informes obtidos, a reconstrução da história dos casos de graves violações de direitos humanos, bem como colaborar para que seja prestada assistência às vítimas de tais violações.

A Lei estabelece que os sete integrantes da Comissão da Verdade (CV) serão designados pela Presidenta da República para mandato até o término dos trabalhos da Comissão Nacional da Verdade, com prazo de dois anos, contados após a data de instalação da CV, conforme estabelecido no artigo 11 desta Lei.

Vários juízes e uma sentença

Apesar de a estrutura oficial e oficiosa para torturar, matar e fazer desaparecer os corpos ser uma evidência, o julgamento dos que torturaram, dos que mataram e provavelmente fizeram desaparecer os corpos dos opositores da ditadura, dos que deram as ordens, dos que as executaram e dos que presenciaram sua execução, continua, para os juízes responsáveis pelas decisões máximas dentro da estrutura jurídica em nosso país, um assunto anistiado, frente ao qual não cabe nenhuma arguição de inconstitucionalidade.

A decisão proclamada no início de 2010 pelo Supremo Tribunal Federal (STF) mereceu veemente repúdio durante o Seminário Nacional Sobre Tortura, organizado pela Secretaria de Direitos Humanos – por meio da Coordenação Geral de Combate à Tortura, em parceria com a UnB – e realizado no *campus* Darcy Ribeiro da Universidade de Brasília. Todos os expositores, coordenadores das mesas de trabalho e os presentes ao seminário manifestaram-se contra a decisão do STF, entre estes o ministro Paulo Vannuchi e o reitor da Universidade de Brasília, José Geraldo de Souza Junior. Fábio Konder Comparato, durante o Seminário, apresentou o texto "A tortura no direito internacional", e considera que a decisão tomada pelo STF foi uma aberração jurídica.

> Fica patente que a decisão tomada pelo nosso Supremo Tribunal Federal ao julgar a arguição de descumprimento de preceito fundamental nº 153, de que a Lei de Anistia de 1979 desconstituiu os crimes abjetos, notadamente o crime de tortura, praticado pelos agentes públicos do regime militar contra opositores políticos, infringiu descaradamente o sistema internacional de Direitos Humanos. Essa

aberração jurídica não é suscetível de perdão no tribunal da consciência[22].

Marcelo Viñar, que foi presidente da Associação Psicanalítica do Uruguai (APU), é um dos pensadores que escreve permanentemente sobre a violência, o terror, o exílio e a tortura. Em "Reflexiones sobre la tortura", diz:

> Ao longo da história da humanidade, a tortura aparece nos mais diversos discursos: políticos, religiosos, ideológicos. Mas constitui um erro fazer da tortura um objeto de estudo, isolado do contexto político, econômico e social no qual ela é exercida. Sua forma e significado atuais estão diretamente ligados às formas contemporâneas do poder que a utiliza. A partir dos anos 1960, a América Latina conheceu uma série de regimes de exceção que se afastaram progressivamente das formas clássicas das ditaduras autóctones. Esses regimes se caracterizaram pelo aspecto altamente racional, não só da repressão – para a qual o lugar central ocupado pelas Forças Armadas comprova seu papel fundamental – como também da organização política e social. A tortura constituiu um elemento essencial no sistema de governo dessas ditaduras: foi um meio privilegiado para a manutenção do

22 As palestras deste Seminário foram publicadas em DVD e no livro *Tortura*, da Secretaria dos Direitos Humanos SDH. O DVD com a íntegra das falas dos expositores e o livro *Tortura* são distribuídos gratuitamente pela SDH e podem ser acessados também pelo site www.direitoshumanos.gov.br.

> poder. Nestes últimos anos, a investigação histórica mostrou o caráter planificado da repressão política e social na América Latina, a partir da política surgida no pós-guerra, chamada Doutrina de Segurança Nacional. De acordo com essa doutrina, a ameaça a uma nação – cuja forma clássica é o inimigo externo – passou também a despontar no interior da mesma e, frente a ela, a resposta é idêntica: a guerra (Viñar e Viñar, 1993, p. 99).

Ao incluir testemunhos dos militantes políticos brasileiros, diretamente atingidos pelo Estado de Exceção que vigorou no Brasil, escolho sustentar a memória do nosso passado recente, por meio desses testemunhos nos quais a tortura foi *peça chave* e prática permanente, autorizada pelo Estado.

Embora a tortura não figure entre os Atos Institucionais e nos Decretos-Lei expedidos durante o Estado de Exceção, manteve-se como uma *peça de resistência* dos ditadores. Ilegítima e ilegal, foi um dos principais instrumentos utilizados pela ditadura civil-militar e seus apoiadores.

O testemunho de um acontecimento produzido pelo Estado torna-se um legado social; ao acolhê-lo, reconhecemos seu pertencimento ao campo da memória coletiva. O Estado não representa igualmente todos e nem representa todos igualmente, existem correlações de forças permanentemente em disputa. A ditadura civil-militar venceu, em parte, essa disputa entre os anos de1964 e 1985, impondo a exceção como regra e a crueldade como política.

Incorporou a Doutrina de Segurança Nacional, garantindo a seu favor o apoio dos poderes econômico, político, dos setores da Igreja e da imprensa que se aliaram aos ditadores. Encontrou um fiador implacável: os setores das Forças Armadas que não se envergonharam da desmedida prática de tortura e do assassinato dos brasileiros que chamaram de *inimigos internos*. E, até hoje, permanece o segredo dessas ações, ocorridas principalmente entre 1964 e1985, e de outras que não sabemos quais, porque há uma interdição da verdade.

Que cláusula irremovível impede a abertura destes segredos arquivados? Que atos foram cometidos que ainda possam ameaçar a conciliação entre brasileiros? Os que não querem a abertura temem revelar a desmesurada crueldade que exerceram contra os seus concidadãos?

Certamente temem, sim, e evitam, por todos os meios, reconhecer-se e serem reconhecidos nos atos humanos e demasiadamente humanos quc cometeram, e que se materializaram nos crimes de tortura, de assassinato e de ocultamento de cadáver.

Capítulo III
Tortura: referências históricas

A tortura no Brasil é um dos elos da cadeia que atravessa a história dos humanos, e os procedimentos mantidos durante a ditadura civil-militar credenciaram tragicamente o Brasil a figurar entre as nações que exerceram a tortura contra opositores políticos e que ainda a consideram um procedimento anistiado e justificado.

A proposta de reunir, neste capítulo, referências da história da tortura tem como objetivo explicitar seu pertencimento à espécie humana independentemente do tempo e das circunstâncias sociopolíticas dos países nos quais ocorreram. Não pretendo, e nem poderia, abarcar a vastidão de uma prática que atravessa a cultura, o tempo, e que não tem encontrado limite intransponível.

As referências históricas são sinalizadores, vestígios e cicatrizes da destrutividade e da crueldade constituinte das relações entre os homens.

Os intervalos entre elas são permeados por tentativas humanitárias e agregadoras, em direção à vida, que não foram e continuam a não ser suficientes para vencer a poderosa e implacável força desagregadora, de impulsos humanos de agressão e de autoaniquilação, que Freud nomeou como *pulsão de morte*.

> Parece-me que a questão decisiva da espécie humana é a de saber se, e em que medida, o seu desenvolvimento cultural será bem-sucedido em dominar o obstáculo à convivência representado pelos impulsos humanos de agressão e de autoaniquilação. Quanto a isso, talvez precisamente a época atual mereça um interesse especial. Os seres humanos conseguiram levar tão longe a dominação das forças da natureza que seria fácil, com o auxílio delas, exterminarem-se mutuamente até o último homem. Eles sabem disso; daí boa parte de sua inquietação atual, de sua infelicidade, de sua disposição angustiada. E cabe agora esperar que o outro dos dois "poderes celestes", o eterno Eros, faça um esforço para se impor na luta contra o seu adversário igualmente imortal.
> Mas quem pode prever o desfecho? (Freud, 2010, p. 184).

Edward Peters, que escreveu em 1985 a *História da Tortura*, realizou um trabalho de pesquisa acessando não só estudos, documentos e livros sobre história e aspectos jurídicos da tortura, mas também documentos da Anistia Internacional e do Centro Internacional de Reabilitação e Investigação para Vítimas de Tortura em Copenhague, integrando ao seu trabalho referência ao aspecto psicossomático da tortura e comprovando sua preocupação quanto à abordagem terapêutica e ética.

Seu livro é dedicado *aos seres humanos que trabalham no Centro de Reabilitação de Vítimas de Tortura em Copenhague e também aos que foram atendidos pelo Centro*. No final do livro, diz que apesar do esforço de instituições como a Cruz Vermelha da Suécia em instalar em 1984 novo centro de reabilitação para vítimas da tortura, seguindo o modelo da Dinamarca, nesse mesmo ano, a ONU declarava que metade das nações que a integravam fazia uso sistemático da tortura.

Peters revela ou confirma, na prática, a teoria psicanalítica de que o esforço agregador é permanentemente confrontado pela sua dissolução, e diz também que

> [...] a capacidade por parte dos seres humanos de infligirem sofrimento a outros seres humanos, em nome da lei, do Estado, ou simplesmente por satisfação pessoal, é algo tão generalizado e persistente que escolher um dos aspectos para discussão pode parecer injusto ou pretensioso (Peters, 1985, p. 10-11).

Uma das questões recorrentes em vários períodos da história da tortura é tentar compreender por que a investigação de uma verdade usa a tortura como recurso para alcançá-la.

Na antiguidade a tortura foi amplamente utilizada como pena corporal para causar dor e sofrimento com o objetivo de extrair a confissão do suposto criminoso.

Hammurabi, rei da Babilônia no século XVIII a.C., no final do seu reinado mandou esculpir em pedra um código com 282 cláusulas, dispostas em 21 colunas, incorporando as leis criminais da lei de talião, que previa a pena de morte ou a mutilação, infligida de acordo com a natureza da ofensa. O Código de Hammurabi é considerado um dos mais antigos marcos para a ciência jurídica, pelo conjunto dos dispositivos penais e civis que enumera em relação à família, ao comércio, ao trabalho e à propriedade. Sobre a família, dispõe sobre as relações que incluem o incesto, adoção, separação, pátrio poder, adultério, entre outras[1].

No Egito, as ofensas à religião e ao Faraó levavam à morte, em geral, a partir de suplícios ao ofensor, que se estendiam aos seus pais, filhos e irmãos. As penas aplicadas conforme o delito incluíam mutilação, amputação das mãos, da língua ou do nariz, e a castração para os casos de estupro, entre outras modalidades. A punição com a morte variava entre a crucifixão, a decapitação e a morte por forca.

> Embora muitas sociedades antigas experimentassem a transição de sistemas jurídicos primitivos domésticos para sistemas sofisticados e públicos, nem todas chegaram a utilizar a tortura de um modo tão distinto quanto os egípcios,

---

[1] Sobre o incesto, um dos dispositivos diz o seguinte: "*Se alguém, na ausência do seu pai, é surpreendido com a sua mulher principal, a qual lhe deu filhos, deverá ser expulso da casa de seu pai*". http://www.dhnet.org.br/direitos/anthist/hamurabi.htm

> os persas, os gregos e os romanos. Algumas sociedades, especialmente a babilônica, a hindu e a hebraica, parecem ter desenvolvido um sistema de ordálios que nunca deu ocasião a que a tortura fosse introduzida. Estes ordálios consistiam em provas físicas a que se sujeitava uma das partes litigantes, partindo-se do princípio de que o êxito ou insucesso dependiam da intervenção divina (Peters, 1985, p. 11).

As práticas de tortura na Pérsia e na China eram crudelíssimas e usavam procedimentos que atraíam insetos sobre o corpo dos condenados. A variedade de práticas era ilimitada e a crueldade, sem qualquer constrangimento, aplicada publicamente.

Os relatos de tortura entre os gregos e os romanos são numerosos, supõe-se que os gregos devem seus métodos de tortura aos egípcios e aos persas, e parte de seu direito parece ter realmente influenciado o de Roma e o direito de Roma influenciado o da Europa medieval e do início da época moderna.

Entre os gregos, os homens livres não eram torturados, mas os escravos e os estrangeiros, sim. Conforme Pietro Verri (2000):

> [...] entre os gregos, assim como os romanos, desconhecia-se o uso da tortura contra os homens. Não falo dos escravos, que, no sistema deles, não eram considerados

> pessoas, mas apenas coisa, de modo que eram vendidos, mortos, mutilados, com o mesmo poder e liberdade com que se age no caso de um jumento, sem que as leis limitassem o poder sobre eles. A tortura era empregada contra os servos, ou seja, os escravos, mas não contra os cidadãos e os homens (p. 103).

A distinção entre a permissão da tortura do escravo e a não aplicação aos cidadãos dá início, de acordo com Peters (1985, p. 16), "[...] a uma transição de um sistema legal arcaico e comunal para um sistema complexo, em que o problema da evidência e a distinção entre o homem livre e o escravo são notáveis". Coube aos dramaturgos e oradores registrar casos de tortura de escravos, que às vezes eram torturados no lugar de seu dono que, acusado, oferecia o escravo para provar sua inocência.

Os romanos introduziram várias práticas de tortura com o objetivo de extrair confissões, e seu elenco incluía fogo, água, animais e insetos. Inicialmente, a tortura restringia-se aos escravos, mas, a partir do século II d.C., passou também a ser aplicada aos suspeitos de conspiração e de traição aos imperadores romanos que mantiveram castigos cruéis e desmesurados.

Por outro lado, os romanos produziram um conjunto de documentos e códigos, entre eles seu primeiro código escrito. Estabeleceram igualmente a distinção entre os delitos privados de interesse particular e os delitos públicos de importância para o Estado (Burihan, 2008, p. 15)[2]. Em decorrência dessa distinção, passou a haver dois tipos de processo, o processo penal público, destinado à apuração de crimes públicos, e o processo penal privado, para a apuração de crimes privados.

As modalidades de tortura e de castigo corporais entre os gregos e romanos consolidaram as bases para que estes procedimentos fossem ora incorporados, ora aperfeiçoados; muitos se mantiveram por vários séculos e seus vestígios ainda são presentes. O castigo com varas, o chicoteamento, o açoitamento com correntes; as penas capitais por decapitação, envenenamento, crucifixão, morte a pauladas, estrangulamento, apedrejamento, lançamento de precipício e o enterramento com vida passaram à história como procedimentos de tortura e de morte, alguns instruídos por procedimentos *legalizados*, outros por legislações de exceção e/ou assistidos por tribunais e publicamente aplicados.

Nos séculos II e III, o significado da tortura foi descrito por Ulpiano – reconhecido jurista do século III – como um procedimento violento, que implicava o sofrimento do corpo com o objetivo de se descobrir a verdade. É a dimensão pública da tortura que a distingue de outro tipo de brutalidade. A tortura é, portanto, algo que uma autoridade pública leva a cabo ou perdoa.

2 Eduardo Arantes Burihan é advogado criminalista e mestre em Direito Penal pela PUC/SP.

Peters relaciona a concepção de diferentes juristas que, em séculos posteriores, explicitaram concepções semelhantes à de Ulpiano, e a compreensão que prevaleceu é a que considera a tortura um suplício que se impõe para buscar uma verdade, ou para esclarecer um crime, "[...] legitimamente ordenada por um juiz" (Peters, 1985, p. 7).

Ofensas a Deus

Durante a Idade Média, entre os séculos V e XV, no que se refere mais diretamente à tortura, o papel desempenhado pela Igreja Católica deixou uma das páginas mais cruéis de que se tem conhecimento. Com o fortalecimento do cristianismo dentro do Império Romano, a religião católica tornou-se a religião oficial do Estado. Os movimentos de dissidência dentro da Igreja cresceram e a Doutrina que fora imposta exigia aceitação sem questionamento.

A intolerância em relação aos infiéis levou a Igreja a organizar uma caça aos hereges e dissidentes, com a criação do Tribunal do Santo Ofício da Inquisição que uniu fortemente os dois poderes, o da Igreja e o do rei, estabelecendo uma política "[...] baseada na ideia das duas espadas, a da Igreja e a do rei, ambas delegadas por Deus para o exercício da autoridade nas duas esferas, espiritual e temporal, com supremacia da primeira" (Burihan, 2008, p. 21).

A Igreja admite o uso da tortura e a afirmação de Tomás de Aquino, no final do século XIII, de que *não havendo outro recurso para se apurar a verdade, é justa a aplicação da tortura mesmo sobre inocentes*, inaugura a adoção da tortura como prática sistemática, para manter a disciplina religiosa.

As heresias passaram a ser consideradas ofensas públicas, agravadas com a afirmação do Papa Inocêncio IV em 1252, na bula "Ad Extirpanda", de que "[...] os hereges eram ladrões e assassinos de almas e apóstatas dos sacramentos de Deus e da fé cristã" (Peters, 1985, p. 80), e por isso deviam ser tratados exatamente como os ladrões e assassinos, permitindo o uso da tortura no processo de interrogatório dos acusados de heresia.

O mesmo decreto determinava o confisco dos bens dos réus, destinando parte dos recursos aos Estados, responsáveis pela execução das sentenças. Estabelecia-se assim uma aliança entre poderes, a Igreja e o Estado, na perseguição religiosa que levou à prisão e à morte milhares de pessoas sob a acusação de heresia, seja por professarem outra fé, por praticarem atos considerados feitiçaria ou bruxaria ou apenas por deterem conhecimentos incompatíveis com a doutrina da Igreja.

Embora Inocêncio IV autorizasse a tortura dos hereges, não permitia que os próprios clérigos a infligissem. Os primeiros inquisidores, que não eram especialistas em processo jurídico, introduziram vários procedimentos com o objetivo de conseguir, a qualquer custo, a confissão dos acusados, por se tratar a heresia um "crime do espírito".

Restringiam o recurso do réu a um advogado de defesa; aceitavam testemunhas que, nos tribunais seculares, seriam impedidas de testemunhar por interesses prévios na condenação do réu, caracterizando impedimento, e estabeleceram uma política de enganar os acusados de heresia, introduzindo espiões nas celas; até mesmo podiam mentir aos supostos hereges, prometendo-lhes impunidade caso confessassem.

Até o século XII o sistema penal canônico adotado era o acusatório, cabendo ao acusador apresentar, aos bispos, as acusações por escrito. A partir do século XIII, passou a vigorar o sistema inquisitivo, e a publicidade do processo foi abolida; os depoimentos e testemunhos eram tomados em segredo, e todo o interrogatório permeado pela tortura. O procedimento baseado em denúncia anônima permitia ao juiz colher em segredo as provas mais convenientes, complementadas com as confissões extraídas sob tortura.

Vale salientar que o termo inquisição sofreu variações na sua acepção:

> Até o século XVI, o termo inquisição servia para definir o inquérito judiciário conduzido com rigor, para descobrir a verdade nos casos criminais. Entre os séculos XVI e XVII a noção é aplicada à prática da confissão; posteriormente a noção destaca-se do seu sentido original ficando exclusivamente vinculada à ideia de Tribunal do Santo Ofício, cuja conotação é de rigor e arbitrariedade na condução da investigação (Burihan, 2008, p. 24).

> A crescente tendência dos tribunais laicos e eclesiásticos dos séculos XIII e XIV para processarem não só hereges, mas também mágicos e, mais tarde, feiticeiros, deu origem a procedimentos semelhantes aos utilizados na inquirição de hereges. Na Alemanha no século XIV, a enorme perseguição movida aos judeus por crimes encobertos contra cristãos, especialmente em relação à Peste Negra de 1348, desempenhou o mesmo papel. Não era necessária uma aceitação formal e completa do processo canônico romano numa época em que tantas influências apontavam para a necessidade de confissão e de meios mais seguros e rápidos para a obter (Peters, 1985, p. 85).

Tortura na Inquisição: instituindo procedimentos

Os inquisidores torturavam tanto em nome de Deus quanto em nome do Estado. Não tinham limitações, nem terrenas e nem extraterrenas. Cumpriam o que lhes fora outorgado pelos representantes máximos do poder temporal, que se confundia com o poder divino, conforme estabelecido pela Igreja Católica, e uniram as *duas espadas*. Esta superposição dos poderes juntava, de uma só vez, o poder econômico, materializado na riqueza e nos bens materiais, principalmente constituídos pela terra e pelo que ela produzia; e o poder divino, que conferia a certeza das determinações e a impunidade da execução, pois os hereges professavam doutrina contrária ao que fora estabelecido pela Igreja Católica como princípio de fé.

Os recursos e instrumentos usados pelo interrogador tinham o propósito de provar as suas suspeitas em relação aos acusados, tanto em nome de Deus como no nome do Estado e, portanto, todos estes eram não apenas instrumentos de tortura, senão a antecâmara da condenação capital (Souza et al., 2010).

A confissão ou a *rainha das provas* exigia a tortura, a rainha dos suplícios. A lista dos instrumentos de tortura usados na Inquisição é uma lista macabra.

Destaco três destes procedimentos que deixaram suas matrizes incorporadas pelas câmaras de tortura ao longo da história, e que podem ser reconhecidos nas práticas da tortura durante a ditadura civil-militar no Brasil, nas práticas dos colonialistas franceses na Guerra da Argélia e, recentemente, na conduta do governo dos Estados Unidos após 11 de setembro de 2001, examinados neste capítulo.

Há condutas de tortura, de prática recente tanto no Brasil como nos Estados Unidos, que têm sua origem e/ou inspiração na tortura exercida pela Inquisição:

- a privação do sono, correspondente ao que na Inquisição foi chamado de *despertador*; e pode ser reconhecida na tortura da *geladeira*, aplicada no Brasil durante a ditadura civil-militar e nas práticas dos EUA nas suas bases militares;
- a cadeira do dragão, na qual o calor do fogo da *cadeira de inquisição* foi substituído pela eletricidade, prática

exercida, no Brasil, durante a ditadura civil-militar e referida pelos testemunhos de ex-presos;

- o suplício da água, hoje conhecido como afogamento simulado, chamado pelos norte-americanos de *water-boarding*, documentado e usado nas prisões no Iraque, no Afeganistão e em Guantânamo.

O *despertador* foi idealizado pelo italiano Ippolito Marsili, e deveria marcar uma mudança decisiva na história da tortura. Seria um sistema capaz de obter confissões, sem infligir crueldade ao corpo humano. Não se quebrava nenhuma vértebra, calcanhar ou junta da vítima. Consistia o aparelho em deixar o condenado acordado o maior espaço de tempo possível. Era também denominado "suplício do sono". O tormento do despertador, definido no início como tortura não cruel, durante a Inquisição teve muitas variações, até chegar a formas crudelíssimas, ultrapassando a concepção inicial.

A *cadeira de inquisição* era um instrumento essencial usado pelo inquisidor na Europa Central, especialmente em Nuremberg até 1846. O réu deveria sentar-se nu e com mínimo movimento, as agulhas penetravam no corpo. Em outras versões, a cadeira apresentava o assento de ferro com um espaço, em baixo, para se acender uma fogueira, e podia ser aquecido até ficar em brasas.

O *cavalete* era um procedimento onde o condenado era colocado deitado com as costas sobre o bloco de madeira

> com a borda cortante, as mãos fixadas em dois furos e os pés em anéis de ferro. Nesta posição era procedido o suplício da água. O torturador mantinha fechadas as narinas da vítima, introduzia na sua boca, por um funil, uma enorme quantidade de água (Fernandes, 2010).

A aliança entre a Igreja Católica e o Estado permitiu que os procedimentos da Inquisição ultrapassassem as fronteiras da Europa, e espalhassem-se por países inclusive da América do Sul, antigas colônias[3] da Espanha e de Portugal – países da Península Ibérica nos quais os procedimentos inquisitórios tiveram ampla atuação a partir de 1215.

Com o advento do Iluminismo no século XVIII, a prática da tortura foi criticada duramente, bem como questionada a legalidade e a legitimidade das provas obtidas sob tortura, para a instrução de processos penais judiciais. O século XVIII

---

[3] No Brasil a Inquisição nunca foi oficialmente instituída. A historiadora Neusa Fernandes, autora do livro *A Inquisição em Minas Gerais no Século XVIII*, diz que "*bispos, padres, párocos, todos eram vigias, todos delatavam. A pessoa era presa, o processo era aberto e ia para Lisboa*". O Tribunal da Inquisição funcionava aqui através de representantes locais, os 'comissários'. Eles contavam com a ajuda dos 'familiares', homens influentes que espionavam e faziam denúncias, e dos 'visitadores', funcionários do Santo Ofício que vinham da metrópole para acompanhar os processos de devassa. Estima-se que mais de mil pessoas tenham sido presas e levadas para os cárceres de Portugal e cerca de trinta condenadas à morte na fogueira. A maioria era formada por cristãos-novos, mas também havia acusados de feitiçaria, blasfêmia, bigamia, sodomia, concubinato e até frades apontados como fornicadores. Como o Santo Ofício sempre agiu no rastro dos homens de negócio, que rendia confiscos mais polpudos, a caçada pegou para valer no século XVIII com a descoberta do ouro em Minas Gerais" (Fernandes, 2010).

> [...] assistiu não só a uma torrente de literatura relativa à abolição da tortura, mas também a uma onda de legislação reformadora que levou amplamente a cabo este programa. [...] A abolição da tortura esteve sem dúvida ligada ao pensamento iluminista, pelo menos nos aspectos que insistiam na jurisprudência penal e um crescente sentimento moral de dignidade humana (Peters, 1985, p. 88-91).

Em meados do século XVIII a maioria dos Estados europeus iniciou um processo de abolição da tortura. Iniciado na Suécia entre 1722 e 1734, o movimento chegou à Prússia (1740), à Rússia (1766), à Noruega e Dinamarca (1771), à Áustria e Polônia (1776), à Toscana (1786), à França (1788) e à Lombardia (1789)[4].

A Revolução Francesa em 1789 promoveu significativo avanço no respeito à integridade física dos detidos, e, consequentemente, proibindo a tortura, e promoveu, igualmente, a expansão da proposta legal de abolição da tortura. Os direitos do homem, "[...] positivados a partir da Declaração dos Direitos do Homem e do Cidadão, em 1789, passaram a vigorar nas Constituições modernas de quase todos os países sob a forma de direitos e garantias individuais" (Burihan, 2008. p. 38).

Vera Vital Brasil, no texto para o livro *Tortura* da Secretaria de Direitos Humanos, aborda o percurso histórico da tortura, sistematizando contribuições de autores que consideram que

[4] A tortura somente será abolida em Portugal em 1826.

a proibição da tortura deve ser absoluta porque esta significa um ataque, um ultraje à dignidade humana.

> A proibição da tortura foi anterior às revoluções americana e francesa e foi como um divisor de águas, marcando a diferença de monarquias absolutas com os preceitos das revoluções e das ordenações jurídicas dos Estados modernos. A Declaração de Independência dos Estados Unidos foi um marco importante nesta definição: estabeleceu que cada ser humano é portador de direitos inalienáveis e que os governos são constituídos para garantir estes direitos. Naquele momento histórico, pela primeira vez, foi estabelecida a relação de sua proibição com o valor da dignidade humana. A tortura adquiriu status político (Vital Brasil, 2010, p. 262)[5].

A partir do século XIX, a definição estritamente jurídica da tortura incorporou aspectos subjetivos e psicológicos do sofrimento, e a atribuição de legalidade à prática da tortura foi finalmente deslocada para a questão essencial: a capacidade dos humanos de impor sofrimento a um outro ser humano, que em qualquer tempo é ilegítima.

---

[5] Vera Vital Brasil é psicóloga, membro da Equipe Clínico-Grupal do GTNM/RJ e colaboradora da Escola de Saúde Mental do Rio de Janeiro.

Três narrativas

Para relatar acontecimentos sobre a prática da tortura, elegi três momentos em que ela foi uma escolha do poder dominante para exercer sua força, para extrair confissões, para humilhar, para fazer prevalecer seu domínio, tentando destruir, por fora e por dentro, as vítimas de tortura.

Estes acontecimentos, embora não tenham sido exclusivos em suas épocas, podem ser considerados paradigmáticos em relação à prática da tortura como tentativa de extrair o máximo de informações e à prática do exercício ilimitado do poder sobre o corpo de um outro. Embora distantes na linha do tempo, são faces intercambiáveis da violência e expressão desnuda do que o homem é capaz de fazer com outro homem.

O precursor destes relatos refere-se ao acontecimento ocorrido na Europa, no século XVII, conhecido como o Processo dos Untores, que teve no iluminista italiano Pietro Verri, em 1770, seu principal analisador. A obra de Verri relata as torturas a Piazza e Mora, responsabilizados pela peste na cidade de Milão.

A violência, a maquinação para apontar culpados, a participação de autoridades da saúde para estabelecimento do *corpo de delito*, assim como o uso da mentira como pretensa verdade, revelam os inúteis e crudelíssimos procedimentos para explicar a transmissão da peste, de causas ainda obscuras nessa época.

O segundo período ocorre no século XX, sobre a barbárie perpetrada pelo regime nazista. O conceito de barbárie a que me refiro foi formulado por Jean-François Mattéi, que a definiu como

> [...] toda forma de esterilidade humana e de perda do sentido no campo da cultura, quer se trate de ética, de política, de arte, quer de educação. Para que haja barbárie, é preciso haver já uma civilização anterior. [...] A barbárie está estreitamente ligada à civilização, de que é a face negativa, assim como a queda está intimamente ligada à ascensão: só aquele que pode subir está em condições de cair (Mattéi, 2002, p. 13).

Os testemunhos de Primo Levi, sobrevivente do campo de extermínio de Auschwitz, na Polônia, e de Julius Fucik, preso na Tchecoslováquia, na prisão de Pankrac sob a Gestapo, e os casos das cobaias humanas usadas pelos cientistas alemães, constituem faces da crueldade ilimitada entre os humanos.

Como terceiro acontecimento, reporto-me à guerra de libertação da Argélia, entre 1954 e 1962. Prevalece a evidência de que os esforços das nações para condenar o nazismo não foram suficientes para impedir que outras nações fizessem sua própria incursão no campo da barbárie. A reverberação da tortura praticada pela França na Guerra da Argélia tornou-se uma escola para a prática da tortura em vários países da América Latina, a partir da década de 1960, e o Brasil foi um dos primeiros países latino-americanos a incorporar essas contribuições.

Primeira Narrativa: O Processo dos Untores – século XVII

Um acontecimento ocorrido no século XVII, em 1630, na Europa, recebeu dos iluministas italianos uma atenção especial, tornou-se um marco para o estudo da tortura, e ficou conhecido como o Processo dos Untores.

O analisador deste episódio é Pietro Verri, que nasceu e viveu em Milão entre 1728 e 1797[6]. Em 1770, Verri escreveu a primeira redação das *Observações sobre a tortura*, publicada somente em 1804. Este trabalho sobre a tortura, pioneiro dentro do campo iluminista italiano, foi apoiado em diferentes fontes históricas, sobretudo nos trabalhos de Pierre de la Ramée e Juan Luis Vives, escritos 200 anos antes.

Observações sobre a tortura surgiu de sua indignação contra a tortura, no final do século XVIII, e é a reconstrução e análise de um processo criminal realizado em Milão no ano de 1630, o Processo dos Untores, que recebeu este nome "porque os réus eram acusados de untar as paredes da cidade, passando um óleo venenoso para espalhar a peste, que exterminava

6 Verri escreveu vários trabalhos, entre os quais *Meditações sobre a economia política* (1771); *Discurso sobre a felicidade* (1781), publicado anteriormente como *Meditações sobre a felicidade*; *História de Milão*, I volume (1783), e, em 1790, *Pensamentos sobre o estado político do ducado de Milão*.

grande parte da população milanesa, chegando a matar 800 pessoas por dia" (Dallari, 2000, p. XI).

O narrador desse episódio foi o monge Ripamonti, que descrevera em latim os acontecimentos que serviram de apoio à análise de Pietro Verri, cem anos depois, sobre fatos relativos à peste, que, em Milão, dizimou quase dois terços de seus habitantes. A peste e as versões sobre as causas de sua difusão impuseram a busca, a qualquer preço, dos hipotéticos responsáveis pela epidemia.

Com o descontrole devastador dos casos que se somavam,

> [...] todos os laços sociais se romperam, nada mais se encontrava a salvo; os *monati*, classe de homens designados para assistir os enfermos, invadiam as casas, violavam impunemente as filhas e esposas sob os olhos do pai ou marido agonizantes, obrigavam os parentes a pagar um resgate ao preço que quisessem; e os juízes, temendo pela própria vida, se recusavam a qualquer obrigação (Verri, 2000, p. 9).

Em 1630, Milão estava sob domínio espanhol. E soldados e mercenários de várias procedências circulavam por toda a Europa, vivendo sem os mais elementares cuidados de higiene.

O estopim dos acontecimentos teria sido a chegada de um despacho real da corte de Madri, assinado por Felipe IV, comunicando ao governador de Milão que

> [...] quatro homens tinham sido vistos em Madri, levando unguentos para provocar a peste naquela cidade real, os quais haviam fugido com os maléficos unguentos, não se sabendo para onde tinham ido, e por isso se informava ao governador para que este também velasse atentamente pela defesa da região de Milão (Verri, 2000, p. 9-11).

A população entrou em pânico, as mortes sucediam-se, abarrotando carroças nas quais cadáveres contaminados eram expostos em pilhas "[...] assim percorrendo as ruas da cidade apinhada, o que contribui para alastrá-la ainda mais" (Verri, 2000, p. 12). As discussões sobre a origem da peste frutificavam; uns diziam que ela começou com "[...] a passagem de um cometa; outros atribuem sua origem aos espíritos infernais, e havia quem dissesse ter visto um senhor chegar à praça do Duomo, num magnífico coche puxado por seis cavalos brancos e cercado por um numeroso cortejo" (Verri, 2000, p. 15).

O auge da propagação ocorreu a partir de uma procissão por todas as ruas da cidade de Milão, levando a população aglomerada e em cortejo para as preces dentro do Duomo. A partir daí, com o aumento avassalador do contágio, tornou-se uma obsessão encontrar um culpado.

De acordo com os documentos pesquisados, o testemunho de uma moradora da cidade foi determinante para os desdobramentos posteriores. Ela contou que, da janela de sua casa, viu um homem esfregando um papel com a palma da mão aberta no muro próximo a sua casa, o que foi comprovado pelas autoridades responsáveis para apurar a origem da peste.

A mesma moradora informou que o homem que esfregara o papel seria Guglielmo Piazza, comissário de saúde da cidade, que imediatamente passou a ser o principal suspeito pela disseminação do unguento venenoso nos muros de Milão. Preso, foi submetido a torturas atrozes e, após três dias negando o ato, passa a admitir que realmente havia passado um unguento pestilento fornecido pelo barbeiro local, Gian Giácomo Mora.

Na revista feita na casa do barbeiro, suspeito de ser cúmplice de Piazza, as autoridades encontraram no pátio em que brincavam seus filhos um caldeirão sem tampa, contendo uma mistura líquida, amarelada, uma barrela – água na qual se ferve cinza e usada para branquear roupa, em geral utilizada pelas lavadeiras para o trato de tecidos. As lavadeiras da cidade, incluindo a mulher do barbeiro, foram chamadas a opinar sobre a finalidade desse tipo de mistura, também conhecida como lixívia, e, face à divergência das informações, um corpo de médicos foi convocado para examinar o conteúdo suspeito.

Os médicos concluíram que aquela lixívia não era um simples composto para usar nos tecidos ou roupas, mas uma mistura que, exposta ao sol, poderia, após a sedimentação causada pela evaporação da água, ser maléfica, servindo ao barbeiro Mora como base para a manipulação do unguento venenoso. Frente ao veredicto que inventaram, a mistura do caldeirão passou a ser considerada o *corpo de delito*, expressão usada então pela primeira vez para qualificar esse tipo de achado.

Esse veredicto retirou dos cometas e cavaleiros fantasmas a culpa pela peste e ambos, Piazza e Mora, passaram a ser considerados cúmplices na confecção da mistura que propagava a peste pela cidade. As torturas que levaram o comissário de saúde Guglielmo Piazza a inventar o episódio que o ligava ao barbeiro foram crudelíssimas e em muitos momentos o comissário, conforme o processo, foi levado a suplicar que o matassem, pois não tinha o que dizer.

> O Senado foi informado do interrogatório feito e do resultado dos tormentos infligidos àquele infeliz e decretou que o presidente da saúde e o capitão de justiça, com assistência do fiscal Tornielli, deviam novamente supliciar Piazza, com rudes torturas, amarrado com corda de cânhamo, [...] raspando o dito Guglielmo e fazendo-o vestir roupas do tribunal, e fazendo-o ingerir [...] uma poção de purgante, e isso porque naqueles tempos acreditava-se que poderia existir um amuleto ou pacto com o demônio nos pelos e cabelos ou nas roupas ou, por deglutição, até nos intestinos, e que raspando, despindo e dando purgante à pessoa, tal pacto se desfaria. Em 1630 quase toda a Europa se encontrava envolta nessas trevas supersticiosas (Verri, 2000, p. 21-22).

A tortura com a corda de cânhamo desloca as mãos, que se dobram sobre os braços, enquanto o osso do ombro sai do lugar. Nesse estado o preso torturado era deixado dentro da prisão, até a próxima sessão de tortura. O barbeiro Mora, também preso e torturado cruelmente, terminou por inventar expedientes para produzir as poções venenosas que continham uma mistura de esterco humano com a água do caldeirão encontrado em sua casa, acrescentada de uma quantidade de pus, que o comissário de saúde lhe fornecia. A mistura, disse, era usada para empestear os muros das casas de Milão.

A farsa montada na busca da causa da peste e a concordância de Piazza e Mora na confecção do unguento fez com que as autoridades de Milão os levassem, junto a outros considerados eventuais responsáveis,

> [...] a serem conduzidos numa carroça, sofrendo as tenazes em várias partes do corpo; todos tiveram a mão decepada, depois, fraturados os ossos dos braços e das pernas, ficaram entrelaçados vivos sobre as rodas e lá ficaram por seis horas, ao cabo das quais foram finalmente decapitados pelo algoz, sendo depois queimados e suas cinzas lançadas ao rio (Verri, 2000, p. 71).

No local da casa destruída de Mora foi erguida a "Coluna Infame", em agosto de 1630, com uma inscrição relatando o histórico obtido pelos suplícios; para que se conservasse uma memória dos fatos e da qual os cidadãos deveriam se afastar para não se contaminarem. Piazza e Mora, conforme os documentos referidos, renegaram todas as acusações, declarando-se inocentes, e denunciaram as torturas a que foram submetidos.

A *tortura é eficaz?*

Frente à grotesca história sobre as causas da disseminação da peste, e fazendo referência aos processos "[...] contra feiticeiras acusadas de bruxaria e outros procedimentos semelhantes, que o tempo se encarregou de explicitar como fruto da ignorância e da estupidez", Verri pergunta já em 1770: – A tortura realmente é um meio para se conhecer a verdade?; – As leis e a prática penal consideram a tortura como um meio para obter a verdade? – A tortura é um meio lícito para descobrir a verdade?

Verri demonstra estar convencido de que os tormentos não são um meio para desvendar a verdade,

> [...] porque às vezes não resultam em nada, e outras vezes, resultam em mentiras [...] a tortura é um meio muito incerto e perigoso para buscar a verdade, pois muitos com a robustez e a paciência superam a tortura e não falam de maneira alguma e outros, não a suportando, preferem mil vezes mentir a resistir à dor (Verri, 2000, p. 91-93).

À pergunta se a tortura é lícita para descobrir a verdade, diz que o crime pode ser considerado certo ou considerado provável;

> [...] se é considerado certo, os tormentos são inúteis e a tortura é aplicada desnecessariamente; [...] se o crime, por outro lado, é considerado apenas provável, qualquer que seja o termo com que os doutores diferenciam o grau de probabilidade muito difícil de se medir, é evidente que será possível que o considerado culpado seja de fato inocente [...] portanto, o uso da tortura é intrinsecamente injusto e ela não poderia ser empregada mesmo que constituísse um meio para chegar à verdade (Verri, 2000, p. 96).

Concluindo seu livro, Verri diz aos defensores da tortura:

> [...] reflitam que os processos contra as feiticeiras e os magos, tal como a tortura, se apoiavam na autoridade de inúmeros autores que publicaram textos sobre a ciência diabólica, que a tradição dos mais venerandos homens e tribunais ensinava que as feiticeiras e os magos deviam ser condenados à fogueira, [...] e ficou demonstrado que não existem feiticeiras nem magos. [...] Parece-me impossível que o costume de torturar privadamente no cárcere para obter a verdade possa se sustentar por muito tempo [...] ela é intrinsecamente injusta! (Verri, 2000, p. 129-130).

Dalmo Dallari, no prefácio ao livro *Observações sobre a tortura*, conta que em 1770, cento e quarenta anos após o Processo dos Untores, a tortura continuava a ser legal no ducado da Lombardia, cuja capital era Milão. O relator da matéria, escolhido pelo Senado, foi Gabriele Verri, pai de Pietro e Alessandro Verri, tendo ele opinado contra a abolição da tortura, por entender conveniente sua manutenção legal. A maioria dos senadores acolheu o relatório e a tortura foi mantida como prática de punição-inquirição. Por esse motivo, diz Dallari, é que certamente

> Verri, ao não querer se opor publicamente contra o pai, teve seu trabalho publicado somente após sete anos de sua morte. Ao relatar o Processo dos Untores, embora ocorrido mais de cem anos antes, Pietro Verri o utilizava para fazer uma crítica indireta ao governo lombardo, apesar de ter em seu pai um conselheiro (Verri, 2000, p. XV).

Os conflitos de Verri com seu pai ultrapassam o campo das relações públicas e políticas e certamente fermentaram dentro do campo das relações edípicas entre os irmãos e o pai, que de alguma forma o paralisaram em relação à comunicação de seu parecer sobre os untores, que, na opinião de Dallari,

> [...] é expressão do pensamento iluminista italiano no campo jurídico, especialmente quanto à necessidade de esclarecimento dos juizes, para que não desempenhem

> suas funções com crueldade associada à tirania. Os juízes eram vinculados ao Senado e tendiam a agir sempre com mais rigor, ou para serem agradáveis aos detentores do poder político, ou por não existir uma clara definição de sua responsabilidade pelos excessos que cometessem, confundindo-se tudo como atos de governo (Dallari, 2000, p. XVIII).

Dallari pergunta-se que motivos teriam levado Verri a mergulhar em um processo criminal realizado em 1630 e a detalhar todos os procedimentos que o envolveram. O próprio Verri esclarece sua intenção:

> A cena é extremamente cruel, e meu punho a transcreve a duras penas; mas se o calafrio que sinto servir para poupar nem que seja apenas uma vítima, se se deixar de infligir uma única tortura graças ao horror que passo a expor, será bem empregado o doloroso sentimento que me toma, e essa esperança é minha recompensa (Dallari, 2000, p. X).

A escolha do texto de Verri para abrir as narrativas sobre a prática da tortura tem a intenção de trazer ao mesmo tempo contribuições do pensamento iluminista italiano, de crítica à tortura, e a convicção expressa pelo autor, já em 1770, sobre a ineficácia da tortura em qualquer circunstância. A análise de Verri o coloca no lugar de um narrador implicado com seu tempo e explicita seu pensamento sobre a necessidade de *abrir os arquivos* com o objetivo de convocar seus contemporâneos ao repúdio da tortura, propondo que prevalecesse o Progresso e a Razão, metas pelas quais lutava através da *Accademia dei Pugni* juntamente com seu irmão Alessandro e o amigo Cesare Becaria, entre outros iluministas italianos.

O texto de Verri dá a conhecer o resultado de relações de poder e do uso desmedido da destrutividade para impor uma verdade que interessava aos soberanos e donos do poder.

Ivete Keil[7], uma das organizadoras do livro *O corpo torturado*, no ensaio "Nas rodas do tempo", faz uma aproximação do texto de Verri com a tortura praticada durante as ditaduras latino-americanas no século XX, e diz que "[...] o rejunte dessas épocas são as relações de poder, o uso da tortura e a produção de um corpo: o corpo torturado" (Keil e Tiburi, 2004, p. 57). Durante a ditadura civil-militar no Brasil, tornou-se evidência que a prática da tortura exerceu ilimitadamente a crueldade, e que, sob os auspícios do Estado, o poder de intervir sobre os corpos foi exercido sem barreiras.

Nesse aspecto, confirma-se o que disse Foucault, que o corpo está mergulhado num campo político e que "[...] as relações de poder têm alcance imediato sobre ele; elas o investem, o marcam, o dirigem, o supliciam, sujeitam-no a trabalhos, obrigam-no a cerimônias, exigem-lhe sinais" (Foucault, 1977, p. 28).

---

7 Ivete Keil estudou antropologia na França onde concluiu seu doutorado; é professora da UNISINOS/Rio Grande do Sul.

Cesare Beccaria

Embora a obra de Verri seja expressão do iluminismo italiano e um libelo ímpar contra a tortura, sua divulgação ficou pouco conhecida na Itália pelo fato de, à mesma época, Cesare Beccaria conseguir repercussão em toda a Europa com seu trabalho *Dos delitos e das penas*, obscurecendo a pesquisa de Verri, apesar de serem ambos colegas de ideias e de agremiação.

A publicação isolada de Beccaria mereceu de Verri, que fez a revisão do texto juntamente com seu irmão Alessandro, dura crítica, "[...] por ter se distanciado dos amigos e fazer brilhar seu nome isoladamente" (Dallari, 2000, p. XXI).

O trabalho de Cesare Beccaria *Dos delitos e das penas*, publicado pela primeira vez em 1764, inscreve-se dentro do campo iluminista italiano e dá corpo às principais ideias então em debate. Explicita pontos de vista discutidos juntamente com Verri e seu irmão Alessandro dentro do grupo de intelectuais de Milão, da *Accademia dei pugni,* fundada por Verri, e que mantinha uma publicação, *Il Caffè*, divulgada a cada dez dias, e por dois anos consecutivos, entre 1764 e 1766. A proposta era de combater "[...] o atraso e a crueldade do sistema jurídico vigente, propondo mudanças substanciais, para que prevalecessem o Progresso e a Razão [...] uma luta contra os preconceitos e as superstições" (Dallari, 2000, p. XV).

"A obra de Beccaria pode ser considerada um ponto de referência para as elaborações que o mundo moderno considera, ao mesmo tempo, inevitáveis e problemáticas" (Ciampa, 2005, p. 26). Seu trabalho representou uma mudança de paradigma no ordenamento jurídico penal em vários países nos quais a tortura era institucionalizada como seu principal meio de castigar, punir e obter confissões.

Em relação à concepção de purgação, Beccaria introduz uma argumentação essencial que é a questão de se considerar se a luxação dos ossos e a dor podem purgar uma infâmia que é um ato moral.

> Será a infâmia um corpo misto impuro? [...] Esse uso parece derivar das ideias espirituais e religiosas que tanta influência exercem sobre os homens, sobre as nações e sobre os séculos. Um dogma infalível nos assegura que as nódoas contraídas pela fraqueza humana e que não mereceram a ira eterna do Ser Supremo serão purgadas por um fogo incompreensível. Ora, a infâmia é uma mácula civil, e se a dor e o fogo apagam as nódoas espirituais e incorpóreas, por que as dores da tortura não apagariam a mácula civil da infâmia? Creio que a confissão do réu, que alguns tribunais exigem como parte essencial à sua condenação, tenha uma origem semelhante, pois no misterioso tribunal da penitência, a confissão dos pecados é parte essencial do sacramento. [...] Porém, a infâmia é um sentimento que não está sujeito às leis nem à razão, mas à opinião comum. A própria tortura produz uma real infâmia nas suas vítimas. Assim sendo, com esse método se suprimirá a infâmia por meio da infâmia (Beccaria, 2005, p. 71).

O texto, minucioso em vários temas caros à jurisprudência, diz na Conclusão, item XLVII, que

> [...] mais fortes e sensíveis devem ser as impressões sobre os espíritos endurecidos de um povo apenas emergido do estado selvagem. Mas à medida que os espíritos se abrandam nos estados da sociedade, cresce a sensibilidade e, com ela, deve decrescer a força da pena, se houver que se manter constante a relação entre o objeto e a sensação; para que a pena não seja uma violência de um ou de muitos contra um cidadão privado, deve ser essencialmente pública, rápida, necessária, a mínima possível nas circunstâncias dadas, proporcional aos delitos e ditada pelas leis (Beccaria, 2005, p. 138-139).

Cento e cinquenta anos depois

Quando a Primeira Guerra Mundial terminou, em 1918, deixou 13 milhões de mortos, a devastação generalizada dos campos agrícolas e o patrimônio cultural destroçado. Face à fúria destruidora, mais uma vez os homens buscaram uma reparação para tentar fazer frente à destruição que eles mesmos provocaram. Organizaram conferências e pactos que de alguma forma pudessem cuidar dos mortos nos campos de combate e estabelecer imposições à Alemanha. Como resultado desse esforço, em 28 de junho de 1919 foi assinado, pelos 27 estados-nações vencedores, um tratado contendo 440 artigos que ficou conhecido como Tratado de Versalhes. Durante as negociações, foi aprovada a criação da *Liga das Nações*, com o objetivo de promoção da cooperação, da promoção da paz e segurança internacional, condenando as agressões externas contra a integridade territorial e independência política de seus membros.

Nessa época Freud, cujos filhos estiveram em campo de batalha, escreve um ensaio sobre a guerra, *Reflexões para os tempos de guerra e de morte*. Em 1915, meses após o início do conflito mundial, Freud ainda imaginava que a guerra se daria dentro de parâmetros compatíveis com o progresso da cultura, da ciência e o desenvolvimento do conhecimento alcançado pelos humanos. Tomando como referência as resoluções sobre a atenção aos feridos de guerra já elaboradas pelas Convenções de Genebra, entre outras, imaginou que algumas salvaguardas destas relações estariam preservadas.

Os feridos e as populações civis, especialmente mulheres e crianças, seriam atendidos segundo as regras humanitárias estabelecidas entre as nações, haveria completa imunidade aos feridos que tivessem que se retirar dos campos de batalha e as relações éticas seriam respeitadas. Suas hipóteses estavam provavelmente referidas aos gestos humanitários em relação às consequências das guerras, principalmente quanto ao cuidado com os feridos em combates.

Desde 1864, com a realização da primeira Convenção de Genebra, foram feitos esforços internacionais para evitar a matança que permeava os conflitos armados. A primeira das quatro Convenções de Genebra foi estimulada por Jean Henri Dunant frente ao horror que presenciou em 1859, na batalha franco-piemontesa de Solferino. O suíço Dunant era um homem de posses e de convicções humanitárias, e dedicou-se à organização de um serviço de primeiros socorros aos feridos na guerra, introduzindo o cuidado com os caídos em campo de batalha.

Sua proposta é relatada em um livro, em 1862, no qual sugere a criação de grupos nacionais de ajuda para apoiar os feridos em situações de guerra e a formação de uma organização internacional que permitisse melhorar as condições de vida e prestar auxílio às vítimas da guerra.

A campanha empreendida por Dunant resultou na fundação da Cruz Vermelha, sob o nome de *Comitê Internacional para ajuda aos militares feridos*, em 1863, e na realização, em 1864, da Primeira Convenção de Genebra. As Convenções de Genebra, em linhas gerais, definem os direitos e os deveres de pessoas, combatentes ou não, em tempo de guerra.

As duas primeiras convenções, aprovadas em 1864 e 1906, estipularam o tratamento médico sem discriminação a soldados feridos em combates terrestres e navais, determinando ainda que ambulâncias e hospitais devem ser protegidos de todo ato hostil. A primeira aplicação real desses tratados aconteceu durante a Primeira Guerra Mundial.

Apesar desses esforços para a pacificação e a melhor convivência entre os homens, Freud constatou sem ilusões que suas expectativas em relação aos seus concidadãos não se sustentavam, e a Primeira Grande Guerra que presenciara era tão sanguinária quanto outras guerras ocorridas em outros tempos, e mais destrutiva pela eficácia e aperfeiçoamento das armas de combate.

Em face à guerra que presenciara, Freud convenceu-se de que seus concidadãos não decaíram tanto quanto ele temia, porque na verdade nunca subiram tanto quanto ele imaginava, e consolidou a tese que concebera em 1913, no ensaio *Totem e tabu*, de que a herança filogenética, na sua vertente criminosa, impusera-se espetacularmente.

Mais de quinze anos depois, em 1932, Freud recebeu uma carta que o físico Albert Einstein, integrante do corpo científico da Liga das Nações, escrevera-lhe perguntando sobre as possibilidades de se evitar a destruição entre os homens, do ponto de vista das concepções da psicanálise, pois os cientistas de outros campos, tal como ele próprio, não conseguiam encontrar explicações frente à devastação provocada pela guerra (Freud, 1932, p. 241).

Freud responde a Einstein, em 1933, através do ensaio que ficou conhecido com o título *Por que a guerra?*. Nesse texto, reitera suas posições em relação à destrutividade entre os homens, dizendo a Einstein que

> [...] a crueldade que encontramos perpetradas ao longo da história de guerras e as manifestações de ódio e de maldade entre os homens, e que também encontramos no dia a dia das nossas vidas, atestam a existência de um desejo de

> agressão que merece com toda seriedade ser denominado pulsão de morte. O organismo preserva sua própria vida, destruindo uma vida alheia (Freud, 1932, p. 254).

Freud não presenciou o pior que viria a acontecer, menos de dez anos depois dessa conversa, com a catástrofe produzida pelos próprios humanos, descortinada durante a Segunda Guerra Mundial.

Segunda Narrativa: Segunda Guerra Mundial – vidas e corpos

A abolição da tortura imaginada pelos iluministas no século XVIII, o conjunto das Convenções de Genebra iniciadas em 1864, os instrumentos internacionais sobre o tratamento de prisioneiros de guerra, entre os quais o Tratado de 27 de julho de 1929[8], assinado por representantes de 48 países, tendo como primeira assinatura a do Presidente do Reich alemão, não foram suficientes para que a paz e os laços sociais agregadores se sustentassem. Otavio Ianni disse que

> [...] a Segunda Guerra Mundial foi um diabólico experimento universal através do qual a humanidade em geral e os países da Europa, e especialmente os que se consideravam

8 Convenção Relativa ao Tratamento dos Prisioneiros de Guerra de 27 de julho de 1929.

> mais avançados em termo de desenvolvimento artístico e filosófico, revelaram uma fragilidade impressionante. [...] A intolerância a certas ideias políticas, o assassinato massivo dos judeus, e é importantíssimo lembrar que muitos desses judeus eram politicamente organizados, politicamente independentes, muitos eram membros de organizações, de movimentos democráticos, liberais, socialistas, comunistas, anarquistas, revelam que matança dos judeus na Alemanha nazista não foi só um problema racial ou econômico, mas foi também um problema político (Ianni, 1986, p. 1).

A eclosão da Segunda Guerra Mundial mergulhou a espécie humana no campo do horror. A catástrofe, "virada para baixo", "desabamento", "desastre", é por definição um evento que provoca um trauma, e dizem Nestrovski e Seligmann-Silva que Freud,

> [...] ao estudar o caso dos soldados austríacos retornando da Primeira Guerra, atormentados por suas lembranças, mas incapazes de dizer uma palavra sobre o que viram, define o trauma como "uma experiência que traz à mente, num período curto de tempo, um aumento de estímulo grande demais para ser absorvido (Netrovski e Seligmann-Silva, 2000, p. 8)[9].

---

[9] Arthur Nestrovski é professor de Literatura na PUC/SP; Márcio Selligmann-Silva é doutor em Teoria Literária pela Universidade Livre de Berlim e professor de Teoria Literária da UNICAMP.

Embora não tenha como proposta, neste trabalho, a abordagem da tortura como experiência traumática e excessiva, a partir dos recursos que a clínica psicanalítica oferece, considero pertinente referir o interesse de psicanalistas neste campo, e apontar a colaboração decisiva de Freud em elaborar formulações que pudessem auxiliar na compreensão do sofrimento psíquico de indivíduos que viveram experiências traumáticas em decorrência da guerra.

As formulações de Freud sobre o trauma percorrem diferentes etapas e acepções desde seus primeiros trabalhos, em 1897; afirma a psicanalista Myriam Uchitel[10] (2001, p. 15) que "[...] a implosão da guerra e seus estragos trazem à tona a problemática das neuroses traumáticas, das neuroses de guerra, das neuroses de destino, dos sonhos traumáticos".

As contribuições da psicanálise no campo da atenção clínica aos que viveram experiências traumáticas, decorrentes da tortura, tem-se ampliado no Brasil. Paulo Endo[11], em "Elaboração Onírica e representação na literatura de testemunho pós-ditadura no Brasil", constrói uma abordagem referenciada aos sonhos traumáticos,

> [...] expressões dramáticas que produzem a experiência catastrófica, lá onde o indivíduo deveria encontrar

---

[10] Myriam Uchitel é psicanalista e professora do Departamento de Psicanálise do Instituto Sedes Sapientiae, em São Paulo.

[11] Paulo Endo é psicanalista e professor-doutor do Instituto de Psicologia da Universidade de São Paulo.

> guarida e apaziguamento: em seu sono. [...] A experiência catastrófica reencontraria então um acesso privilegiado à experiência psíquica, revelando a mesma força e o mesmo impacto presentes no instante da gênese do traumático, na ocasião do trauma. Assim, um elemento novo torna-se visível para Freud: a sobrevivência, no psiquismo, de um sofrimento psiquicamente insuportável, fisicamente insistente, mas que encontra um índice de permanência da experiência produzindo, *a posteriori*, o instante sempiterno, infinitamente revisitado pelos soldados que estiveram na guerra e ali viveram o horror, para depois voltar a vivê-lo em sonhos (Endo, 2010, p. 198-199).

A Primeira Guerra certamente atingiu Freud de frente, como cidadão, como pensador que viu colaboradores e discípulos convocados para os campos de batalha, e como pai de dois filhos, Martin e Ernst, que se apresentaram como voluntários aos campos de batalha e foram aceitos. Seu genro, Max Halberstadt, esteve em combate na França em 1916; ferido, foi reformado por invalidez.

Entre os colaboradores convocados durante a Primeira Guerra estava Sándor Ferenczi[12], que desempenhou um papel destacado em relação ao *traumático*. Paulo Endo diz que Ferenczi

[12] Sándor Ferenczi foi convocado como médico de guerra no exército húngaro.

> [...] nos legou a compreensão do traumático num sentido até então inédito na Psicanálise. A força do traumático se constitui pela intensidade exógena que o psiquismo tem de assimilar. Para o psiquismo, não há escolhas diante do traumático que se impõe, e essa imposição determina sua força e virulência. A intenção, a constância e a presença maciça do agente agressor contam justamente porque aparecem como intensidades e como tais conduzem a atividade psíquica ao paroxismo. Tal paroxismo não se evidencia como um colapso, uma paralisia ou uma fadiga, mas em formações psíquicas deformadas, irreconhecíveis e paradoxais (Endo, 2010, p. 201).

Freud não acompanhou os eventos da Segunda Guerra Mundial, mas suas hipóteses sobre a devastação psíquica e o excesso produzido pelo trauma se confirmaram ilimitadamente.

Vidas: Primo Levi e Julius Fucik

Uma das formas de aproximação com a experiência decorrente da guerra é possível por meio da literatura de testemunhos. Os sobreviventes do extermínio são os primeiros que tentaram dar nome ao que viveram e tentaram contar o que viram. Shoshana Feldmann diz que o testemunho

> [...] parece ser composto por pequenas partes da memória que foram oprimidas pelas ocorrências que não tinham assentado como compreensão ou lembrança, atos que não podem ser

> construídos como saber, nem assimilados à plena cognição, eventos em excesso em relação aos nossos quadros referenciais (Felman, 2000, p. 87).

Seligmann-Silva diz que o testemunho

> [...] coloca-se desde o início sob o signo da simultânea necessidade e impossibilidade. Testemunha-se um excesso de realidade e o próprio testemunho enquanto narração testemunha uma falta: a cisão entre a linguagem e o evento, a impossibilidade de recobrir o vivido com o verbal. (Seligmann-Silva, 2003, p. 46)

As imagens sobre a catástrofe que varreu a Europa em meados do século XX encontraram memória expressiva na literatura que descreve o que de pior houve nos campos e o que de mais pungente foi expresso pelos seus testemunhos. Escolhi fragmentos dos testemunhos de Levi e de Fucik para uma aproximação com a história dessas vidas.

Primo Levi é lembrado por três condições essenciais: foi um escritor, um cientista e um sobrevivente dos campos. Levi foi deportado para Auschwitz em 1944, e, dos 650 judeus deportados com ele, somente três sobreviveram até 1945, quando voltou à Itália. Na condição de sobrevivente dos campos, permaneceu mergulhado em um destino trágico, experimentado por tantos outros que puderam sobreviver. Sobre o sistema nazista diz:

> Não obstante o horror de Hiroshima e Nagasaki, a vergonha dos Gulags, a inútil e sangrenta campanha do Vietnã, o autogenocídio cambojano, os desaparecidos da Argentina e muitas guerras atrozes e estúpidas a que em seguida assistimos, o sistema concentracionário nazista permanece ainda um *unicum*, em termos quantitativos e qualitativos. Em nenhum outro tempo e lugar se assistiu a um fenômeno tão imprevisto e tão complexo, e com uma lúcida combinação de engenho tecnológico, de fanatismo e de crueldade (Levi, 2004, p. 17).

Levi foi preso em 13 de dezembro de 1943, aos 24 anos de idade. Sobre a viagem que o levou do campo de concentração de Fóssoli, perto de Módena, na Itália, até Auschwitz, na Polônia, descreve duas cenas que falam da vida na sua mais próxima relação com a morte.

Conta que chegou nesse campo em fins de janeiro de 1944 e, no dia 21 de fevereiro, receberam todos os que lá estavam ordem de se preparar para uma viagem de quinze dias. Só os iludidos e os ingênuos, diz, não conseguiram perceber o que era evidente: estavam nos mandando para a morte. Partir significava morrer. Cada um se despediu da vida, como lhe pareceu mais convincente. Uns rezaram, outros beberam,

> [...] outros mergulharam em nefanda, derradeira paixão. As mães, porém, ficaram acordadas para preparar com esmero as provisões para a viagem, deram banho nas crianças,

> arrumaram as malas, e, ao alvorecer, o arame farpado estava cheio de roupinhas penduradas para secar. Elas não esqueceram as fraldas, os brinquedos, os travesseiros, nem todas as pequenas coisas necessárias às crianças e que as mães conhecem tão bem. Será que vocês não fariam o mesmo? Se estivessem para ser mortos, amanhã, junto com seus filhos, será que hoje não lhes dariam de comer? (Levi, 1988, p. 13).

Conta também que, no barracão número seis, morava o velho Gatteno com toda a família e que eles eram alegres, tinham acordeão e violinos para tocar e dançar, quando possível, e, sobretudo, tinham fé. As mulheres da família foram as primeiras a ocupar-se dos preparativos para a viagem.

> Caladas e rápidas, para que não faltasse tempo para o luto, e quando tudo ficou pronto, assado o pão, amarradas as trouxas, então tiraram os sapatos, soltaram os cabelos, fincaram no chão as velas fúnebres e as acenderam, conforme o uso dos antepassados; sentaram-se em círculos para a lamentação, rezaram e choraram a noite inteira. Muitos de nós ficaram na frente daquela porta; desceu dentro de nossas almas, nova para nós, a dor antiga do povo sem terra, a dor sem esperança do êxodo, a cada século renovado (Levi, 1988, p. 14).

Desde que saiu do campo de extermínio, determinou-se a narrar o que presenciara e a sofrer novamente dores e perdas insuperáveis. A memória sobre sua passagem pelo campo está condensada em *É isto um homem?*, iniciado imediatamente após sair de Auschwitz, em 1945.

No prefácio, diz que seu livro não acrescenta muito ao que já é conhecido no mundo inteiro mas que, ao escrevê-lo,

> [...] poderá fornecer documentos para um sereno estudo de certos aspectos da alma humana. [...] A necessidade de contar aos outros, de tornar os outros participantes, alcançou entre nós, antes e depois da libertação, caráter de impulso imediato e violento, até o ponto de competir com outras necessidades elementares (Levi, 1988, p. 8).

Logo ao chegar em Auschwitz, estabeleceu contato com Schlome, um prisioneiro judeu polonês já há três anos no campo, que timidamente o abraçou e assim o recebeu "no umbral da casa dos mortos" (Levi, 1988, p. 29).

Das primeiras coisas que aprendeu foi que estava em um lugar em que a pergunta "por quê?" não existia.

> Sabemos de onde viemos; as lembranças do mundo de fora povoam nossos sonhos e nossas vigílias; percebemos com assombro que não esquecemos nada; cada lembrança evocada renasce à nossa frente, dolorosamente nítida. [...] viajamos até aqui nos vagões chumbados; vimos partir rumo ao nada nossas mulheres e nossas crianças; nós feitos escravos. [...] Não voltaremos. Ninguém deve sair daqui;

> poderia levar ao mundo, junto com a marca gravada na carne, a má nova daquilo que, em Auschwitz, o homem chegou a fazer do homem (Levi, 1988, p. 55).

Levi diz que a vida no campo é curta, morrem na seleção, morrem de esgotamento: é a infinidade de muçulmanos que morre; os submersos, a multidão anônima, continuamente renovada e sempre igual, dos não homens que marcham e se esforçam em silêncio: "[...] hesita-se em chamá-los vivos; hesita-se em chamar morte à sua morte, que eles já não temem, porque estão esgotados demais para poder temê-la" (Levi, 1988, p. 91). Os muçulmanos jaziam em um mundo de mortos e fantasmas.

Anos após sua saída de Auschwitz, Levi responde a muitas perguntas que foram sendo feitas diretamente a ele, e aos sobreviventes, a respeito da guerra, a respeito dos nazistas, sobre os campos, umas mais insistentes do que outras.

Escolhi sua resposta a uma das mais frequentes perguntas feitas por jovens, a respeito de quem eram, afinal, os SS, seus guardiães dos campos de extermínio. A resposta-testemunho de Levi confirma a tese deste trabalho, de que os torturadores são sim humanos.

> Os jovens nos perguntam, com uma frequência e uma insistência tanto maiores quanto mais aquele tempo se afasta, quem eram, de que cepa eram feitos os nosso *verdugos*. O termo alude a nossos ex-guardiões, os SS, e a meu ver é impróprio: faz pensar em indivíduos degenerados,

> malsinados, sádicos, afetados por um vício de origem. Ao contrário, eram feitos da nossa mesma matéria, eram seres humanos médios, medianamente inteligentes, medianamente maus: salvo exceções, não eram monstros, tinham nossa face; [...] tinham sofrido a aterradora deseducação fornecida e imposta pela escola tal qual fora querida por Hitler e seus colaboradores, [...] e eram demasiadamente obedientes (Levi, 2004, p. 175).

Julius Fucik, preso em 1942, era membro do Partido Comunista da Tchecoslováquia e durante sua prisão em Pankrac escreveu um livro que ficou mundialmente conhecido como *Reportagem ao pé da forca.* Sua mulher Gusta Fucikova, prisioneira no campo de Ravensbruck, soube da condenação do marido ainda presa, mas as informações sobre seu posterior destino "[...] ficaram retidas pelos altos muros do campo de concentração" (Fucik, 2001, p. 11). Gusta procurou notícias de Fucik após a derrota da Alemanha hitlerista em 1945, ainda sem saber de seu paradeiro: talvez morto, talvez desaparecido.

Descobriu, a partir de informações que lhe chegaram fragmentadas, que Julius havia escrito um texto, em papel fornecido pelo seu carcereiro Kolinsky, que o retirara folha por folha da prisão de Pankrac e o espalhara por diferentes endereços. Estes foram repassados a Gusta pelo próprio Kolinsky, tornando possível que ela reunisse todas as folhas do texto e o publicasse com o título *Reportagem ao pé da forca*, logo traduzido para oitenta idiomas.

Julius Fucik inicia sua narrativa dentro da prisão nacional do Palácio de Petschek – quartel-general da Gestapo em Praga – imaginando uma cena que certamente ocorre em todos os presídios sob o peso insustentável da morte. Somente as incursões infinitas do pensamento aquecido pela chama dos ideais podem ter alimentado Fucik a escrever o texto, que se inicia com uma metáfora e que nos reúne frente às cenas que irá descrever:

> Alguém um dia – talvez nunca saibamos quem e nem quando – chamou "sala de cinema" a este quarto do Palácio Petschek. Que ideia genial! Uma sala ampla, seis longos bancos, uns encostados nos outros, ocupados pelos corpos rígidos dos presos, e diante deles uma parede lisa (amarelada) como uma tela de cinema. Filmes de vidas inteiras ou de menores fragmentos de vida; filmes da mãe, da esposa, dos filhos, do lar destruído, do futuro destroçado; filmes de camaradas corajosos e da traição; filmes do homem a quem entreguei aquele cartão, do sangue que correrá mais uma vez, do forte aperto de mão, do compromisso de honra; filmes cheios de terror e de decisão, de ódio e de amor, de angústia e de esperança. De costas para a vida, cada um contempla a própria morte. E nem todos ressuscitam. Cem vezes fui espectador do meu próprio filme, mil vezes segui seus pormenores (Fucik, 2001, p. 18).

O texto foi escrito após recuperar a lucidez, depois dos primeiros dias de tortura. Escreve sofregamente e conta sua tortura e a agonia dos encontros em Pankrac e tenta pensar e lembrar mil vezes os passos, as perseguições, as estratégias de resistência clandestina ao nazismo, as sabotagens, os panfletos distribuídos, os "Primeiros de Maio" comemorados fora da cadeia. Fucik (2001, p. 33), diz:

> O relógio da torre da prisão dá três badaladas. É a primeira vez que o ouço nitidamente. Pela primeira vez desde a minha prisão me sinto consciente. [...] Dói-me com mil dores cada partícula do corpo, e respiro com dificuldade. De repente como se estivesse aberto uma janela, vejo claramente: é o fim. Estou agonizando.[...] Mas a agonia não é bela. Sufoco. Não posso respirar. Ouço o rouco lamento da minha garganta e receio acordar meus companheiros... talvez pudesse atenuá-lo com um pouco de água. Mas já bebemos toda a água do jarro. Ali, a uns seis passos de mim, na latrina situada no canto da cela, há água suficiente. Terei forças para chegar? Arrasto-me silenciosamente pelo ventre, como se toda a glória da morte consistisse em não despertar ninguém. Consegui chegar e bebo com avidez a água do fundo da privada.

O longo manuscrito faz uma reflexão sobre sua militância e a de outros companheiros e revela sua certeza de que cumpriu seu dever. Durante os treze meses em que esteve preso, afirma, sua astúcia e audácia foram vencidas porque os nazis, que tinham em seu programa a "astúcia nórdica", possuíam também, além da astúcia, um machado. E venceram.

Sem entender e sem saber tudo o que ocorreu, imaginou que no futuro se pudesse ter uma compreensão melhor do êxito nazista, que naquele momento não imaginava tão devastador. As últimas frases de seu texto-testamento foram escritas em 9 de junho de 1943. Fucik foi executado em Berlim, em 8 de setembro de 1943.

Corpos: cobaias humanas

O uso que os nazistas fizeram de seus prisioneiros para as experiências que ficaram conhecidas como experiências com *cobaias humanas* ocorreram ao mesmo tempo que ocorria a morte permanente nos campos; morte por gás, por frio extremo, por fome e sede, por depauperamento, por doenças.

Os laboratórios dos campos de extermínio nazistas realizaram o que chamaram de *experimentações científicas* com os presos tornados cobaias humanas, os VP-*Versuchepersonen*, e o que ocorreu nesses laboratórios confirma que a ciência foi usada para um programa de aviltamento do humano.

Os processos de Nuremberg trouxeram à luz uma das páginas mais trágicas dessa guerra.

> Em 15 de maio de 1941, o doutor Roscher, que havia tempo conduzia pesquisas para o salvamento a grandes alturas, escreveu a Himmler para perguntar-lhe se, dada a

> importância que seus experimentos assumiam para a vida dos aviadores alemães e o risco mortal que comportavam para as VP, e considerando, por outro lado, que os experimentos não poderiam ser conduzidos proveitosamente em animais, seria possível dispor de 'dois ou três delinquentes de profissão' para seu prosseguimento (Agamben, 2004, p. 161).

O que se queria saber era sobre os riscos de morte para o piloto em caso de a cabine sofrer despressurização. A guerra aérea entrava em fase de voo a grandes alturas. A consulta feita a Himmler resultou na instalação em Dachau de uma câmara de compressão para continuar os experimentos em um lugar em que as VP eram fáceis de se encontrar.

Agamben publicou um protocolo de experimento conduzido em uma VP hebreia de 37 anos, com boa saúde, submetida a uma pressão correspondente a 12.000 metros de altitude.

> Após 4 minutos a VP começou a suar e a menear a cabeça. Depois de cinco minutos produziram-se câimbras, entre 6 e 10 minutos a respiração acelerou e a VP perdeu a consciência; entre 10 e 30 minutos a respiração diminuiu até três inspirações por minuto, para depois cessar de todo. O colorido tornou-se cianótico e apresentou-se baba em volta dos lábios (Agamben, 2004, p. 161).

Agamben relata outras experiências semelhantes ocorridas em Dachau, sobre a resistência à água extremamente fria, destinadas a tornar possível o salvamento de marinheiros e aviadores caídos no mar. Estas experiências foram igualmente conduzidas por médicos, com as VP imersas em banheiras com água quase gelada, para verificar a eficácia das medidas de reanimação e de aquecimento.

Também com mulheres hebreias, provenientes dos campos, e com presos ciganos, foram realizadas experiências sobre a potabilidade da água do mar. Divididos em três grupos, um foi impedido de beber água, o outro somente ingeria água do mar e o terceiro grupo bebia água marinha com uma adição química que testavam para diminuir a salinidade da água.

Sobre as experiências médicas conduzidas em Dachau, em Auschwitz, em Ravensbruck e outros lugares, Levi diz que foi uma crueldade também destituída de objetivo,

> [...] foi também simbólica e estendia-se aos despojos humanos após sua morte. [...] O tratamento dos despojos humanos no *Lager* queria expressar que não se tratava de restos humanos, mas de matéria bruta, para emprego industrial. Suscita horror e estremecimento, depois de decênios, a vitrina do museu de Auschwitz onde estão expostos desordenadamente, aos montes, cabelos de mulheres destinadas ao gás ou ao *Lager*: O tempo os descobriu e corrompeu, mas continuam a murmurar diante do espectador sua muda acusação (Levi, 2004, p. 107).

Os alemães tinham ganhos e lucros com os corpos que aviltavam, mas não tiveram tempo de os encaminhar para seu destino insólito: para as fábricas que usavam os cabelos em sacos de aniagem e tecidos industriais, por isso ficaram expostos.

As cinzas dos corpos provenientes dos fornos, toneladas por dia, "foram usadas para aterrar trechos pantanosos, como isolante térmico nos interstícios de construções de madeira, como fertilizante fosfático, foram empregadas em vez de saibro para revestir os caminhos da vila dos SS, situada ao lado do campo" (Levi, 2004, p. 108). Aquele era um material que os SS achavam que devia ser pisado e Levi diz que, de certa forma, a degradação máxima da vítima tinha a função de diminuir o peso do crime que havia sido cometido.

Os experimentos conduzidos nos campos de concentração e de extermínio pelos médicos e pesquisadores alemães, dos quais os acima relatados são exemplos entre os muitos realizados, foram considerados como um capítulo infame da história do regime nacional-socialista.

Agamben diz que a atrocidade de Dachau, por exemplo, foi ampliada pela proposta dos advogados dos nazistas de anexar textos e comunicações científicas sobre experimentos ocorridos com prisioneiros e detentos condenados à morte, em larga escala, durante o século XX, em particular nos Estados Unidos – país de onde provinha a maioria dos juízes de Nuremberg. "Nos anos 1920, oitocentos detentos nos cárceres dos EUA haviam sido infectados com o plasmódio da malária na tentativa de encontrar um antídoto para o paludismo" (Agamben, 2004, p. 163).

A literatura dos testemunhos das VP sobreviventes, através dos protocolos conservados, é uma experiência atroz; vários dos médicos que participaram das experiências eram conhecidos na comunidade científica e alguns foram condecorados após o término da guerra em congressos internacionais, como os que dirigiram experimentos sobre a potabilidade da água.

> Condenados à morte os habitantes do campo, são, portanto, de algum modo inconscientemente assemelhados a *homines sacri*, a vida nua que pode ser matada sem que se cometa homicídio. O intervalo entre a condenação à morte e a execução, assim como o recinto do *lager*, delimita um limiar extratemporal e extraterritorial, no qual o corpo humano é desligado de seu estatuto político normal e, em estado de exceção, é abandonado às mais extremas peripécias, onde o experimento pode restituí-lo à vida como um rito de expiação, (graça ou indulto da pena são, é bom recordar, manifestações do poder soberano de vida e de morte), ou entregá-lo definitivamente à morte à qual já pertence (Agamben, 2004, p. 16).

Agamben apoia-se nas concepções de Foucault que, em *A vontade de saber*, diz: "[...] por milênios o homem permaneceu o que era para Aristóteles, um animal vivo e, além disso, capaz de existência política; o homem moderno é um animal em cuja política está em questão sua vida de ser vivo" (Foucault, 1985, p. 134), e esclarece a noção de *homo sacer* que é aquele que é despojado de sua condição de habitante da *polis* e reduzido à condição de simples vivente (Agamben, 2004, p. 79).

Em última instância, reduzir os prisioneiros à condição de *homo sacer* e matáveis trazia como corolário a não punição. A desconstituição da vítima de sua condição humana, reduzindo-as a piolhos, vermes, insetos, tinha como meta principal extinguir no criminoso qualquer vislumbre de culpa: havia cometido um crime para o qual não se exigia punição. O corpo humano foi reduzido à condição de ser vivente e destituído totalmente do lugar de pertencente à *polis*, manipulado pela crueldade extrema. O ataque à vítima, mesmo após sua morte, tem como meta um ganho pelo assassino, que continua a viver sem ser afetado pelo crime que praticou.

O termo *sacer* também se liga ao sagrado, pertencente aos deuses, não havendo necessidade de uma nova ação para torná-los sagrados. As imprecisões que advêm desta dupla possibilidade, o veto ao sacrifício e a impunidade de quem o matou, remetem o *sacer* a um cruzamento entre matabilidade e insacrificabilidade. Esta zona cinzenta entre o *sacer* – impuro e matável, e o sagrado – propriedade dos deuses, permite que alguém decida quem são os impuros e matáveis. Agamben lembra que Freud, em *Totem e tabu*, aproximou-se desta figura a partir da leitura de Robertson Smith, à qual Freud referiu-se como a sensação de estar "deslizando em uma gôndola" (2004, p. 83), e que a noção de *sacer*, entre os romanos, aproximar-se-ia do tabu polinésio, também marcado pela ambiguidade e pela ambivalência.

Nathalie Zaltzman fez uma leitura profana de Agamben, como ela mesma a qualificou, e incluiu na sua análise a legião dos homens que transitam entre a vida e a morte: os muçulmanos. Sobre eles, Peter Pál Pelbart[13] (s.d.) diz que eram os detidos que haviam desistido, indiferentes a tudo que os rodeava, exaustos demais para compreender aquilo que os esperava em breve, a morte. Essa vida não humana já estava excessivamente esvaziada para que pudesse sequer sofrer.

Por que os detidos dos campos chamavam de "muçulmano" àqueles que tinham desistido de viver, já que se tratava sobretudo de judeus? "Porque o mulçumano entregava sua vida ao destino, conforme a imagem simplória, preconceituosa e certamente equivocada de um suposto fatalismo islâmico: o 'muslim' seria aquele que se submete sem reserva à vontade divina" (Pelbart, s.d.).

O nazismo tornou-se o precursor de um amplo processo científico de segregação, e os conhecimentos da ciência foram usados para otimizar a política de extermínio, na construção das câmaras de gás e fornos crematórios. A ordem para a eliminação física dos judeus foi incorporada pelos executores, como o exercício de um ato que deveriam cumprir sem

---

13 Peter Pál Pelbart é filósofo, ensaísta e tradutor da obra de Gilles Deleuze.

questionar e sem qualquer tipo de *piedade* em relação ao sofrimento que pudessem causar.

Estes executores não tinham histórico de condutas socialmente desviantes ou de despreparo intelectual, ao contrário, pertenciam à elite da SS[14]. Himmler propôs um raciocínio funesto para apagar qualquer vestígio de ambiguidade que pudesse existir frente à matança que executavam, incansáveis e durante todo o tempo. O apagamento desses vestígios da memória varreu qualquer possibilidade de aproximação à vertente da ambivalência. Himmler propôs aos executores do extermínio o seguinte raciocínio: "[...] ao invés de pensarem que coisas horríveis eu fiz com as pessoas, precisavam pensar: que coisas horríveis eu tive que ver na execução dos meus deveres, como essa tarefa pesa sobre os meus ombros" (Arendt, 2006, p. 122).

Os documentos da Segunda Guerra Mundial tornados públicos ao longo do século XX elevaram ao extremo o conhecimento da tortura como política de Estado. Hannah Arendt, correspondente para a revista *The New Yorker* durante o julgamento de Adolf Eichmann em Jerusalém, presenciou atitudes e falas, tanto de Eichmann quanto de seus advogados, desinvestidas totalmente de qualquer traço de afeto, ancoradas em uma objetividade burocrática e desprovidas de qualquer inquietação que pudesse denunciar um conflito moral.

---

14 *Schutzstaffel*. Em português, tropa de proteção.

Eichmann declarou à exaustão estar cumprindo ordens e alheou-se totalmente de qualquer traço e sutil gesto que exprimisse sua culpa frente à maquinação assassina e o extermínio em massa. Na abertura da sentença que o levou à forca, os juízes escreveram:

> [...] você admitiu que o crime cometido contra o povo judeu durante a guerra foi o maior crime da história e admitiu seu papel nele. Mas afirmou nunca ter agido por motivos baixos, que nunca teve inclinação para matar ninguém, que nunca odiou os judeus, que no entanto não podia ter agido de outra forma e que não se sente culpado (Arendt, 2006, p. 301).

A defesa dos nazistas foi além, considerou que inúmeras experiências com prisioneiros de guerra ou com os confinados em guetos eram práticas médicas e do campo da ciência. Assim é que os relatórios apresentados pelos advogados de defesa, durante todo o julgamento, não só recorreram a este raciocínio como contaram que também em outros países, como nos Estados Unidos, práticas semelhantes com presos condenados à morte eram consideradas práticas científicas.

Dos episódios que condensam a espúria aliança da ciência com o extermínio, um dos raciocínios inquietantes foi expresso pelo Dr. Servatius, um dos advogados dos réus, que declarou o acusado inocente de todas as acusações que o responsabilizavam pela coleção de esqueletos, esterilizações, assassinatos por gás e questões médicas similares, diante do que o juiz Halevi o interrompeu:

"– Dr. Servatius, presumo que tenha sido um deslize seu afirmar que a execução por gás é uma questão médica.

O advogado Servatius respondeu:

– É uma questão médica, uma vez que era preparada por médicos; era uma questão de morte e a morte também é uma questão médica" (Arendt, 2006, p. 83).

Primo Levi, comentando as declarações de Eichmann em Jerusalém, bem como as de Rudolf Höss – inventor das câmaras com ácido cianídrico –, feitas em sua autobiografia, afirma que

> [...] ambos se defenderam do modo clássico dos sequazes nazistas, ou melhor, de todos os sequazes: fomos educados para a obediência absoluta, a hierarquia, o nacionalismo; fomos embriagados de *slogans*, encharcados de cerimônias e manifestações. Ensinaram-nos que a única verdade eram as palavras do Chefe (Levi, 2004, p. 23).

Após este discurso da obediência pronta e cega, Höss continua no mesmo tom e, da mesma forma que Eichmann, alega que o que fizeram foi executar o que lhes foi encaminhado como ordem, e frente à qual não tinham qualquer possibilidade de decidir diferentemente, pois não só lhes fora proibido decidir, e que, com o tempo, foram tornando-se incapazes de decidir. "Por isso, não somos responsáveis e não podemos ser punidos" (Levi, 2004, p. 24).

A obediência como justificativa para o crime cumpre duas funções: primeiro garante a instalação do ódio e da destrutividade e, ao mesmo tempo, apaga o traço da ambivalência, obtura o terreno da dúvida e permite que o assassino volte para sua casa e durma em paz, e retome seus papéis de bom pai e de marido atencioso.

Levi insiste na preservação da memória do que ocorreu e diz que o esquecimento forma uma espécie de cordão sanitário civil e impede que se tenha acesso ao que de fato ocorreu. As tentativas de criar eufemismos, como *solução final, tratamento especial* e outros, mascara uma realidade espantosa, ilude as vítimas e impede que a opinião pública tenha conhecimento do que de fato ocorreu.

Quando a Segunda Guerra Mundial terminou, o esforço civilizatório mais uma vez tentou criar novos mecanismos de defesa da vida e de combate ao genocídio, à tortura, às práticas homicidas. Em 1945, a Carta de Londres, considerando as atrocidades alemãs na Europa

> [...] estabeleceu que aqueles oficiais alemães, homens e membros do Partido Nazista que foram responsáveis ou consentiram nas atrocidades e crimes, seriam mandados para os países nos quais seus abomináveis atos foram cometidos, com o objetivo de serem julgados e punidos de acordo com as leis desses países.

A Carta de Londres também decide criar um Tribunal Militar Internacional para o julgamento dos criminosos de guerra, cujos delitos não têm região geográfica determinada. A partir de 1947, foi criado o Tribunal Internacional de Nuremberg e estabelecido o Código de Nuremberg sobre práticas experimentais com humanos, definindo critérios e exigências, entre elas a de que qualquer experimento além do consentimento livre não poderá provocar sofrimento e danos físicos e materiais.

O Código de Nuremberg foi o primeiro sistema normativo internacional regulador dos padrões de pesquisa com seres humanos. A partir dele, outros países estabeleceram suas normas e diretrizes complementares, criando, como no Brasil, a partir de 1978, resolução normativa para as pesquisas clínicas e os comitês de ética em pesquisa.

Terceira Narrativa: Argélia, um futuro sob hipoteca

Incluir neste trabalho os acontecimentos relativos à Guerra da Argélia[15], em meados do século XX, deve-se principalmente às relações sobre a concepção da tortura e sobre a provável incorporação da política de desaparecimento

[15] "A guerra de libertação da Argélia, de 1954 a 1962, custou aos argelinos centenas de milhares de mortos. Segundo a contagem oficial de Argel, perto de um milhão, dos nove milhões de habitantes muçulmanos que então habitavam na Argélia. O exército francês perdeu cerca de vinte e cinco mil soldados, jovens recrutas lançados num combate que, em sua maioria, só aceitava forçados e constrangidos. [...] Uma guerra colonial de extermínio e de terror com o objetivo

forçado por motivos políticos que passou a vigorar no Brasil, principalmente a partir dos anos 1970, após a funesta presença no Brasil do general francês Paul Aussaresses, um dos principais comandantes do destacamento de paraquedistas, nessa guerra.

Por outro lado, a França participou intransigentemente da defesa dos direitos do homem e do cidadão e sua presença no pensamento ocidental é inconteste. Perceber como a destruição impõe-se à razão e à civilização só nos comprova, mais uma vez, a potência da força devastadora da hostilidade e da desagregação.

Um dos principais narradores da guerra da Argélia é um martinicano, Frantz Fanon, formado na França dentro dos princípios decorrentes da Liberdade, da Igualdade e da Fraternidade. Frantz Fanon publicou em 1961 o livro *Os condenados da terra*, sobre o processo de descolonização dos países da África em relação aos países europeus. Durante a década de 1960, este livro foi quase um manual necessário e referência para os jovens grupos que se organizavam em torno da solidariedade aos países africanos na sua luta de libertação.

Diz Fanon (2007, p. 31) que "[...] a descolonização é o encontro de duas forças congenitamente antagônicas que extraem precisamente sua originalidade desta espécie de

---

de quebrar a insurreição de um povo que se levantara para reconquistar a terra roubada e apropriada à força por grandes colonos latifundiários, para se libertar do colonialismo, reencontrar sua independência e o direito de viver na dignidade e na liberdade" (Alleg, 2001, p. 127).

substância que produz e ao mesmo tempo alimenta a situação colonial". A análise sobre a colonização denuncia ao mesmo tempo a relação de convivência obrigatória, e por isso mesmo dolorosa, para o colono que, sob permanente exploração, entrega seus bens ao sistema colonial. Este processo em algum momento incluirá as baionetas e os canhões. Esse processo de libertação nacional, de renascimento nacional e de restituição da nação ao povo, "[...] será sempre um movimento violento" (Fanon, 2007, p. 30).

Anticolonialista militante, Fanon nasceu em Fort-de-France, na Martinica, Antilhas Francesas, em 1925; estudou medicina em Lyon e especializou-se em psiquiatria. Em *Os condenados da terra*, denuncia a presença colonialista da França na África. Escrito com a lucidez de um anticolonialista determinado e a paixão de um médico da alma, Fanon formulou um capítulo específico sobre a relação entre a guerra colonial e transtornos mentais.

Em 1959, participou do II Congresso de Escritores e Artistas Negros em Roma, e sua conferência, sobre os fundamentos recíprocos entre a cultura nacional e as lutas de libertação, foi integrada ao manuscrito de *Os condenados da terra* (Chaliand In Fanon, 2007, p. 302).

Fanon morreu em dezembro de 1961 ainda jovem, aos 36 anos de idade, em decorrência de leucemia, e não pôde assistir à libertação da Argélia, apesar da militância tenaz contra o colonialismo, exercida como profissional médico psiquiatra, sobretudo na Tunísia, e como militante da resistência argelina vinculada à Frente de Libertação Nacional (FLN), que representou em vários congressos e conferências pela paz realizados no continente africano.

O inventário psiquiátrico e psicológico que expõe no livro antecede em quase quarenta anos o "Protocolo de Istambul"[16]. Fanon apresenta um documento detalhado sobre transtornos mentais, psíquicos e psicossomáticos, decorrentes da experiência coletiva de opressão, e relata vários casos clínicos, que atendeu e seguiu, decorrentes de acontecimentos traumatizantes:

> Nos ocupamos do problema dos transtornos mentais surgidos da guerra de libertação nacional que o povo argelino realiza. Desde 1954 chamamos a atenção dos psiquiatras franceses e internacionais sobre a dificuldade de *curar* o colonizado, quer dizer, da tentativa de torná-lo totalmente "homogêneo" em um meio social de tipo colonial. Como há uma sistemática negação do outro, uma decisão violenta de privar o outro de todo atributo de humanidade, o colonialismo exige que o povo dominado se pergunte permanentemente: quem sou eu, verdadeiramente? [...] A guerra de libertação nacional que o povo argelino vem sustentando há sete anos se converteu em um terreno

[16] O Protocolo de Istambul arrolou todas as marcas possíveis detectadas nas vítimas de tortura e foi construído em 1999 por uma equipe multiprofissional que reuniu médicos, psiquiatras, psicólogos e profissionais que cuidavam de pessoas presas ou as atenderam após sua prisão ou sob vivências traumáticas.

> favorável para a eclosão de diversos tipos de transtornos mentais, decorrentes da submersão em um homicídio gratuito e coletivo (Fanon, 2007, p. 228-229).

Em determinado momento, Fanon faz um diagnóstico sem esperança. Disse: "[...] o futuro destes doentes da colonização está hipotecado" (2007, p. 231).

Numerosos casos apresentados referem-se a torturas sofridas e sobre isso Fanon tem uma opinião clara: a de que os franceses "[...] adotam um ponto de vista estritamente francês" (2007, p. 230) em relação à tortura. Afirma que esta não é uma opinião apenas, mas uma comprovação na prática, pois "[...] querem proteger a consciência dos torturadores atuais e potenciais com o objetivo de evitar o apodrecimento moral da juventude francesa" (Fanon, 2007, p. 230).

Em relação a sua experiência como profissional, apresenta vários casos que atendeu e acompanhou. Alguns títulos: Caso 1: Impotência de um argelino como consequência da violação de sua mulher; Caso 2: Impulsos homicidas frequentes de um sobrevivente de um massacre coletivo; Caso 3: Psicose de angústia grave com sintomas de despersonalização depois de um brutal assassinato da mulher; Caso 4: Transtornos de comportamento em crianças argelinas com menos de dez anos de idade; Caso 5: Psicose pós-parto em mulheres argelinas refugiadas.

Além dos casos enumerados, apresenta um relatório extenso sobre as sequelas das torturas por água (afogamento); por eletricidade (choque elétrico); por uso de medicação severa para extração de informações (soro da verdade); privação de sono, entre outras.

O emprego sistemático da tortura na Argélia foi denunciado energicamente a partir de 1957 por vários intelectuais franceses, entre os quais Henri Alleg, torturado durante a Guerra da Argélia.

A unidade infinita das reciprocidades

O Prefácio do livro *Os condenados da terra* foi escrito por Jean Paul Sartre e é um texto de irrestrita condenação à colonização europeia e particularmente francesa na África. Seu texto é surpreendente ainda hoje, apesar de escrito em 1961. Sartre ataca os desmandos dos colonizadores e dos governantes franceses e chama a atenção dos seus compatriotas para o que estava sendo perpetrado em nome da França, na Argélia. Apoia integralmente o texto de Fanon e expressa sua própria concepção do colonialismo europeu.

> Essas diferenças nasceram da história colonial, quer dizer, da opressão. Aqui a Metrópole contentou-se em pagar a alguns senhores feudais; ali, sob a consigna de "dividir para vencer", fabricou de um só bloco uma burguesia de colonizados; em outra parte, desferiu um golpe duplo: a colônia é tanto de exploração como de população. Assim a Europa fomentou as divisões, as oposições, forjou classes e racismos, tentou por todos os meios provocar e aumentar a estratificação das sociedades colonizadas. Fanon nada

> oculta: para lutar contra nós, a antiga colônia deve lutar contra si mesma. Ou melhor, ambas as lutas não são mais do que uma única (Sartre, 2007, p. 10).

Mais adiante, Sartre descreve também o que foi feito em outros países africanos pela dominação europeia:

> Que cada qual reflita como quiser, desde que reflita: na Europa de hoje, aturdida pelos golpes recebidos, na França, na Bélgica, na Inglaterra, a menor distração do pensamento é uma cumplicidade criminosa para com o colonialismo. Este livro não necessitava de um prefácio. Sobretudo porque não se destina a nós. Escrevi-o, porém, para levar a dialética até suas últimas consequências: também a nós, os europeus, nos estão descolonizando; quer dizer, estão extirpando, em uma cirurgia sangrenta, o colono que vive em cada um de nós. [...] Somos exploradores. Sabem que nos apoderamos do ouro e dos metais e do petróleo dos "novos continentes" para trazê-los às velhas metrópoles. Não sem excelentes resultados: palácios, catedrais, capitais industriais; e quando a crise ameaçava, aí estavam os mercados coloniais para amortecê-la ou desviá-la. A Europa, carregada de riquezas, outorgou *de jure* a humanidade a todos os seus habitantes: um homem, entre nós, significa um cúmplice, posto que todos nos beneficiamos com a exploração colonial. Esse continente obeso e lívido acaba por cair no que Fanon chama precisamente de "narcisismo". [...] Não

> é bom, compatriotas, vocês que conhecem todos os crimes cometidos em nosso nome, não é realmente bom que não digam uma só palavra a alguém, nem sequer à sua própria alma, por medo de terem de julgar-se a si mesmos. De início vocês ignoravam, quero crê-lo, depois duvidaram e agora sabem, mas continuam calados. Oito anos de silêncio degradam. E em vão: agora, o sol ofuscante da tortura está no zênite, ilumina todo o país; sob essa luz, nenhum riso soa bem, não há um rosto que não se cubra de cosméticos para dissimular a cólera ou o medo, não há um ato que não traia nossa repugnância e cumplicidade. Atualmente, basta que dois franceses se encontrem para que haja entre eles um cadáver (Sartre, 2007, p. 27-28).

Em seu longo prefácio, Sartre concebe um possível e bom futuro para os homens livres quando a espécie humana: "[...] não se definirá como a soma dos habitantes do globo, mas como a unidade infinita de suas reciprocidades" (2007, p. 25).

Henri Alleg: testemunho da tortura na Argélia

Henri Alleg escreveu um texto de denúncia da tortura na época em que estava preso numa cela da prisão de Barberousse, em Argel, na qual funcionava um centro de torturas, entre centenas espalhados pela Argélia. O principal comandante das operações nesta prisão, sob a 10ª Divisão de Paraquedistas, era o general Massu, encarregado da manutenção da ordem na capital argelina. O nome "paras", de paraquedista, ficou vinculado aos crimes que os generais franceses cometeram na Argélia, sobretudo durante a Batalha de Argel em 1957. "Sob o comando de Massu, milhares de argelinos e argelinas, assim como militantes anticolonialistas franceses, iriam, como eu, conhecer o suplício da água, do fogo e da eletricidade" (Alleg, 2001, p. 128).

O texto de Alleg foi publicado no Brasil, clandestinamente, durante a ditadura civil-militar de 1964. Escrito quatro meses depois de passar pelas mãos de "paras", na cela 72 da prisão civil de Argel, foi lido incontáveis vezes e debatido entre os militantes clandestinos dentro e fora das prisões no Brasil, e serviu como estímulo à resistência contra os ditadores brasileiros.

O manuscrito saiu da prisão de Argel, página por página, graças à cumplicidade dos presos e de seus familiares. Quando chegou a Paris, com o título *A questão*, em 1958, foi de imediato retirado de circulação, mas foi amplamente traduzido e divulgado em quase trinta países, entre os quais o Brasil.

Alleg inicia dizendo que é uma indecência falar de si mesmo dentro de uma prisão imensa e superlotada, "[...] em que cada cela abriga um sofrimento" (2001, p. 134).

> Em Lodi encontrei meu amigo de Milly, empregado no hospital psiquiátrico de Blida, torturado pelos 'paras', mas submetido a uma nova técnica. Foi amarrado nu, sobre uma cadeira metálica, por onde passava uma corrente elétrica. Ainda tem as marcas profundas de queimadura nas pernas (Alleg, 2001, p. 135).

Sobre suas torturas, Alleg relata que

> Sem deixar de sorrir, Ja... agitou primeiro diante de meus olhos as pinças onde terminavam os eletrodos. Pinças pequenas de aço brilhante, largas e dentadas... colocou uma no lóbulo de minha orelha direita e a outra num dos dedos da mão do mesmo lado. De repente, revolvi-me nas minhas amarras e uivei com toda a minha voz. Cha... acabara de introduzir-me no corpo a primeira descarga elétrica[17]. Junto da minha orelha tinha surgido longa faísca e senti no peito que o coração me vinha à boca. Retorcia-me uivando e me enrijecia até machucar-me, enquanto sucediam sem trégua as descargas controladas por Cha... De repente senti algo parecido com a selvagem mordida de uma fera, que me arrancasse a carne aos pedaços. Sempre sorridente em cima de mim, Ja... tinha ligado a pinça em meu sexo. Os tremores que me sacudiam eram tão fortes que as correias de um tornozelo se soltaram... salpicaram meu corpo com água para aumentar ainda mais a intensidade da corrente. [...] A sessão continuava. À minha volta, sentados sobre fardos, Cha... e seus amigos esvaziavam garrafas de cerveja. Cravei meus dentes na mordaça para libertar-me da câimbra que me retorcia o corpo. Foi em vão. Finalmente pararam. Tinha terminado a primeira sessão. Levantei-me

17 A tortura com o uso de eletricidade foi também descrita pelos ex-presos brasileiros conforme apresentado no Capítulo II.

> vacilando e vesti a calça e o paletó. Ir... achava-se diante de mim. Minha gravata estava sobre a mesa. Apoderou-se dela, amarrou-a como uma corda em volta de meu pescoço e em meio a gargalhada arrastou-me, tal como se arrastasse um cachorro atrás dele, até o compartimento contíguo (Alleg, 2001, p. 143).

Quase meio século depois, a cena de arrastamento foi repetida por soldados norte-americanos com prisioneiros do presídio de Abu Ghraib, no Iraque.

Alleg relata as torturas por afogamento[18]:

> [...] apertava meu nariz enquanto enfiava um pedaço de madeira entre meus lábios para que eu não pudesse fechar a boca ou evitar a água que corria sobre minha cabeça, boca e nariz, deitado na pia da cozinha do corredor. [...] A impressão de afogar-me e uma angústia apoderou-se de mim: a angústia de minha própria morte. Independente de mim, todos os músculos de meu corpo retesavam inutilmente para tirar-me a aflição e também os dedos de minhas mãos agigantavam-se espasmodicamente (Alleg, 2001, p. 157).

---

[18] Procedimento que teve início na Inquisição e repetido pelo governo estadunidense nas prisões e bases militares, nomeando esta forma de tortura de *waterboarding* ou afogamento simulado.

Mais adiante conta a tortura por chamuscamento da pele:

> [...] o "para" estava acendendo tochas de papel já preparadas e chamuscava-me a planta dos pés. Não me movi e nem articulei uma palavra. [...] A corrente elétrica tinha-me secado a língua, os lábios, a garganta. Estavam ásperos e duros como pau... uma sede insuportável. Ir... segurava em uma das mãos um copo de soldado e na outra uma vasilha de zinco. – Há dois dias que não bebes, – disse o "para" – quatro antes de te arrebentar. É muito quatro dias... Acabarás lambendo tua urina (Alleg, 2001, p. 158).

Fazer desaparecer os mortos: informação do general Aussaresses

A tortura durante a guerra da Argélia entre 1954 e 1962 voltou ao debate público, na França, principalmente após declarações, em 2001, de dois generais franceses: o general Massu, então com 92 anos, comandante da 10ª Divisão de Paraquedistas, e de seu braço direito, o general Paul Aussaresses, encarregado dos Serviços de Inteligência. Ambos confirmaram que mais de três mil prisioneiros, tidos como desaparecidos, na verdade foram executados.

Aussaresses reconheceu que, em 1957, a tortura e as execuções sumárias eram práticas da política de guerra francesa e vangloriou-se de haver empregado meios que escapavam das normas estabelecidas pelas leis da guerra e de ter ordenado seus subordinados a matar (Arens e Thull, 2006).

Os generais revelaram, nesse mesmo ano, que haviam torturado, maltratado e assassinado membros da FLN – Frente de Libertação Nacional –, durante a guerra da Argélia. O debate sobre a tortura foi lançado publicamente também a partir da denúncia de duas vítimas de tortura na Argélia, à época com vinte anos de idade, que foram torturadas pelo general Aussaresses.

A guerra da Argélia recebeu substantivo reforço após a derrota da França na Indochina, em 1954, com a transferência da maior parte das tropas de Legião Estrangeira para esse país. A Argélia era desde 1830 colônia da França, e os generais franceses não queriam ceder passo algum e, de certa forma, também queriam recuperar-se da derrota histórica recente[19].

A efetiva colaboração na formação de oficiais não só norte-americanos bem como de oficiais de vários países latino-americanos tornou-se mais conhecida após a publicação na França, em 2001, do livro *Services spéciaux-Algérie*

---

[19] Após a derrota histórica em Dien Bien Phu seguida a um cerco de 55 dias, em 7 de maio de 1954, os militares franceses, batidos pela guerra de guerrilhas dos vietnamitas comandados pelo general Vo Nguyen Giap, foram obrigados a se retirar do Vietnã, o que significou o fim do regime colonial francês na Indochina e proporcionou um poderoso impulso ao anseio de libertação de outros povos colonizados, especialmente na África.[...] A derrota francesa repercutiu fortemente nos acontecimentos políticos nos anos 1950 e posteriores, empolgando os movimentos de libertação em países colonizados de todo o mundo, e em particular na Argélia. Em 1962, no prefácio de "La Nuit Coloniale", o dirigente argelino Ferhat Abbas escreveu: "Dien Bien Phu não foi apenas uma vitória militar. Esta batalha ficará como símbolo. É a afirmação do homem asiático e africano diante do homem da Europa. É a confirmação dos direitos humanos em escala universal. Em Dien Bien Phu, a França perdeu a única legitimação de sua presença, isto é, o direito do mais forte" (A vitória de Dien Bien Phu, 2009).

1955-1957, do general francês Paul Aussaresses, no qual diz claramente que torturou e recebeu ordens para torturar. O livro causou-lhe processos judiciais, bem como a demissão forçada da *Légion d'honneur*, em 2003, como parte da condenação por apologia de crimes de guerra.

As revelações do militar geraram entrevistas, novos livros e documentários e, entre estes, a publicação, em 2008, de *Je n'ai pas tout dit – Ultimes révélations au service de la France*, uma longa entrevista dada por Aussaresses a Jean-Charles Deniau, em colaboração com Madeleine Sultan. Deniau observou que a entrevista pode ter sido o "último salto de paraquedas", em referência ao fato de o general ter sido comandante das forças paraquedistas francesas, com destacados serviços prestados ao país no combate aos nazistas durante a Segunda Guerra Mundial e com uma presença macabra na Argélia.

Aussaresses nasceu em novembro 1918 e decidiu escrever o livro, publicado em 2001, além de dar as entrevistas que se seguiram, por considerar que, a esta altura de sua vida, não devia mais obediência ao pacto de silêncio em relação a crimes de guerra e por julgar que

> [...] dentro de pouco tempo, não haverá mais ninguém que possa opor-se aos que querem manter fechada "a tampa da História". [...]. Eu não gostaria que os hipócritas que me cassaram a Legião de Honra, distinção que conquistei e ganhei em combate, possam continuar a negar a história da França, com suas realidades duras de dizer e duras de ouvir.

> Depois de mim, não haverá muita gente que possa falar (Aussaresses, 2008, p. 287).

Haviam-se passado cinquenta anos dos fatos ocorridos e, aos noventa anos de idade, o general afirmava não mais temer qualquer protesto, pois constatou, depois da publicação de seu livro e das entrevistas publicadas no jornal *Le Monde*, que não revelar a verdade pode tornar-se insuportável. Por esse motivo decidiu conceder a longa entrevista em 2008, na qual esclareceu o que não revelara antes. Os entrevistadores, apoiados nas publicações que se seguiram ao livro de 2001, citam explicitamente um filme-documentário feito para o programa "60 minutos" do Canal + da França, em 2003, por Marie-Monique Robin, em base ao livro de sua autoria *Les escadrons de la mort: L'école française*[20].

---

[20] Produzido em 2003 e fruto de dois anos de pesquisas, "Escadrons de la mort, l'école française" revela o envolvimento direto de militares franceses na história das "guerras sujas" da América do Sul. Em base a depoimentos inéditos de oficiais franceses (Marcel Bigeard, Aussaresses...) e altos funcionários argentinos (Ramón Díaz Bessone, Benito Bignone, Albano Harguindeguy...), o documentário mostra como os métodos de contrainsurgência utilizados durante a guerra da Argélia, entre eles técnicas de inteligência, uso generalizado da tortura e eliminação em massa de prisioneiros, foram ensinados por oficiais franceses na América do Sul e nos Estados Unidos a partir do final da década de 1950. Tais métodos foram especialmente usados na sinistra "Operação Condor", campanha de assassinatos políticos organizada pelas juntas militares sul-americanas nos anos 1970. Disponível em: <http://amnestyinternational.be/blogs/peinedemort/files/2011/05/escadrons-mort-all.pdf>. Acesso em: 27 maio 2013.

Tanto no documentário de Marie-Monique como na entrevista a J. J. Deniau e M. Sultan, o general, com tranquilidade, frieza e como um autômato, diz que matou e torturou e, mais, que adquiriu essa competência durante a guerra de libertação da Argélia, tornando-se um dos militares mais capacitados a ensinar como prender, como interrogar e torturar, e, depois, como fazer desaparecer os mortos.

Aussaresses entrou para o serviço secreto francês em 1944, no qual permaneceu até 1976. Entre 1955 e 1957, em Philippeville, região na qual a Frente de Libertação Nacional argelina era mais bem-estruturada, viu que a tortura com choque elétrico e afogamento era eficaz na obtenção de informações e passou a adotar tal método como prática necessária. Sobre essa ocasião, escreveu em 2001: "Aprendi a matar sem deixar vestígios, a ficar indiferente ao meu sofrimento e ao sofrimento dos outros, a esquecer e fazer esquecer, tudo isso pela França" (Aussaresses, 2008, p. 42).

A França enviou 400 mil soldados para garantir seu domínio na Argélia, sua colônia na África. Não poupou esforços; enviou o exército regular e deu toda a liberdade aos serviços secretos para extrair informações sob tortura e fazer desaparecer corpos assassinados, sem explicação. A forma de combater incorporou métodos não oficializados dentro do Exército com a prática sistemática de interrogatório.

Há um diálogo surpreendente entre o entrevistador Deniau e o general:

Deniau: E o senhor nunca se arrependeu?
Aussaresses: Nunca, jamais tive qualquer arrependimento.
Deniau: Por quê?
Aussaresses: Porque eu obedecia aos meus superiores que, por sua parte, apenas aplicavam as decisões do poder político. Isto ocorreu desta forma, particularmente na batalha de Argel.
Deniau: Mas obedecer significa aceitar tudo que vier dos superiores? Mesmo ações contrárias aos valores morais? Os militares alemães e os civis durante o processo de Nuremberg em 1945, por exemplo, também disseram: "apenas cumprimos ordens". Não seria então, na Argélia, um momento para um militar desobedecer?
Aussaresses: Justamente esta questão da obediência, eu a coloquei para Massu, antes da batalha de Argel. [...] Eu lhe disse: "meu general, me permita fazer uma pergunta... será que posso lhe perguntar se há ordens que posso desobedecer? [...] Ele não me respondeu. Simplesmente me mandou fazer o que deveria ser feito.
Deniau: E então, o senhor jamais tentou desobedecer?
Aussaresses: Não.
Deniau: Jamais?
Aussaresses: Não. [...] O que acontece, na verdade, é que se você é um oficial que depende de um superior que você respeita, você irá até o fim com ele (Aussaresses, 2008, p. 45).

Na entrevista, Aussaresses confirma aos entrevistadores o que já dissera em outras ocasiões: os paraquedistas encarregados das operações de polícia em Argel torturaram, e tinham ordem de obter informações por todos os meios, inclusive a partir da tortura, e que todos os responsáveis e comandantes tinham conhecimento desta orientação e a aprovavam (Aussaresses, 2008, p. 84).

Aussaresses: socorrendo o governo norte-americano

Aussaresses conta que em 1961 foi designado pelo governo francês para socorrer os norte-americanos na guerra contra os vietnamitas, que haviam introduzido uma nova estratégia de combate, a guerra de guerrilha, em relação à qual os norte-americanos tinham pouca experiência.

Na época, o presidente dos Estados Unidos, John F. Kennedy, expressou sua opinião: "É um outro tipo de guerra levada pelos guerrilheiros [...]" (Aussaresses, 2008, p. 116). O general Trudeau, do Exército estadunidense, sugeriu que a França, com experiência de combate à guerrilha nos países subdesenvolvidos e que tinha ido mais longe do que os Estados Unidos "na contraguerrilha e na guerra psicológica, poderia oferecer o melhor embasamento para a doutrina a ser ensinada nas escolas de guerra especial" (Aussaresses, 2008, p. 117). A proposta foi bem aceita pelo governo norte-americano, e o general partiu para os Estados Unidos em maio de 1961. Escolheu instalar-se em Fort Bragg, referência

> [...] para todos os paraquedistas de todas as forças aerotransportadas e sobretudo um centro de forças especiais. Um terreno que eu conhecia bem e que me interessava bastante. [...] Eu ensinava as técnicas que havia aprendido durante minha carreira. [...] Havia também os que vinham de países aliados; e, entre estes, estagiários de países da América Latina. [...] Bolívia, Argentina, México, Colômbia, Brasil, Paraguai, Uruguai, Chile e Venezuela (Aussaresses, 2008, p. 125).

Deniau e Sultan perguntam-lhe se não era coincidência o fato de exatamente nesta época, sobretudo a partir de 1964, quando terminou sua passagem pelos Estados Unidos, esses países haverem iniciado uma série de golpes militares. Sem responder diretamente à pergunta, Aussaresses afirma que os militares destacados a Fort Bragg não eram simples soldados, "[...] eram oficiais, no mínimo capitães ou de patentes mais altas" (2008, p. 127). Conta o general que a formação dada nessa base consistia em métodos de instrução e de operações que as Forças Armadas francesas ainda mantinham na Argélia, nessa época.

> Todas as técnicas de guerra subversiva, a luta contra a guerrilha urbana, o mapeamento dos quarteirões, a infiltração como havia sido feita em Philippeville e durante a batalha de Argel e sobretudo os métodos para obter informações.[...] Ensinava como o Estado Maior francês havia

> procedido para lutar contra a guerrilha urbana. Descrevia as diferentes etapas das operações a serem empreendidas para erradicar o terrorismo, desde as prisões preventivas para neutralizar os líderes, depois o mapeamento e controle dos quarteirões, o aproveitamento das informações conseguidas e as prisões; [...] e ensinava os métodos para fazer as pessoas falarem (Aussaresses, 2008, p. 129).

Aussaresses passa a descrever as formas de obter, sob tortura, as informações que levassem a outros alvos, sobretudo a utilização da infiltração como um recurso privilegiado para a precisão e eficácia das prisões a serem feitas. Afirma categoricamente que em Fort Bragg os oficiais estavam sendo formados para, em seus respectivos países, formar outros oficiais para os serviços de informações, e de luta contra a guerrilha.

Nos dez anos que se seguiram, esses oficiais seriam os pilares de ditaduras latino-americanas, e, segundo Aussaresses, todos obtiveram comandos importantes em seus países.

> Mas, atenção! Toda a hierarquia militar estava informada. Eu não fui um mercenário, mas um oficial superior francês em missão oficial. Ocupava um posto em Fort Bragg dentro da cooperação entre a França e os Estados Unidos, nosso aliado na luta contra o comunismo (Aussaresses, 2008, p. 135).

Aussaresses no Brasil, a convite dos ditadores

Aussaresses foi enviado ao Brasil para ensinar técnicas de informação e diz que cumpriu a missão da melhor forma. Esteve em missão no Brasil a convite dos generais brasileiros, em 1973, ocupando o cargo de adido militar na representação diplomática francesa.

> Cheguei em Brasília em outubro de 1973 como Adido Militar junto à Embaixada da França. Fui apresentado imediatamente ao embaixador Michel Legendre; [...] deveria efetuar contatos diplomáticos com os demais adidos militares designados para o Brasil. E montava também minha rede de informação (Aussaresses, 2008, p. 145).

Logo estabeleceu relações com o novo chefe do Serviço Nacional de Informações (SNI), o coronel João Batista Figueiredo, que se tornou um de seus melhores amigos. Conviveu também com o delegado Sergio Paranhos Fleury e relatou aos entrevistadores, com detalhes, o envolvimento do delegado na emboscada, captura e assassinato de Carlos Marighella, ocorrido em novembro de 1969.

Experiente militar, Aussaresses teve suas qualidades apreciadas pelos governantes brasileiros:

> [...] como era membro do corpo de paraquedistas da guarda presidencial e muito bom paraquedista, meus interlocutores

> brasileiros me solicitaram cursos de salto. Ia saltar com eles regularmente nos arredores de Brasília, onde reencontrei outros militares. [...] E também ministrava cursos na escola de informações em Brasília; cursos de minha especialidade: a luta contra a guerrilha. [...] Eu viajava bastante, pois ensinava também em outras escolas militares do país e em centros de treinamento como o de Manaus, [...] onde o treinamento era como o que era feito nas escolas militares norte-americanas: fisicamente duro. Se alguém não era duro o suficiente, estava fora, simplesmente (Aussaresses, 2008, p. 155-158).

Contou também que havia instrutores norte-americanos e que ia a Manaus pelo menos uma vez por mês para manobras simuladas com os estagiários, mas que o programa principal que lhe pediram foi o de ensinar, em Manaus, aos militares brasileiros e a outros militares que ali estivessem para aprender com ele, os procedimentos da guerra contrarrevolucionária.

> Claro, eu ensinava as técnicas da batalha de Argel, quer dizer, o mapeamento dos bairros e quarteirões, a coleta de informações e sua devida exploração e as prisões. [...] Ensinava a prender com calma e com brutalidade. Há uma parte psicológica importante na escolha do momento de prender alguém; o estresse pode conduzir a pessoa a falar tudo, naturalmente. [...] Era um centro único em toda a América Latina. Havia poucas vagas e a seleção era

> rigorosa. Manaus aceitava somente oficiais, [...] oficiais jovens. Formei brasileiros e também chilenos, venezuelanos e argentinos (Aussaresses, 2008, p. 160).

Ensinava a tortura às vezes como teoria, às vezes com simulações de episódios e também em exercícios com cobaias humanas, envolvendo estagiários em papéis de torturador e de torturado. A partir desses ensinamentos, as técnicas de tortura foram exportadas para outros países da América Latina.

Ao ser perguntado sobre o que pensava ser o motivo de todos esses regimes organizarem tamanha repressão dentro de seus próprios países, Aussaresses diz que os instrutores norte-americanos diziam sempre que os Estados Unidos eram a única muralha existente contra a invasão comunista, a única muralha que poderia preservar os valores democráticos, e que nessa época Henry Kissinger havia retomado a Teoria dos Dominós, segundo a qual se um país fosse dominado pelos comunistas, tal controle se espalharia pelas nações vizinhas, e que hoje se supõe ter tido um papel destacado na criação da Operação Condor[21].

---

[21] A ditadura implantada no Chile em 11 de setembro de 1973, tendo à frente o general Pinochet, estabeleceu uma aliança secreta com o Paraguai, Uruguai, Brasil, Bolívia, e Argentina, para organizar a chamada Operação Condor, nome que homenageava o pássaro símbolo do Chile. Esta Operação, que teve ação expressiva principalmente entre os anos 1973 e 1980, permitia, a cada país-membro, que as agências de inteligência de outros países operassem dentro de suas fronteiras, capturando exilados, interrogando e torturando-os e retornando com eles ao seu país de origem. O objetivo principal era a erradicação dos movimentos progressistas e de esquerda, e a captura, a tortura, o sequestro e assassinato das lideranças destes movimentos.

Em maio de 2008, o jornal *Folha de S.Paulo* publicou uma entrevista com Aussaresses, feita por Leneide Duarte-Plon em Paris. Na entrevista, o general confirma informações já tornadas públicas nos seus livros e declarações e acrescenta que, na época em que esteve no Brasil, a França já vendia armas a esse país – especificamente materiais para a aviação – e sobretudo havia interesse pelos aviões fabricados pela Société Dassault, os Mirage. Sobre os cursos que ministrava em Manaus, no Centro de Instrução de Guerra na Selva (CIGS), informa que dava aulas nessa escola militar porque tinha sido instrutor das Forças Especiais do Exército estadunidense, em Fort Bragg.

"Fui nomeado instrutor de paraquedistas da infantaria norte-americana em Fort Benning, na Geórgia, mas pediram para ser também instrutor em Fort Bragg. Nessa escola, encontrei oficiais estagiários de forças especiais de vários países da América do Sul" (Folha de S.Paulo, 2008, p. A10).

Tanto no livro de 2008 como na entrevista à *Folha de S. Paulo*, Aussaresses relata a consistente contribuição do Brasil ao golpe do Chile, para a derrubada do presidente constitucionalmente eleito, Salvador Allende. Segundo o general, esta participação do Brasil materializou-se com o envio de aviões franceses com projéteis fabricados na França pela sociedade Thomson-Brandtá. Ao ser perguntado na entrevista se após o processo de 2003, que o condenou por apologia a crimes de guerra, estava de alguma forma arrependido, o general reafirmou o que dissera em manifestações anteriores: "Não me arrependo de nada" (Folha de S.Paulo, 2008, p. A10).

A participação e influência do general francês na política de desaparecimento dos militantes assassinados pela ditadura civil-militar brasileira impõem-se cada vez mais como possibilidade e hoje a conhecida Operação Limpeza, referida no capítulo sobre a tortura no Brasil, tornou-se uma obstrução quase intransponível para a localização dos corpos dos desaparecidos políticos.

Esforços humanitários

Ao incorporar, neste estudo, a abordagem dos pactos humanitários que tentam eliminar a tortura, proibindo-a como um procedimento de extrema crueldade, reitero minha posição de que a tortura é um crime humano.

Retomando a resposta de Freud a Einstein, sobre o porquê da guerra, há uma passagem em que Freud diz que devemos à cultura o melhor daquilo em que nos tornamos, bem como o pior de que padecemos.

Os pactos civilizatórios representam a vertente agregadora, que preserva o melhor do humano. Vale também lembrar que esses esforços não eliminam a raiz do mal, porque a destrutividade é uma condição do humano, e a permanente oscilação e reincidência no ato criminoso não se extingue porque, repetindo Zaltzman, o mal não se dissolve completamente, e o crime inaugural não se extingue como inscrição psíquica.

Exatamente porque a destrutividade é da ordem do humano, qualquer ato que a contenha permanece humanamente humano, e se a hipótese de Freud fosse unicamente um construto teórico, talvez prevalecesse a dúvida em relação à sua pertinência. Nesse sentido, relembro e reescrevo o testemunho de Primo Levi. Respondendo a perguntas sobre os guardiões dos campos de extermínio, Levi disse aos seus perguntadores que os SS

> [...] eram feitos da nossa mesma matéria, eram seres humanos médios, medianamente inteligentes, medianamente maus: salvo exceções, não eram monstros, tinham nossa face; [...] tinham sofrido a aterradora deseducação fornecida e imposta pela escola tal qual fora querida por Hitler e seus colaboradores, [...] e eram demasiadamente obedientes (2004, p. 173).

Após a Segunda Guerra Mundial, e frente à catástrofe que se impôs, as nações em torno da Organização das Nações Unidas reúnem-se para estabelecer acordos civilizatórios e humanitários, que pudessem de alguma forma reparar e prevenir procedimentos cruéis e extremos como os que ocorreram durante a Segunda Guerra. Essas reuniões passaram a construir acordos que viessem a ser respeitados pelos Estados integrantes da ONU.

Esse esforço coletivo já ocorrera em outras ocasiões e referência necessária são as Convenções de Genebra que definem os direitos e os deveres de pessoas, combatentes ou não, em tempo de guerra, elaboradas em quatro conferências internacionais realizadas em Genebra, na Suíça[22].

As duas primeiras convenções, aprovadas em 1864 e 1906, foram aplicadas durante a Primeira Guerra Mundial. A terceira Convenção de Genebra, escrita em 1929, teve como objetivo estabelecer normas para o tratamento dos prisioneiros de guerra, que foram definidos da seguinte forma:

> É reconhecido como prisioneiro de guerra todo combatente capturado, podendo este ser um soldado de um exército, um membro de uma milícia ou até mesmo um civil, como os resistentes (Comitê Internacional da Cruz Vermelha, 2010).

Foi essa Convenção que permitiu ao Comitê Internacional da Cruz Vermelha, criado em 1863, visitar todos os campos de prisioneiros de guerra sem nenhuma restrição, podendo também dialogar, sem testemunhas, com os prisioneiros. Essa Convenção estabeleceu os limites do tratamento geral de prisioneiros de guerra: a obrigação de tratá-los humanamente, sendo a tortura e quaisquer atos de pressão física ou

[22] Convenções de Genebra, disponível em http://www.icrc.org/web/por/sitepor0.nsf/html/geneva conventions.

psicológica proibidos; obrigações sanitárias, tanto na higiene como na alimentação; e o respeito à religião dos prisioneiros.

Em 1949, a quarta Convenção de Genebra incluiu a proteção dos civis em período de guerra, que são claramente protegidos de toda hostilidade: não podem ser sequestrados, para servir, por exemplo, de "escudos humanos"; toda e qualquer medida de extorsão visando aos civis ou a seus bens é estritamente proibida; as punições coletivas são estritamente proibidas.

Ao lado da proteção dos prisioneiros em tempo de guerra e caídos em conflitos armados, a prática da tortura continuou em vigor em situações não necessariamente vinculadas a guerras e a conflitos armados, apesar da Declaração Universal dos Direitos Humanos, em 1948, ter proclamado no seu artigo 5º "Ninguém será submetido à tortura, nem a tratamento ou castigo cruel, desumano ou degradante".

Conforme Eugênio Aragão[23], esta expressão, *tratamentos ou punições cruéis, desumanos ou degradantes*, é uma expressão complexa e foi motivo de muitos debates na Assembleia Geral antes que a Declaração fosse aprovada. Havia a intenção de incluir casos de violência nas escolas e qualquer outra prática

[23] Eugênio Aragão é professor da Universidade de Brasília e Procurador-Geral da República. Participou do Seminário Nacional Sobre Tortura, realizado pela Secretaria de Direitos Humanos da Presidência da República, em parceria com a Universidade de Brasília, em maio de 2010. As concepções que apresentou na Mesa sobre "Tortura: uma visão das ciências humanas" foram gravadas e constam do DVD *Tortura* Imagem: CPCE/UnB e Marcelo Zelic-Armazém Memória S.P. Edição: Belloni e Associados/SP. Distribuição: Secretaria de Direitos Humanos da Presidência da República.

que ferisse a integridade física dos indivíduos, com o objetivo de ampliar ao máximo a responsabilidade do Estado. Esta mesma forma foi repetida em 1950, na Convenção Europeia de Direitos Humanos, no artigo 3º; em 1966, no artigo 7º do Pacto Internacional de Direitos Civis e Políticos e, em 1969, no artigo 5º da Convenção Americana de Direitos Humanos – o Pacto de San José.

Embora a tortura ocorra em muitos países, sua prática vem encontrando crescente vedação que é expressa em vários tratados internacionais de caráter universal[24] e regional[25], isto

---

[24] No âmbito das Nações Unidas, além do Artigo 5º da Declaração Universal dos Direitos Humanos, podemos citar o Artigo 7º do Pacto Internacional dos Direitos Civis e Políticos (16/12/1966); Artigos 3º(1) (a) e 3º (1) (c) das quatro Convenções de Genebra sobre a proteção de vítimas de conflitos armados (12/8/1949), especificamente o artigo 147 da Convenção sobre Proteção dos Civis em tempos de Guerra, os artigos 49 a 51 da Convenção para a Melhoria da Sorte dos Feridos e Enfermos dos Exércitos em Campanha, e os artigos 51 a 53 da Convenção sobre a melhoria da Sorte do Feridos, Enfermos e Náufragos das Forças Armadas no Mar; todo o texto da Convenção contra a Tortura e Outros Tratamentos ou Penas Cruéis, Desumanos ou Degradantes (10/12/1984); e os artigos 37 a 39 da Convenção sobre os Direitos da Criança (29/11/1989) (Instituto Interamericano de Direitos Humanos/IIDH; Associação para a Prevenção da Tortura/APT, 2004, p. 19).

[25] No plano americano, podemos citar o Artigo 5º da Convenção Americana sobre Direitos Humanos (22/11/1969) e a Convenção Interamericana para Prevenir e Punir a Tortura (9/12/1985). No âmbito europeu, merecem referência o Artigo 3º da Convenção Europeia para a Proteção dos Direitos Humanos e das Liberdades Fundamentais (4/11/1950); o Princípio VII da Ata Final de Helsinque (1º/8/1975); a Convenção Europeia para a prevenção da Tortura e das Penas ou Transtornos Desumanos ou Degradantes (26/11/1987), assim como seus Protocolos 1 e 2, de 4 de novembro de 1993. No plano africano, vale mencionar o Artigo 5º da Carta Africana dos Direitos Humanos e dos Povos (27/7/1981) (Instituto Interamericano de Direitos Humanos/IIDH; Associação para a Prevenção da Tortura/APT, 2004, p. 19).

é, tanto no âmbito das Nações Unidas como nos planos americano, interamericano, europeu e africano.

Parte crescente da doutrina jurídica internacional defende a tese de que a proibição da tortura tem hoje o estatuto de *jus cogens*, ou *norma imperativa* do direito internacional. Sobre a concepção de *jus cogens*, Fabio Konder Comparato, no seu texto ao livro *Tortura*, decorrente de sua apresentação no Seminário Nacional sobre Tortura, realizado em 2010 em Brasília, esclarece a noção deste estatuto:

> Em 1969, a Convenção de Viena sobre o Direito dos Tratados veio dar à noção de princípio geral de direito, sob a denominação de norma imperativa de direito internacional geral – *jus cogens* – uma noção mais precisa. É o que se vê do disposto em seu artigo 53:
>
> É nulo o tratado que, no momento de sua conclusão, conflita com uma norma imperativa de direito internacional geral. Para os fins da presente Convenção, uma norma imperativa de direito internacional geral é uma norma aceita e reconhecida pela comunidade internacional dos Estados no seu conjunto, como norma da qual nenhuma derrogação é permitida e que só pode ser modificada por nova norma de direito internacional geral da mesma natureza (Comparato, 2010, p. 87).

Em outubro de 1975, os profissionais médicos, reunidos em Tóquio, elaboraram uma declaração que definiu a tortura como

> [...] a imposição deliberada, sistemática e desconsiderada, de sofrimento físico ou mental por parte de uma ou mais pessoas, atuando por conta própria ou seguindo ordens de qualquer tipo de poder, com o fim de forçar uma outra pessoa a dar informações, confessar, ou por outra razão qualquer. (Associação Médica Mundial, 1975).

Entre os instrumentos sistematizados para a atenção às vítimas de torturas, destaque para um trabalho de cerca de 140 páginas concluído em 1999, em Istambul. Esse trabalho é produto de análises e pesquisas desenvolvidas ao longo de mais de três anos, com a participação de mais de setenta e cinco cientistas da área forense, médicos, psicólogos, monitores de direitos humanos e advogados, representando quarenta organizações e instituições internacionais de quinze países diferentes. Esse texto ficou conhecido como Protocolo de Istambul (Grupo Tortura Nunca Mais do Rio de Janeiro, 2002, p. 263-406) e tornou-se um manual para a efetiva investigação de documentação da tortura e outros tratamentos ou penas cruéis, e incluiu pormenorizada listagem dos sofrimentos decorrentes da tortura, tanto físicos com repercussões mentais como sofrimentos mentais decorrentes de situações de constrangimento, ameaças, humilhação, violação sexual, ameaças de maus-tratos a familiares.

A proibição da tortura

Em 10 de dezembro de 1984, a Assembleia Geral da ONU adotou a Convenção das Nações Unidas Contra a Tortura e Outros Tratamentos ou Penas Cruéis, Desumanos ou Degradantes, que entrou em vigor em 1987 e foi ratificada pelo Brasil em 28 de setembro de 1989. A Convenção Contra a Tortura é composta por trinta e três artigos e no seu Artigo 1º diz:

> Para fins da presente Convenção, o termo tortura designa qualquer ato pelo qual dores ou sofrimentos agudos, físicos ou mentais, são infligidos intencionalmente a uma pessoa a fim de obter, dela ou de terceira pessoa, informações ou confissões; de castigá-la por ato que ela ou terceira pessoa tenha cometido ou seja suspeita de ter cometido; de intimidar ou coagir esta pessoa ou outras pessoas; ou por qualquer outro motivo baseado em discriminação de qualquer natureza; quando tais dores ou sofrimentos são infligidos por um funcionário público ou outra pessoa no exercício de funções públicas, ou por sua instigação ou com o seus consentimento ou aquiescência. Não se considerará como tortura as dores ou sofrimentos que sejam consequência unicamente de sanções legítimas, ou que sejam inerentes a tais sanções ou delas decorram (Instituto Interamericano de Direitos Humanos/IIDH; Associação para a Prevenção da Tortura/APT, 2004, p. 21)

O principal mérito da Convenção de 1984, na opinião de Aragão (2010), é o detalhamento da concepção de tortura que supõe a imposição de um sofrimento grave, psíquica e fisicamente, vinculado a um objetivo e é uma prática consciente, para obtenção de um fim determinado. A partir dessa Convenção, a tortura só é configurada como tal quando praticada no espaço público, por agente público ou sob sua ordem, aquiescência ou instigação. Até então as declarações anteriores não faziam diferenciação entre espaço público e espaço privado, em relação à tortura.

> O que se pune, ou o que se pretende, é fazer o Estado punir a tortura praticada por um agente público. [...]. Em 1984 todo o debate a respeito da criminalização da tortura se deu precisamente em função das experiências das ditaduras latino-americanas; Argentina, Chile, Uruguai, Brasil, Paraguai foram as grandes razões para criar esta agenda nas Nações Unidas; o paradigma era a tortura praticada pelo agente público (Aragão, 2010).

Essa Convenção passou a ser referência para várias iniciativas de prevenção e de combate à tortura ao tipificá-la como crime internacional e ao criar mecanismos para sua prevenção.

O Protocolo Facultativo à Convenção das Nações Unidas contra a Tortura e outros Tratamentos ou Penas Cruéis, Desumanos ou Degradantes propõe o monitoramento de qualquer tipo de lugar no qual haja privação de liberdade, com o objetivo de prevenir a prática de tortura. Esse Protocolo Facultativo foi adotado pela Assembleia Geral da ONU em 18 de dezembro de 2002.

O Estado brasileiro, ao ratificar em 12 de janeiro de 2007 o Protocolo Facultativo, contraiu a obrigação internacional de

> [...] manter, designar ou estabelecer, um ou mais mecanismos preventivos nacionais independentes para a prevenção da tortura em nível doméstico a lugares onde pessoas são privadas de liberdade, com a intenção de prevenir a tortura e outros tratamentos ou penas cruéis desumanos ou degradantes.

O estabelecimento deste sistema de visitas vem sendo encaminhado pelo governo brasileiro, no âmbito federal, que indicou à Secretaria de Direitos Humanos da Presidência da República a proposta de construção de sistema de visitas regulares, a ser efetivado por um Mecanismo Nacional de Prevenção e Combate à Tortura, mais simplesmente chamado de *Mecanismo*. Esta construção é a principal atribuição do Comitê Nacional de Prevenção e Combate à Tortura decorrente de compromisso internacional aprovado pelo Congresso Nacional por meio do Decreto Legislativo nº 483, datado de 20 de dezembro de 2006 e promulgado pelo Decreto nº 6.085, de 19 de abril de 2007.

> O Mecanismo Nacional de Prevenção e Combate à Tortura é um dispositivo inédito que estabelece um sistema de visitas regulares aos locais de privação de liberdade – independente de aviso prévio – cujo objetivo é o de prevenir a tortura, em vez de reagir à sua ocorrência, bem como exercer o monitoramento regular e periódico das unidades de custódia de pessoas. O Anteprojeto de Lei define ainda o conceito de pessoas privadas de liberdade, considerando como tais aquelas obrigadas a viver, em locais públicos ou privados, por mandado de autoridade judicial, administrativa ou de outro tipo, do qual não podem sair independentemente de sua vontade, tais como locais de internação de longa permanência, centros de detenção, hospitais psiquiátricos, casas de custódia, instituições socioeducativas para jovens em conflito com a lei e centros de detenção disciplinar em âmbito militar. A definição trabalha com conceito abrangente de centros de privação de liberdade, incluindo qualquer que seja a forma ou fundamento de detenção, aprisionamento, contenção ou colocação em estabelecimento público ou privado de controle ou vigilância, bem como unidades públicas ou privadas de internação, abrigo ou tratamento, o que certamente ajudará na prevenção e combate à tortura no País.

Para a legislação internacional, a definição de tortura explicita que ela é praticada por um representante da autoridade competente, ou com seu consentimento. Perpetradores são aqueles que realizam, consentem ou ordenam atos de tortura e de maus-tratos, durante um interrogatório ou até em intimidação, e em geral são agentes de segurança do Estado e incluem as Forças Armadas, a polícia, os agentes de inteligência do Estado, as forças paramilitares ou grupos armados agindo em conexão com forças oficiais, os agentes penitenciários ou responsáveis por unidades de isolamento de qualquer natureza e as empresas contratadas para qualquer uma das atividades de tortura ou maus-tratos.

Os protocolos contra a tortura dizem expressamente que cada Estado-parte assegurará que suas autoridades competentes procederão imediatamente a uma investigação imparcial sempre que houver motivos razoáveis para crer que um ato de tortura tenha sido cometido em qualquer território sob sua jurisdição.

Nigel Rodley, relator especial da ONU para tortura, que esteve no Brasil em 2000, elaborou um relatório sobre a tortura divulgado em 30 de março de 2001, é o principal defensor da tipificação da tortura como uma prática do agente público, e diz que estabeleceu essa distinção não porque a violência doméstica seja menos importante, mas porque juntar as duas agendas implica confundi-las e, sobretudo, confundir os dados estatísticos sobre a criminalização que fica quase sempre impune em relação ao agente público sob a proteção do Estado.

O torturador que tortura em nome do Estado, diz Aragão (2010), o faz com mais abuso porque ele está coberto por certa imunidade, o que não ocorre em relação ao particular que, quando tortura, o faz por sua própria conta e risco.

Esta distinção entre espaço público e espaço privado é intrínseca à discussão sobre a proteção internacional dos Direitos Humanos, que é de responsabilidade do Estado.

> Porque o conceito de Direitos Humanos é estabelecido a partir de uma consideração sobre a qualidade da relação entre governantes e governados; historicamente, súditos se revoltando contra os soberanos que não os tratavam com dignidade. A relação é tipicamente de Direito Público, uma relação de Direitos Humanos. [...] A responsabilidade do Estado está em direta relação com a responsabilidade individual, na medida em que os tratados internacionais criam a obrigação de perseguir que faz a ponte entre a responsabilidade individual e a responsabilidade do Estado. [...] Esta obrigação atinge o indivíduo, e como a pretensão punitiva não pertence exclusivamente ao Estado, mas à comunidade internacional, o Estado se sujeita a uma expropriação da sua jurisdição, e isto é feito através de jurisdição universal, de jurisdição extraterritorial, [...] por tribunais internacionais, quando se trata de crimes contra a humanidade. [...] Quando a comunidade internacional acusa um indivíduo pela prática de um crime contra a humanidade, como a tortura, de forma oblíqua ela está fazendo valer a responsabilidade internacional do Estado, ou seja, no banco dos réus, de forma oblíqua, lá está o Estado também, que acaba se confundindo com o réu (Aragão, 2010).

O descumprimento pelo Estado das disposições sobre a tortura permite que os cidadãos, individualmente ou em grupo, apresentem suas queixas aos órgãos de defesa dos direitos humanos e outras organizações: Comitê da ONU contra a Tortura; Comissão de Direitos Humanos da ONU; Relator Especial da ONU sobre Direito à Saúde; Relator Especial da ONU sobre Violência contra a Mulher; Tribunal Europeu dos Direitos Humanos; Comissão Africana de Direitos Humanos e dos Povos; Comissão Interamericana de Direitos Humanos.

Após o relatório produzido por Nigel Rodley, outros relatórios foram elaborados pelo próprio país, por meio de representantes no Poder Legislativo bem como do Poder Executivo, o que explicita que, diferentemente da época da ditadura civil-militar, o Estado e o governo brasileiros passaram a considerar que a tortura é crime e que as políticas para erradicá-la devem ser assumidas publicamente.

Entre 2001 e 2004, no final da Campanha Nacional Permanente Contra a Tortura, foi produzido um relatório que divulgou o resultado do serviço Disque Tortura, vinculado à Ouvidoria Nacional da SDH. Através deste Disque Tortura foram recebidas 2.532 alegações de tortura e crimes correlatos, sendo as delegacias de polícia (40%) e as unidades prisionais (21%) os locais de maior incidência.

Policiais militares, seguidos por policiais civis e funcionários de prisão, seriam seus principais agentes. As denúncias relacionam-se à prática de tortura para obter confissões e informações (36,8%); como forma de punição (21,5%); e contra prisioneiros (22,1%). Entre as vítimas mais frequentes da tortura institucional praticada, encontram-se homens, jovens, negros, pobres e com baixo nível de escolaridade.

No campo da política pública de direitos humanos, o Plano de Ações Integradas para Prevenção e Combate da Tortura no Brasil, implantado desde 2005, fruto das recomendações do Relatório de Nigel Rodley, foi um passo importante para articular ações de prevenção e de combate à tortura junto às instituições do Sistema de Justiça Criminal no Brasil.

A partir de 2005, sob a gestão do Ministro Paulo Vannuchi (2005-2010), a Secretaria Especial de Direitos Humanos iniciou a integração efetiva de profissionais da área *psi* na construção de políticas públicas de governo, direcionadas ao combate à tortura e maus-tratos dentro de instituições, e, entre esses profissionais, foram convidados a se integrar como dirigentes da Secretaria de Direitos Humanos, após 2005, Carmen Silveira de Oliveira, psicóloga, Secretária Nacional de Promoção dos Direitos da Criança e do Adolescente, e Maria Auxiliadora de Almeida Cunha Arantes, psicóloga e psicanalista, Coordenadora Geral de Combate à Tortura, no período 2009-2010.

A SDH também designou psicólogos e psicanalistas como membros efetivos do Comitê Nacional de Prevenção e de Combate à Tortura[26]. Os profissionais Tania Kolker, Janne

---

[26] Os psicólogos indicados pelo Conselho Federal de Psicologia como membros efetivos e suplentes para o Comitê Nacional de Prevenção e Combate à Tortura, a partir de 2008, foram: Esther Maria M. Arantes, Fernanda Ottoni, Maria Auxiliadora de Almeida Cunha Arantes, Janne Calhau Mourão e Edmar Carrusca.

Calhau Mourão e Paulo Cesar Endo, desde 2009, integram o *Grupo Multidisciplinar de Peritos Independentes para Prevenção e Combate à Tortura*, instituído no âmbito da Secretaria de Direitos Humanos, que tem como um dos objetivos auxiliar na detecção de indícios psicológicos e físicos de crimes de tortura. Como formadores de opinião e professores, estes profissionais participam da concepção e condução dos cursos oferecidos pela Secretaria de Direitos Humanos programados em todo o Brasil[27].

Paralelamente, todas as ações desenvolvidas pela Secretaria de Direitos Humanos da Presidência da República expressas pelos Programas Nacionais de Direitos Humanos, conhecidos como PNDH 1, 2 e 3, implementaram e continuam gerindo políticas que incluem propostas para o enfrentamento da tortura. A Coordenação Geral de Combate à Tortura (CGCT) da SDH tem como trabalho específico ações de enfrentamento da tortura, e uma destas ações foi a convocação e organização do Seminário Nacional sobre Tortura, realizado em 2010; neste trabalho há várias referências a exposições apresentadas nesse seminário.

27 Kolker, Endo e Mourão publicaram textos no livro *Tortura*, Coordenação Geral de Combate à Tortura (Org.), Secretaria de Direitos Humanos da Presidência da República. Os textos, que integram o capítulo "Tortura: Uma visão da psicologia e da psicanálise"; são: "Tortura e impunidade – danos psicológicos e efeitos de subjetivação" (Tania Kolker); "Elaboração onírica e representação na literatura de testemunho pós-ditadura no Brasil" (Paulo Endo); "Só nos resta a escolha de Sofia?" (Janne Calhau Mourão).

A própria CGCT apresentou um texto no livro *Tortura* com uma visão objetiva e ao mesmo tempo lúcida da tortura hoje no Brasil, assim expressa:

> No Brasil do século XXI, a violência policial e de agentes públicos continua a se exercer sobre a população encarcerada e em locais de privação de liberdade. Violência a serviço de interesses de classe e do poder econômico é imposta às populações pobres e desempregadas que vivem em situação de rua nas grandes cidades, sobre a população do campo, contra os indígenas, contra os quilombolas e contra os que vivem em áreas de barragem ou sobre territórios de onde são expulsos. A luta pela terra e as lutas dos movimentos sociais continuam a ser combatidas com truculência. O poder de milícias paramilitares comanda mortes sumárias dentro das comunidades, das favelas e nas periferias das cidades. E, tal como nos séculos anteriores, persiste a violência. Sem limites e raramente punida[28].

Ao lado da sombria constatação de que a tortura mantém-se no Brasil, praticada sob as vistas do Estado, reconhecemos o esforço feito no sentido de enfrentá-la. A adesão do Brasil à Convenção da ONU contra a Tortura de 1984, e recentemente

---

[28] Integrantes em 2010 da Coordenação Geral de Combate à Tortura e autores do texto: Ana Paula Barbosa Meira, Cynthia Rejanne Correa Ciarallo, Danielle Cristina Fonseca Lovatto, Mateus do Prado Utzig, Maria Auxiliadora de Almeida Cunha Arantes, coordenadora geral.

a adesão e implementação de seu Protocolo Facultativo, explicitam o movimento no sentido de prevenir e erradicar a tortura no país.

Em 7 de abril de 1997, entrou em vigor no Brasil a Lei 9.455, que passou a criminalizar a tortura. Essa lei "[...] introduz um alargamento tipológico, abrangendo o comportamento do particular, tornando a tortura um crime comum, contrastando com as Convenções internacionais, anteriormente subscritas" (Burihan, 2008, p. 114).

A discussão surgida no país desde que essa lei foi aprovada continua inconclusa. O contraponto entre a tortura considerada crime comum e a tortura considerada crime próprio, de responsabilidade do Estado, suscitou amplo debate.

Juristas, movimentos sociais e militantes da área, bem como dirigentes e representantes do poder público ligados aos direitos humanos, têm discutido a matéria. José de Jesus Filho, assessor jurídico da Pastoral Carcerária de São Paulo e integrante do Comitê Nacional de Prevenção e Combate à Tortura da SDH, diz que

> A ofensa no crime de tortura não se cinge à integridade física e mental da vítima, mas também ao sistema de justiça. É a confiança no sistema de justiça que se vê afetada, a expectativa de normal funcionamento no sistema de justiça é frustrada com o cometimento do crime de tortura. É o crime praticado em nome da prevenção e repressão

> ao crime. Nas palavras de Nigel Rodley (2001), o crime de tortura é o terror do Estado (Jesus Filho, 2010, p. 250).

Por outro lado, a Convenção da ONU de 1984 estabelece, no seu artigo 1º, que "[...] não se deverá restringir qualquer instrumento internacional ou nacional que contenha ou possa conter dispositivos de alcance mais amplo, em relação ao disposto pela própria Convenção".

A capacidade de humilhar, desacreditar e castigar a vítima é a meta do torturador, qualquer que seja ele.

> Considerar a tortura como delito especial ou de mão própria é interpretar de maneira indevida aquilo que uma boa política criminal aconselha. Já que campeia a desesperança no sentido de que a tortura jamais será suprimida, há que se encontrar novos mecanismos de luta que necessariamente tenham como enfoque além dos funcionários públicos e cidadãos, as relações dos cidadãos entre si (Burihan, 2008, p. 123).

Não tenho como propósito esgotar esta análise, mas apenas apontar aspectos da argumentação que ilustram alternativas para uma boa discussão sobre o tema. O que vale a pena destacar é que o governo brasileiro leva à frente o que foi estabelecido em 1988, ao aprovar nova Constituição, estabelecendo que a tortura é crime inafiançável não passível de graça ou anistia.

As iniciativas para fazer valer o texto constitucional não são tarefas exclusivas do governo, é trabalho para todos os cidadãos e cidadãs deste país.

Ao finalizar as informações sobre a legislação internacional contra a tortura, torna-se necessária a referência aos crimes contra a humanidade. Fabio Konder Comparato, durante o Seminário Nacional Sobre Tortura, fez uma exposição sobre a noção de crime contra a humanidade, e especificamente em relação ao que ficou estabelecido sobre tortura pelo Tribunal Penal Internacional em Roma, em 1998.

A noção de crime contra a humanidade foi formulada ao final da Segunda Guerra Mundial, quando foram revelados ao mundo os horrores dos campos de extermínio nazistas na Europa Central.

> As potências aliadas decidiram, pela primeira vez na História, julgar penalmente os responsáveis, instituindo o Tribunal Militar Internacional de Nuremberg em 1945. O Estatuto desse tribunal definiu como crimes contra a humanidade, em seu art. 6, alínea c, os seguintes atos: "o assassínio, o extermínio, a redução à condição de escravo, a deportação e todo ato desumano, cometido contra a população civil antes ou depois da guerra, bem como as perseguições por motivos políticos e religiosos, quando tais atos ou perseguições, constituindo ou não uma violação do direito interno do país em que foram perpetrados, tenham sido cometidos

> em consequência de todo e qualquer crime sujeito à competência do tribunal, ou conexo com esse crime".
>
> Com o advento do Estatuto do Tribunal Penal Internacional de 1998, em Roma, o genocídio foi caracterizado como modalidade criminosa diversa da dos crimes contra a humanidade. Em seu art. 7º, o Estatuto definiu dez tipos de crimes dessa natureza, incluindo entre elas a tortura. Além disso, acrescentou ao elenco uma modalidade genérica: "outros atos desumanos de caráter semelhante, que causem intencionalmente grande sofrimento, ou afetem gravemente a integridade física ou a saúde física ou mental". Estabeleceu como condição de punibilidade que tais atos criminosos sejam cometidos "no quadro de um ataque, generalizado ou sistemático, contra qualquer população civil, havendo conhecimento desse ataque (Comparato, 2010, p. 83).

Desse conjunto normativo, diz Comparato, "podemos extrair um conceito de crime contra a humanidade como o ato delituoso em que à vítima é negada a condição de ser humano. Nesse sentido, com efeito, indiretamente ofendida pelo crime é toda a humanidade".

Acordos não respeitados

Internacionalmente podemos verificar que os acordos civilizatórios continuam sendo sistematicamente desrespeitados.

Vivemos em um tempo no qual o paradigma do Estado de Exceção, conforme a concepção de Giorgio Agamben, está colocado como imposição. Não foi necessário chegar a um impasse atômico para assistir às manobras do poder que está aquém da norma e acima da lei.

Embora complexa como raciocínio, na prática esta afirmação torna-se evidência. Estou me referindo especificamente aos procedimentos do governo norte-americano, sob George W. Bush, em resposta à derrubada das Torres Gêmeas, em Nova York, em 11 de setembro de 2001.

A reordenação da estrutura jurídica, no que diz respeito à tortura e às diretrizes das Convenções de Genebra, foi uma decisão do governo dos Estados Unidos a partir do 11 de setembro de 2001. A necessidade de dar uma satisfação ao povo norte-americano sobre as causas e motivos de tal ataque, pressionou pela captura do "culpado" pelas incursões contra as Torres Gêmeas e outros alvos dentro do país.

A determinação em encontrar os mentores da ação levou o governo a criar um novo arcabouço jurídico para permitir interrogatórios que usassem a tortura – procedimento em relação aos prisioneiros de guerra até então proibido pelas leis do país e pactuado na Convenção de Genebra.

Com o propósito de tornar legal e legitimar a aplicação da tortura para obter as informações pretendidas, o governo buscou reformular o que é a tortura e, sobretudo, definir se os combatentes do Taleban seriam ou não prisioneiros de guerra, procurando esquivar-se das Convenções de Genebra.

> Os primeiros passos da administração se destinavam a como classificar prisioneiros da "guerra ao terror" e de que forma poderia desobrigar-se da aplicação das Convenções de Genebra. Como signatários das Convenções, os Estados Unidos são obrigados a obedecê-las, tornando necessário o uso de subterfúgios para justificar métodos de interrogatório coercitivos. Ao mesmo tempo, o Estatuto Federal Antitortura e outros dispositivos legais contra a tortura e tratamento cruel, desumano e degradante proibiam a aplicação das técnicas pretendidas pelos interrogadores. Assim, o segundo passo para o estabelecimento de uma nova estrutura legal envolvia ampliar a definição de tortura, incluindo a tortura psicológica. Com tais objetivos, o governo aprovou o uso de técnicas específicas incompatíveis com as Convenções de Genebra, assim como uma nova definição de tortura. [...] A luta contra o Taleban e a al Qaeda, classificada pelo governo norte-americano como um combate ao terror, significaria "um novo tipo de guerra", que anularia as "estritas e obsoletas limitações de Genebra sobre o interrogatório de prisioneiros inimigos". [...] A rejeição das Convenções de Genebra quanto aos prisioneiros da al Qaeda e Taleban foi incorporada em uma diretriz emitida pelo presidente Bush a 7 de fevereiro de 2002 (Physicians for Human Rights, 2005).

Face à necessidade de tornar os atos de tortura legais e eximir seus executores de qualquer responsabilização criminal, a

Assessoria do Departamento de Justiça do governo estadunidense definiu que atos de tortura praticados em cumprimento a determinações do presidente, além de legais, não eram passiveis de punição, conferindo imunidade jurídica nestas práticas a militares e funcionários do governo. Houve uma reinterpretação jurídica, sob os auspícios do presidente, para que a exceção se instalasse e para que a matabilidade se impusesse, trazendo como corolário a impunidade dos assassinos acastelados no governo norte-americano.

Embora os pareceres de 2002 tenham redefinido a prática de interrogatórios, suas orientações permaneceram em segredo por quase dois anos, e o governo dos Estados Unidos jamais admitiu haver reinterpretado a legislação contra a tortura. Após o vazamento dos textos, em 2004, o governo finalmente decidiu divulgá-los e, reagindo às críticas, anunciou que não considerava mais válidas as orientações e que estas seriam revistas.

A respeito da questão da dor ou sofrimento mentais, no entanto, o parecer de 2004 introduz uma nova interpretação que permite a tortura psicológica.

> Essas técnicas só se caracterizariam como tortura se houvesse demonstração específica de prolongado dano mental à vítima, o que significa dano por um longo período. Seus exemplos sugerem que as sequelas devem durar anos depois do fato. Sob esse ponto de vista, não haveria motivos para o Departamento da Defesa ou a Agência Central

> de Inteligência (CIA) proibirem tais práticas, pois estas somente seriam ilegais caso se comprovasse que levaram a intenso sofrimento após um longo período. [...] Isso atinge o cerne da proibição da tortura, pois o propósito da lei é, em primeiro lugar, impedir que os interrogadores a apliquem, e não esperar para ver o impacto que possa ter tido. Dessa forma, não há razão para que os interrogadores se preocupem com a possibilidade de serem julgados por cometerem atos de tortura psicológica. Em resumo: se o parecer da Assessoria Jurídica for mantido, com certeza continuará a tortura psicológica, na forma de ameaças de morte, privação sensorial, isolamento, humilhação sexual e privação do sono (Physicians for Human Rights, 2005).

Com o título "Há ordens a cumprir", um editorial do *The New York Times* publicado a 4 de abril de 2008 informou que o governo havia elaborado um memorando de oitenta e uma páginas para justificar a decisão oficial de ignorar as leis federais e ameaças internacionais e dar carta branca ao abuso da tortura de prisioneiros de guerra. Um dos primeiros argumentos reitera o que já fora dito por assessores jurídicos, de que as leis não se aplicam a Bush por ele ser o comandante do Estado. Na opinião de muitos advogados do governo, os membros da al Qaeda e Taleban não estariam incluídos na Convenção de Genebra.

Em relação ao *waterboarding*, que simula o afogamento, opinam ser apenas uma imitação e não uma ameaça de morte.

Afogamento simulado, posições estressantes, isolamento, humilhação sexual, exposição prolongada a frio intenso e calor extremo, foram práticas também exercidas pelos colonialistas franceses na Argélia, conforme depoimento de Henri Alleg. Hoje estas práticas vêm sendo chamadas de técnicas de *tortura light*; práticas *enhanced* – aprimoradas – de tortura que não deixam marcas corporais, como nos casos de tortura psicológica.

Tânia Kolker, psicanalista e membro da Equipe Clínica do Grupo Tortura Nunca Mais do Rio de Janeiro, no texto "Legitimação da tortura e produção de subjetividade nas sociedades de controle", apresenta importante informação sobre o relatório da Comissão Landau, instituída em 1987, apresentado pelo governo de Israel ao Comitê Contra a Tortura da ONU, que

> [...] recomendou que se recorresse predominantemente a formas psicológicas de pressão e que somente se aprovasse a pressão física moderada (não desconhecida em outros países democráticos) em casos limitados, quando o grau de perigo previsto fosse considerável. [...]
> Embora as diretrizes estabelecidas pela Comissão Landau nunca tenham sido anunciadas publicamente, relatos encaminhados à Anistia Internacional descreveram os métodos que estariam sendo adotados pelos serviços de segurança israelenses. Segundo relatório desta organização, as técnicas mais utilizadas eram as seguintes: nudez forçada com uso de capuz; isolamento e incomunicabilidade,

> inclusive com advogados e familiares; privação sensorial ou exposição a ruídos excessivos; confinamento em espaços exíguos e sem luz natural; privação do sono por vários dias consecutivos; exposição prolongada a temperaturas extremas; posições estressantes e dolorosas; xingamentos, ameaças (inclusive de tortura de familiares), humilhações (inclusive sexuais), exames corporais desnecessários e exaustivamente repetidos; além de sacudidelas violentas (Kolker, 2009, p. 298).

A prática ilimitada de isolamento também havia ocorrido em relação aos prisioneiros do movimento alemão conhecido como Baader-Meinhof, nos anos de 1970. Em princípio aprisionados em locais diferentes da Alemanha, quase todos em celas de isolamento total como Ulrike Meinhof, que passou oito meses sem contato com ninguém do mundo exterior na prisão de Ossendorf, em Colônia; a partir de 1974 os principais líderes do grupo foram todos encarcerados na mesma prisão, o presídio de segurança máxima de Stammheim, em Stuttgart.

Nesta prisão fora construída especialmente uma ala para abrigar os membros do grupo Baader-Meinhof, ligada a um anexo onde também foram construídas as instalações de um tribunal, ao custo de milhões de marcos, de maneira que eles não precisassem ser removidos do presídio durante as audiências de seu julgamento.

O cenário da bomba-relógio

Embora o 11 de setembro tenha levado à insanidade o governo Bush, sabemos que a ideia de que a tortura pode evitar um mal maior é raciocínio antigo e recorrentemente praticado em outros países e em outros conflitos, armados ou não. Atualmente, este raciocínio recebeu uma nova construção e reforço, sendo divulgado com o nome de Cenário da Bomba-Relógio. A gravidade da proposta é que ela foi montada com todos os recursos da propaganda e do marketing e com suporte televisivo e cinematográfico, e tem usado estes canais de comunicação para sua difusão, sobretudo nos Estados Unidos, Europa, Austrália e em todos os lugares nos quais a televisão é um meio de entretenimento da família e formadora de opinião. O Cenário da Bomba-Relógio mereceu da Associação para a Prevenção da Tortura (APT) ampla divulgação através do folheto: *Desativando o Cenário da Bomba Relógio – Porque nós devemos dizer Não à tortura, sempre.*

> O Cenário da Bomba-Relógio é um 'experimento mental' hipotético destinado a questionar a proibição absoluta da tortura. Pode ser formulado da seguinte forma: suponha que alguém envolvido em um ataque iminente, que matará muitas pessoas, foi capturado pelas autoridades e que só se for torturado revelará as informações necessárias para impedir o atentado. Ele deve ser torturado? (Association for the Prevention of Torture, 2007, p. 1).

Quaisquer que sejam os motivos de sua apresentação em um determinado contexto, o efeito pretendido com o Cenário da Bomba-Relógio é criar dúvida sobre a proibição absoluta da tortura e criar uma exceção jurídica para a proibição, ou ao menos a aceitar que as leis contra a tortura não sejam aplicadas em alguns casos.

A aposta feita pelo Cenário da Bomba-Relógio é altíssima:

> [...] o fim da proibição absoluta da tortura, através de um processo sistemático e permanente de divulgação com vistas a formar opinião e tomar o espectador, ou ouvinte e leitor, como implicado em uma hipotética situação onde estivesse, ele e ou seus familiares, amigos ou colegas, pessoalmente envolvidos em uma situação de risco iminente (Association for the Prevention of Torture, 2007, p. 3).

Este cenário da bomba-relógio não foi uma criação isolada do governo norte-americano, pois vimos que, em séculos anteriores, a tortura sempre foi autorizada em determinadas situações.

Um paradoxo

A caracterização da tortura como procedimento de Estado ou sob seus auspícios faz parte da história da tortura, desde que deixou de ser considerada uma rixa de caráter exclusivamente particular e de âmbito privado. O julgamento, por parte do Estado, da legalidade de um ato que ele próprio autorizou, apresenta um paradoxo e abre espaço para que esse recurso possa vir a ser um lenitivo à culpa e um perdão antecipado ao ato criminoso, o que tem sido reiteradamente invocado como um cumprimento de ordens superiores.

Neste aspecto o comportamento de Eichmann durante o julgamento em Jerusalém é um paradigma da tentativa hercúlea de se eximir da culpa, bem como a declaração do general Aussaresses sobre os procedimentos na Guerra da Argélia.

Podemos também constatar que o arcabouço de defesa e o esforço humanitário de combate à tortura têm sido pouco eficazes. Pensando no Prefácio de Sartre ao livro de Fanon, constatamos que seu texto não sensibilizou homens como o general Aussaresses que, mesmo em 2008, várias décadas depois, orgulhava-se de sua atuação como um matador.

A montagem do cenário da bomba-relógio, bem como o recurso incansável da administração Bush de menosprezo às Convenções de Genebra no trato com os adversários, tornam evidente que a prática da tortura escorrega nos corredores dos tribunais e nos pactos secretos, não possibilitando que seja mostrada nua e vilã.

Ao carrasco não se confere a responsabilidade do seu exercício profissional e ao Estado se retira a inteireza de sua culpa.

Por outro lado, os instrumentos internacionais de enfrentamento da tortura têm reunido as nações em busca de novas possibilidades de prevenção e procura da melhor defesa dos direitos humanos

Pedro Nikken, ex-presidente da Corte Interamericana de Direitos Humanos, ofereceu uma contribuição sobre a não prescrição dos crimes de lesa-humanidade e de tortura (Nikken, 2009). A abordagem está fundada na Convenção Americana sobre Direitos Humanos, assinada por ocasião da Conferência Especializada Interamericana sobre Direitos Humanos em San José da Costa Rica, em 22 de novembro de 1969.

Nikken disse que suas conclusões estão embasadas na convicção de que qualquer forma de violação dos direitos humanos é incompatível com a Convenção Americana dos Direitos Humanos e que os Estados têm obrigação de combater e erradicar estas violações. Condensadas nos três parágrafos abaixo, lidas originalmente em espanhol, estas conclusões expressam a orientação da Corte Interamericana de Direitos Humanos:

> 1) A obrigação de combater e erradicar a impunidade é imperativa, inexcusável e inderrogável frente aos casos de violação de maior gravidade e dos direitos humanos, que configuram delitos contra o Direito internacional, e entrem na esfera do *jus cogens*, como ocorreu com o genocídio, os crimes de guerra e os delitos de lesa-humanidade, incluídas as execuções extrajudiciais, a tortura e o desaparecimento forçado de pessoas.

> 2) A erradicação da impunidade compreende:
>
> 1) a determinação da verdade;
>
> 2) a justiça que compreende o julgamento e a punição dos responsáveis e
>
> 3) a reparação.
>
> 3) O Estado responde por graves violações dos direitos humanos cometidas no passado, inclusive antes de haver ratificado a Convenção, quando se trata de delitos continuados, quando estiver pendente a investigação que o Estado está obrigado a empreender através de todos os meios legais e quando estas violações estejam amparadas em anistia ilegítima e não abolida pelo Estado (Nikken, 2009).

Entre as normas fundamentais e medidas legais para a construção deste processo no Brasil, estão as que "[...] devem contribuir para o esclarecimento da verdade sobre as violações praticadas durante períodos políticos conflitivos e conturbados" (Núcleo de Preservação da Memória Política, [s.d.]).

A aprovação da Comissão da Verdade é a principal proposta para a consolidação do direito à memória e à verdade para melhor cumprimento da Justiça, rumo à consolidação do Estado Democrático de Direito.

Durante evento organizado pelo Núcleo de Preservação da Memória Política, realizado no Memorial da Resistência, em junho de 2011, Paulo Abrão, presidente da Comissão de Anistia e Secretário Nacional de Justiça do Ministério de Justiça, enumerou três motivos relevantes para a imediata implantação da Comissão da Verdade, com vistas à consolidação da Democracia:

- atender à construção do diálogo sobre o passado e o compartilhamento da história, impedindo seu negacionismo;
- atender ao direito de acesso à verdade não só das vítimas de violações, mas de toda a sociedade brasileira;
- impedir o retorno da história a um passado de violações.

Considerações finais

A tortura é um ato que só os humanos praticam e o fazem ao longo da história da espécie humana

As narrativas e os testemunhos incorporados neste trabalho materializam a presença da tortura em diferentes períodos da história da humanidade. Contada em parte pelos protagonistas e comentada por analisadores, a evidência do que os humanos conseguiram fazer contra a própria espécie humana convoca a uma manifestação que possa sustentar ao mesmo tempo a denúncia e a tentativa de compreender o que leva os homens a se destruírem mutuamente, de forma intermitente.

Desde os muros untados em Milão no século XVII, passando, no século XX, pelos testemunhos de Primo Levi e Julius Fucik, prisioneiros dos nazistas durante a Segunda Guerra Mundial, de Henri Alleg, prisioneiro na Guerra da Argélia, assim como nas denúncias dos ex-presos políticos da ditadura civil-militar no Brasil, todos contam a seu tempo o que os torturadores fizeram e causa perplexidade perceber que os motivos para torturar são sempre os mesmos: arrancar confissões, fabricar provas, humilhar e punir.

Ao analisar em 1770 o Processo dos Untores, ocorrido 140 anos antes, Verri relata que, na aflição de encontrar culpados pela disseminação da peste, os donos do poder em Milão determinaram, a partir de comprovação dos médicos, que os culpados eram os untores, que sob tortura inventaram um crime que na verdade não tinham cometido.

Os doutores da época subsidiaram os senadores com seu parecer de que a mistura fora feita com a intenção de alastrar a desconhecida doença, sendo a culpa creditada a Piazza e Mora.

Ao aproximar o Processo dos Untores ao uso de cobaias humanas, no século XX, evidencia-se que, em ambas as situações, o conhecimento científico foi usado pelos torturadores. Sobre o extermínio, a otimização dos fornos crematórios contou com a participação de homens da ciência, e Primo Levi declarou que não se assistira, até então, a procedimento algum que combinasse com tamanha lucidez a tecnologia, o fanatismo e a crueldade.

Henri Alleg, preso na Guerra da Argélia, relata a tortura pela água, inspirada nos procedimentos da Idade Média pela Inquisição; esta modalidade retorna após 2001 pelas mãos do governo norte-americano, como foi amplamente divulgado pelos meios de comunicação. A novidade é que os norte-americanos passaram a considerar a tortura pelo afogamento como uma forma de tortura que denominaram de *tortura light*, ou *waterboarding*.

Ao lado das posições estressantes, de práticas de isolamento acústico, sensorial, térmico e visual, da humilhação sexual e exposição prolongada ao frio excessivo alternado com calor intenso, essas práticas ficaram conhecidas por meio das mídias digitais, eletrônicas, televisivas e escritas como práticas aprimoradas de tortura, e por isso fora do alcance da legislação estadunidense que proíbe a tortura.

Alleg relata igualmente a forma de tortura com choques elétricos, anos depois também testemunhada pelos ex-presos no Brasil. Entre os procedimentos aplicados na Argélia, o mais nefasto foi revelado por um dos principais comandantes dos paraquedistas franceses, o general Aussaresses, ao confirmar que o desaparecimento de opositores mortos era um método bem-sucedido, copiado do programa nazista de matar sem deixar vestígios e executado com eficácia contra os argelinos.

Ação semelhante foi executada pelos militares brasileiros, a partir dos anos 1970, com o início dos desaparecimentos dos corpos dos militantes mortos durante a ditadura civil-militar no Brasil, o que se repetiu no Uruguai, na Argentina, no Chile, durante as sucessivas ditaduras que se implantaram na América do Sul na segunda metade do século XX.

A ditadura civil-militar no Brasil criou um arcabouço jurídico para estabelecer a exceção como regra, o que otimizou a tortura e a morte e a melhor forma de organizá-las, escondendo os corpos assassinados, obstruindo o acesso aos arquivos da época. Apesar do advento da democracia, e da Constituição de 1988 ter estipulado no artigo 5º item III "[...] ninguém será submetido a tortura nem a tratamento desumano ou degradante" e, no item XLIII, "[...] a lei considerará crimes inafiançáveis e insuscetíveis de graça ou anistia, a prática da tortura [...] por ele respondendo os mandantes, os executores e os que podendo evitá-lo se omitirem", a tortura de militantes políticos dentro das prisões da ditadura civil-militar continua impune, perdoada pelos legisladores e justificada pelos seus mandantes.

A tortura vigente dentro das prisões e em locais de privação de liberdade no país exige firme denúncia e medidas para erradicá-la. O julgamento dos mandantes, executores e daqueles que, podendo evitá-la, omitem-se, está previsto constitucionalmente. Igualmente a Lei 9.455 de 1997, contra a tortura, tipifica e penaliza esse crime, o que autoriza o Estado a se empenhar em todas estas direções para o enfrentamento da tortura no Brasil.

O que ocorreu no país entre 1964-1985, período correspondente à implantação, desenvolvimento e atuação da ditadura civil-militar, permanece, em parte, oculto da sociedade brasileira.

A principal demanda hoje, para a consolidação da democracia, é a instalação da Comissão da Verdade, para apuração desse período.

O torturador exerce a crueldade de forma extrema. Está consciente do que faz e por isso torna-se responsável pelo crime cometido

O que quer o torturador? Ao sustentar seu anonimato, e impor o silenciamento, instaurando o *fazer calar*, o torturador escapa do julgamento e da punição, e torna-se um facilitador para que a tortura mantenha-se. Prestou seu serviço ao poder político, econômico, religioso, não importa, e, nesta condição, incorporou a função de *manus longa* do poder, usufruindo a impunidade.

A tortura transita no campo dos interditos, seu amálgama é o segredo, seu *locus* privilegiado a prisão ou outro lugar qualquer em que a vítima é totalmente privada de sua liberdade. Neste local o torturador exerce seu poder sobre um semelhante assimetricamente imobilizado, vedado, amordaçado e nu. O torturador precisa de duas confirmações: primeiro, arrancar a confissão como prova, e cumpre nesta missão a obediência ao chefe.

Torturadores históricos como Eichmann e Rudolhf Höss não tiveram qualquer constrangimento em afirmar que obedeciam a Hitler, e que esta era a única alternativa de que dispunham. A resposta do nazista Eichmann, ao ser interrogado durante o Tribunal de Jerusalém sobre sua responsabilidade frente à matança que coordenou dentro dos campos de extermínio, de que *apenas cumprira ordens*, tornou-se um exemplo sinistro e paradigmático da tentativa de se eximir da responsabilidade pelos atos criminosos, afastando qualquer fragmento de dúvida, de ambivalência e consequentemente de culpa frente ao crime que executou.

Tal como Eichmann, também o general Aussaresses deixou a comunidade internacional perplexa quando, em 2001, em entrevista a jornalistas, disse que, durante a Guerra da

Argélia, não poupou esforços em extrair informações sob tortura e fazer desaparecer corpos assassinados. Perguntado pelos entrevistadores em 2008 se havia se arrependido do que fizera, respondeu: "Não, nunca tive qualquer arrependimento, obedecia a ordens do general Massu", e completou: "[...] se você é um oficial que depende de um superior que você respeita, você irá até o fim com ele".

Ainda sobre a obediência, faço referência à pesquisa realizada na Universidade de Yale em 1974. O psicólogo e pesquisador norte-americano Stanley Milgram observou que as pessoas obedecem a ordens para praticar atos violentos por medo de perder a estima de quem dá a ordem, e sentem-se desresponsabilizadas frente ao que executam. Milgram diz que:

> A essência da obediência é que a pessoa passa a se ver como um instrumento que executa os desejos de outra e que, portanto, deixa de se considerar responsável pelas suas ações. Uma vez que ocorre essa mudança crítica de ponto de vista, seguem-se todos os fatores essenciais da obediência. A consequência mais distante é que a pessoa se sente responsável perante a autoridade que a dirige, mas não sente nenhuma responsabilidade pelo conteúdo das ações prescritas pela autoridade (Milgram, 1963, p. 371-378).

Zigmunt Bauman apresenta no seu livro *Modernidade e Holocausto* um capítulo, "A ética da obediência", em que comenta as pesquisas de Stanley Milgram. O império da ordem, conforme Bauman, sobrepôs-se à ruptura da ordem, o que foi tornando-se evidente, com o conhecimento do que ocorreu nos campos de extermínio durante a Segunda Guerra Mundial. Sobre essa constatação, Bauman diz, entre outras coisas, que

> [...] o extermínio não foi obra de uma turba ruidosa e descontrolada, mas de homens uniformizados, obedientes, disciplinados, cumpridores das normas e meticulosos no espírito e na letra de suas instruções. [...] A notícia mais assustadora trazida pelo Holocausto e pelo que soubemos acerca dos seus executores não foi a probabilidade de que isso pudesse ocorrer a nós, mas a ideia de que nós poderíamos perpetrá-lo (Bauman, 1998, p. 175).

Além da obediência que lhe traz a certeza de ter cumprido um dever, o torturador tem também uma vitória íntima, sem proclama e sigilosa, uma vitória interna, sem qualquer traço de ambivalência ou de culpa. Demonstrou ao torturado seu poder destrutivo e, ao exercê-lo, sente-se recompensado.

Por isso mesmo o torturador é responsável pelo que escolheu fazer e deve responder pelo crime de tortura.

A tortura é um ato humano, cruel e degradante, e que atinge ao mesmo tempo a humanidade à qual o torturador também pertence

Qualificar a tortura como ato inumano é um paradoxo. A tortura é cruel e extrema. Causa, sim, um ataque desmedido à humanidade, e por isso foi considerada crime que lesa a humanidade.

Os próprios humanos conseguiram arquitetar atos que incidem sobre o campo humano com tal intensidade que explodem e incidem sobre a cultura e deixam uma inscrição indelével.

No livro *Memorias del Calabozo*, o ex-preso político uruguaio Eleuterio Fernández Huidobro relata:

> [...] a agressão que estavam cometendo contra nós já não era contra militantes políticos de uma organização concreta. A essa altura dos acontecimentos, estavam agredindo o gênero humano por nosso intermédio. O que estavam fazendo transcendia a questão política e a questão ideológica. (Rosencof e Huidobro, 2009, p. 67)[1].

Nathalie Zaltzman perguntou que razões teriam tido os homens, imediatamente ao final da Segunda Guerra Mundial,

---

[1] Huidobro, Mauricio Rosencof e outros sete dirigentes do Movimento de Libertação Nacional – Tupamaros foram mantidos pelos militares uruguaios em regime de reclusão e incomunicação por onze anos e meio, entre 1973 e 1985. Encarcerados em celas subterrâneas de dois metros por um e muitas vezes privados de água e alimentos durante esse período, os militantes eram ameaçados de eliminação a qualquer momento e torturados sem motivo aparente, reiteradas vezes.

em Nuremberg, para classificar de inumanos os atos cometidos pelos nazistas durante a guerra. E afirma que algo aconteceu

> [...] no campo da cultura e da moral e atingiu a humanidade, a ponto de conceber uma tipificação para um crime que a humanidade comete contra si própria: *o crime contra a humanidade*. Teria sido a urgência e a *consciência moral angustiada* que inspirou esta declaração ou foi pensado haver uma instância fora do humano que pudesse abarcar todo o humano e afirmar o desumano como essência? (Zaltzman, 2007, p. 72).

Embora Zaltzman questione a classificação desses crimes como crimes de lesa-humanidade, inumanos e desumanos, como equivalentes em sua formulação, afirmando ser impossível haver uma instância fora do humano que lhe permita assim dizer, penso que o resultado extremo de ataque à humanidade não descentra o torturador de sua condição humana, mas o crime praticado, sim, incide sobre os humanos em seu pertencimento à humanidade.

Os tribunais de Nuremberg, em 1945, e de Roma, em 1998, por meio de seus respectivos Estatutos, ao definirem os crimes de lesa-humanidade, explicitaram um esforço ao assumir estas práticas como máximas e as penalizaram como procedimentos que remetem à ruptura com a humanidade.

Afirmá-las como um ato inumano, por outro lado, leva à indiferença da sociedade, aliviada por uma prática que foi exercida *por uma espécie de gente que não é humana*, logo, uma prática que não lhe diz respeito.

Percorrendo os marcadores da história da tortura, com o recurso à teoria psicanalítica, a afirmação freudiana de que a destrutividade é inerente ao humano e, ao mesmo tempo, o principal empecilho à cultura, materializam-se paradoxalmente nesta concepção: a tortura é um ato humano que estabelece uma fenda no próprio campo da humanidade. Uma fenda que não se fecha.

Os pactos civilizatórios e humanitários fazem avançar a compreensão dos humanos sobre a devastação que eles mesmos provocaram, indicando caminhos para superá-las. Mas há algo que escapa da razão e da lucidez, e esse algo não é do campo da razão, é do campo das pulsões e, na sua essência, são reverberações do inconsciente, ao qual somente se tem acesso pelas suas manifestações. E por enquanto as manifestações de destrutividade insistem e estão coladas no trânsito que os homens fazem pela sua própria história.

Sobre a infindável espiral da violência, que emergiu da fenda expandida com os acontecimentos da Segunda Guerra Mundial, há sempre testemunhos que conseguem nos surpreender. Ana Berezin, psicanalista argentina, publicou em 2010 um livro sobre a crueldade no qual transcreve um relato de Marguerite Duras[2] que é a cristalização do paradoxo humano na sua provavelmente mais cruel experiência:

---

[2] Marguerite Duras nasceu em Gia Dinh, na Indochina, atual Vietnã, em 1914, onde passou a infância e adolescência. Aos 18 anos, mudou-se para a

> São muito numerosos, os mortos são verdadeiramente muito numerosos. Sete milhões de judeus foram exterminados, transportados em comboios para animais, e imediatamente asfixiados nas câmaras de gás construídas para esta finalidade. Em Paris, porém, não se fala dos judeus. Seus bebês recém-nascidos foram entregues ao destacamento de mulheres encarregadas do estrangulamento de crianças judias, especializadas na arte de matar por meio de uma pressão nas carótidas. Morrem com um sorriso, não sentem dor, dizem elas. Este novo rosto da morte organizada, racionalizada, descoberta na Alemanha, provoca constrangimento antes da indignação (Berezin, 2010, p. 25).

O relato de Duras nos leva a indagar: o que levaria um grupo de mulheres, possivelmente mães ou futuras mães, a abandonar sua função de cuidar e se implicarem na função de matar? As contingências da guerra? O medo, a dor, a insensatez, o enlouquecimento e a perda da razão? Jamais saberemos. Podemos responder muito pouco a esta pergunta, talvez não consigamos.

França; estudou Direito e Ciência Política na Sorbonne, formando-se em 1935. Em 1939 casou-se com Robert Antelme, que foi preso pela Gestapo durante a Segunda Guerra Mundial, em 1º de julho de 1944, e enviado para os campos de Buchenwald e Dachau. Duras participou ativamente da Resistência Francesa e as experiências com as quais conviveu durante esse tempo serviram como subsídios para o livro que publicou em 1985, *A Dor*, e a referência citada é deste livro. Escritora e autora de vários livros, recebeu em 1984 o Prêmio Goncourt, prêmio literário francês, pelo seu livro *O Amante*. Disponível em http://clubedolivro.blog.com.

Difícil pensar que as mulheres que mataram os bebês, deixando um sorriso nos seus lábios, eram mulheres e humanas. Mas sim, eram mulheres e humanas, e presentificaram, na terrível ordem que lhes foi imposta, e da forma que o fizeram, a fronteira inexpugnável na qual se materializa a descida do humano rumo à sua pior condição, em que a destrutividade como política nazifascista manifestou seu rosto inquietantemente cruel.

Uma das únicas vertentes possíveis é a suposição de que a própria guerra, como expressão máxima da destrutividade, impõe atos que ultrapassam barreiras extremadas e encontra seres humanos que determinam estas ordens e outros que as executam.

Quando Freud conversou com Einstein sobre a guerra, em 1933, disse sem meias palavras que o ódio e a destruição na guerra materializam-se quando o organismo preserva sua própria vida, destruindo uma vida alheia. O sorriso dos bebês explicita a humana face de um crime petrificado.

A *inscrição psíquica produzida pela tortura não se apaga*

As consequências do excesso e da crueldade produzidas pela tortura não se extinguem e *nada do que uma vez se formou pode perecer*.

As marcas deixadas pela tortura são ao mesmo tempo físicas e psíquicas, cara e coroa da mesma moeda. Não há tortura física que não tenha cunhado no momento da tortura uma inscrição psíquica que não se desfaz. Estas inscrições não têm um nexo causal como quer a ciência médica. Há marcas na pele e no corpo que deixam cicatrizes, são visíveis, podem ser registradas, estas, sim, podem ter nexos causais. Que instrumento mede a dor invisível, a dor psíquica decorrente do mesmo momento em que estas marcas no corpo foram impressas? Que instrumento pode registrar a lembrança do tempo vivido dentro da *geladeira* e das celas solitárias; a lembrança da sensação de insetos e de jacarés percorrendo corpos nus e do desamparo causado pela nudez e a violência do estupro? Qual a lembrança rediviva das mulheres que presas com os filhos foram afetadas ao mesmo tempo pela dor dos maus-tratos e o desespero de saber que seus filhos também eram reféns dos algozes? Estas inscrições não são mensuráveis, não há recurso técnico para medir a dor do desamparo, a lembrança da humilhação, a desconstrução da própria imagem perpetrada a cada momento e a todo momento dentro das salas de tortura. Não se extinguem estas lembranças. Muitas vezes retornam, incidem sobre o corpo, materializam-se como adoecimento precoce e intermitente. Escorrem pelas lágrimas, em palavras liquefeitas. E pior, abraçam a morte como último refúgio do apagamento da dor.

Foi o que fez Frei Tito. A história de Frei Tito é definitiva[3]. Tito foi preso no dia 4 de novembro de 1969 juntamente

[3] Sobre Frei Tito, ver também *Direito à verdade e à memória* (Secretaria Especial dos Direitos Humanos da Presidência da República, 2007, p. 392).

com outros frades dominicanos em São Paulo, e foi torturado durante quarenta dias, no DOPS/SP, pela equipe do delegado Sergio Paranhos Fleury. Cadeira do dragão, telefones, pau de arara e choques elétricos, socos e pauladas, humilhações.

Foi transferido para o Presídio Tiradentes, no qual ermaneceu até 17 de dezembro de 1970. Nesse dia, foi levado para a sede da Oban, onde ouviu o capitão Mauricio Lopes Lima dizer-lhe logo ao chegar: *agora você vai conhecer a sucursal do inferno.* Durante sua permanência na Oban, a certa altura o torturador mandou que abrisse a boca para receber a *hóstia sagrada* e introduziu um fio elétrico, iniciando nova sequência de torturas.

Banido do país em 13 janeiro de 1971, Tito seguiu para o Chile, Itália e França. Viveu no convento S. Jacques em Paris durante dois anos e, em 1974, mudou-se para o convento dominicano Sainte Marie de la Tourette, em Eveux, província de Lyon. A presença da tortura o acompanhou todo o tempo; os torturadores conseguiram infiltrar-se na alma, na mente, e provocaram uma devassa na parte da razão que restou ao frei, pelo tempo de vida que ainda suportou viver.

Tito se enforcou em 7 de agosto de 1974 em uma árvore do bosque ao redor do convento no qual vivia.

"Um homem torturado: Tito de Alencar" é o título das reflexões feitas pelo psiquiatra que o atendeu na França, Jean-Claude Rolland. O texto se inicia com a frase: *Eu me autorizo falar psicanaliticamente da tortura.*

> Tito de Alencar representava para seus algozes, e em particular para o delegado Fleury, um símbolo. Símbolo de uma nova aliança da fé e da revolução, opondo-se à aliança tradicional da Igreja e do Estado, e que era necessário desqualificá-la absolutamente para evitar sua propagação. Esta aliança, pela sua ambiguidade, pela sua novidade, representava um desvio, suscetível de encontrar uma saída positiva, e da qual era necessário demonstrar a negatividade. A ambiguidade da aliança será o exato lugar onde o torturador agirá, e agirá psicologicamente, por meio de um duplo movimento de desqualificação da dialética que está em jogo. [...] É sempre por ocasião de causas religiosas, espirituais, ideológicas, que a tortura se desenvolveu. Não podemos desconhecer que neste contexto de idealidade – e de predisposição mágica que o próprio ideal proporciona – a tortura é tanto mais tentadora quanto lhe é atribuída uma eficácia que não tem a ver com a objetividade, mas com o poder de anulação que ela sabe implementar. Os processos de feitiçaria, a Inquisição, os recentes genocídios que intentavam destruir como representante do mal o que era da ordem da diferença, todos convidaram a tortura para este fim (ROLLAND, J. C., [s.d.]).

Os fragmentos de negatividade que a tortura dispersou dentro da alma do frei teceram a mortalha que envolveu seu corpo inerte, suspenso por uma corda no bosque de Eveux. Frei Tito apresentou em cena única e definitiva sua própria libertação.

Referências bibliográficas

AGAMBEN, G. *Homo sacer:* o poder soberano e a vida nua I. Belo Horizonte: UFMG, 2004.

______. *Estado de exceção*. São Paulo: Boitempo, 2004.

______. *O que é contemporâneo?* E outros ensaios. Chapecó: Argos, 2010.

ALLEG, H. A tortura. In: FUCIK, J.; ALLEG, H.; SERGE, V. *A hora obscura*: testemunhos da repressão política. São Paulo: Expressão Popular, 2001. p. 127-185.

ANDRADE, C. D. Anistia, como vens, como te imaginava. *Jornal do Brasil*, 28 jun. 1979.

ARAGÃO, E. Tortura: uma visão das ciências humanas. Apresentado no Seminário Nacional sobre Tortura. Brasília: Secretaria de Direitos Humanos da Presidência da República, 2010; gravado no DVD Tortura. Brasília: UnB / Marcelo Zelic, Belloni & Associados, 2010.

ARANTES, A. Ordem dos Advogados do Brasil divulga documentos sobre maus-tratos. Petição aos membros do Conselho de Justiça da 1ª auditoria da II Circunscrição Judiciária Militar. *O Globo*, 02/09/1977.

ARANTES, M. A. A. C., *Pacto re-velado*: psicanálise e clandestinidade política. São Paulo: Escuta, 1999.

______. Cicatrizes em narrativas do corpo: tortura intencional. In: VOLICH, R. M.; FERRAZ, F. C.; RANÑA, W. (Org.). *Psicossoma IV*: corpo, história, pensamento. São Paulo: Casa do Psicólogo, 2008. p. 255-271.

______. Clandestinidade política e escolha. In: RIQUELME, U. H. (ed.). *Era de névoas:* Direitos humanos, terrorismo de Estado e saúde psicossocial na América Latina. São Paulo: EDUC, 1993. p. 167-181.

______. O Comitê Brasileiro pela anistia de São Paulo (CBA/SP): memória e fragmentos. In: HAIKE, R.; SILVA, K. (Org.). *A luta pela Anistia*. São Paulo: UNESP / Arquivo Público do Estado de São Paulo / Imprensa Oficial do Estado de São Paulo, 2009. p. 83-89.

______. Dor e desamparo: filhos e pais, 40 anos depois. *Psicologia Clínica V. 20.2*. Rio de Janeiro: PUC/RJ, Departamento de Psicologia, 2008. p. 75-87.

______. A subversão do eu. In: FREIRE, A.; ALMADA, I.; PONCE, J. A. G. (Org.). *Tiradentes, um presídio da ditadura:* memórias de presos políticos. São Paulo: Scipione Cultural, 1997.

______. Violência, massacre, execuções sumárias e tortura. In: COORDENAÇÃO GERAL DE COMBATE À TORTURA.(Org.), *Tortura*, Secretaria de Direitos Humanos da Presidência da República, Brasília, 2010, p. 58-77.

______. PONTUAL, P. Tortura, desaparecimentos políticos e Direitos Humanos. In: VENTURI, G. (Org.). *Direitos Humanos*: percepções da opinião pública, análises de pesquisa nacional. Brasília: Secretaria de Direitos Humanos da Presidência da República, 2010. p. 43-52.

ARENDT, H. *Eichmann em Jerusalém:* um relato sobre a banalidade do mal. São Paulo: Companhia das Letras, 2006.

ARENS, M.; THULL, F. *La torture pendant la guerre d'Algérie (1954-1962). Le rôle de l'armée française hier et aujourd'hui.* [S.l.]: World Socialist Web Site, 2006. Disponível em: <http://www.wsws.org/

francais/News/2001/avril01/01avril01_algerie.shtml>. Acesso em: 1º jun. 2011.

ARQUIDIOCESE DE SÃO PAULO. *Brasil nunca mais:* um relato para a história. Petrópolis: Vozes, 1985.

ASSOCIAÇÃO MÉDICA MUNDIAL. 29ª Assembleia Geral, Tóquio, 1975.

ASSOCIATION FOR THE PREVENTION OF TORTURE. *Defusing the Ticking Bomb Scenario:* why we must say No to torture, always. Geneva: Association for the Prevention of Torture, 2007.

AUSSARESSES, P. *Services spéciaux*: Algérie 1955-1957. Paris: Pllon et Perrin, 2001.

______. *Je n'ai pas tout dit:* ultimes révélations au service de la France. Entretiens avec Jean-Charles Deniau en colaboration avec Madeleine Sultan. Paris: Rocher, 2008.

A VITÓRIA DE DIEN BIEN PHU. [S.1.]: 2009. Disponível em: <http://avitoriadedienbienphu. blogspot.com/>. Acesso em: 19 jul. 2011.

BARBOSA, M. A. Aspectos relativos aos Direitos Humanos e suas violações, da década de 1950 à atual e processo de redemocratização. In: COORDENAÇÃO GERAL DE COMBATE À TORTURA. (Org.).*Tortura*. Brasília: Secretaria de Direitos Humanos da Presidência da República, 2010; p. 35-57.

BAUMAN, Z. *Modernidade e holocausto*. Rio de Janeiro: Jorge Zahar, 1998.

BECCARIA, C. *Dos delitos e das penas*. São Paulo: Martins Fontes, 2005

BENEVIDES, M. V. M. Tortura no Brasil, uma herança maldita. In: COORDENAÇÃO GERAL DE COMBATE À TORTURA. (Org.). *Tortura*. Brasília: Secretaria de Direitos Humanos da Presidência da República, 2010. p. 21-33.

BENEVIDES, M. V. M.; FISCHER, R. M. respostas populares e violência urbana: o caso de linchamento no Brasil (1979-1982). In: PINHEIRO, P. S. (Org.). *Crime, violência e poder*. São Paulo: Brasiliense, 1984.

BESSERMAN-VIANNA, H. *Não conte a ninguém:* contribuição à história das sociedades psicanalíticas do Rio de Janeiro. Rio de Janeiro: Imago, 1994.

BEREZIN, A. N. *Sobre la crueldad*: La oscuridad en los ojos. Buenos Aires: Psicolibro, 2010.

BICUDO, H. Palestra apresentada em evento organizado pelo Conselho Regional de Psicologia de São Paulo, 2005.

BOMFIM, M. A *América Latina:* males de origem. Rio de Janeiro: Top kooks, 1993.

BURIHAN, E. A. A *tortura como crime próprio*. São Paulo: Juarez de Oliveira, 2008.

CABRAL, R.; LAPA, R. *Desaparecidos políticos*. Rio de Janeiro: Opção/ Comitê Brasileiro pela Anistia do Rio de Janeiro, 1979.

CALICCHIO, V. *Atos Institucionais*. São Paulo: Centro de Pesquisa e Documentação de História Contemporânea do Brasil, 2008. Disponível em: <http://cpdoc.fgv.br>. Acesso em: 18 jul. 2011.

CARDIA, N. Direitos Humanos: ausência de cidadania e exclusão moral. In: COMISSÃO DE JUSTIÇA E PAZ (Org.) *Princípios de justiça e paz*. São Paulo: Comissão de Justiça e Paz de São Paulo, 1995; p. 9-88.
CARVALHO, E. A. *Enigmas da cultura*. São Paulo: Cortez, 2003.

______. Apresentação. In: GIRARD, R. A *Violência e o sagrado*. São Paulo: Paz e Terra/UNESP, 1990. p. 9-12.

CAVALCANTE, A. M. A Etnopsiquiatria segundo Tobie Nathan. *Psychiatry on line Brasil*, v. 6, n. 2, 2001. Disponível em:<http://www.polbr.med.br/ano01/mour0201.php>. Acesso em: 18 jul. 2011.

CENTRO PELA JUSTIÇA E O DIREITO INTERNACIONAL. (Org.).*Implementação das decisões do Sistema Interamericano de Direitos Humanos:* jurisprudência, instrumentos normativos e experiências nacionais. Rio de Janeiro: CEJIL, 2009.

CIAMPA, R. Prefácio. In: BECCARIA, C. *Dos delitos e das penas*. São Paulo: Martins Fontes, 2005. p. 7-26.

CHALIAND, G. Epílogo. In: FANON, F. *Los condenados de la tierra*. México: Fondo de Cultura Económica, 2007. p. 293-318.

CÓDIGO DE HAMMURABI. Disponível em: http://www.dhnet.org.br/direitos/anthist/hamurabi.htm.

COMISSÃO DE FAMILIARES DE MORTOS E DESAPARECIDOS POLÍTICOS. *Dossiê Ditadura:* Mortos e desaparecidos políticos no Brasil (1964-1985). São Paulo: Instituto de Estudos sobre a Violência do Estado (IEVE)/Imprensa Oficial do Estado de São Paulo, 2009.

COMITÊ BRASILEIRO PELA ANISTIA DE SÃO PAULO. Cartade Princípios. Arquivo pessoal, 1978, impresso. Disponível em: <http://www.fpabramo.org.br/o-que-fazemos/memoria-e-historia/exposicoes-virtuais/carta-de-principios-e-programa-minimo-de-acao>.

COMITÊ INTERNACIONAL DA CRUZ VERMELHA. *As Convenções de Genebra*. Genebra: Comitê Internacional da Cruz Vermelha, 1 jul. 2010. Disponível em: <http://www.icrc.org/web/por/sitepor0.nsf/html/genevaconventions>. Acesso em: 18 jul. 2011.

COMPARATO, F. K. Prefácio à nova edição. In: *Dossiê Ditadura:* Mortos e Desaparecidos Políticos no Brasil – 1964-1985. São Paulo: Comissão de Familiares de Mortos e Desaparecidos Políticos, Instituto de Estudos sobre a violência do Estado (IEVE), Imprensa Oficial do Estado de São Paulo, 2009. p. 9-88.

______. A tortura no direito internacional. In: COORDENAÇÃO GERAL DE COMBATE À TORTURA. (Org.). *Tortura*. Brasília: Secretaria de Direitos Humanos da Presidência da República, 2010. p. 81-87.

CONGRESSO NACIONAL. COMISSÃO MISTA SOBRE ANISTIA. *Anistia*. Documentário organizado por determinação do presidente da Comissão Mista do Congresso, Senador Teotônio Vilela. Brasília: Congresso Nacional, 1982.

COORDENAÇÃO GERAL DE COMBATE À TORTURA. (Org). *Tortura*. Brasília: Secretaria de Direitos Humanos da Presidência da República, 2010.

CRÉPON, M.; LAUNAY, M. Introduction. In: FREUD, S. *Anthropologie de la guerre* - Malasie dans la civilization, Considération actuelle sur la guerre et la mort, Pourquoi la guerre? Lettre à Albert Einstein. Paris: Collection Ouvertures Bilingues, 2010. p. 7-74.

DALLARI, D. A. Prefácio. In: VERRI, P. *Observações sobre a tortura*. São Paulo: Martins Fontes, 2000. p. VII-XXIII.

DECLARAÇÃO sobre a proteção de todas as pessoas contra os desaparecimentos forçados. http://www.dhnet.org.br/direitos/index/html. Acesso em 10 agosto 2013

DINES, A. et al. *Os idos de março e a queda em abril*. Rio de Janeiro: José Álvaro, 1964.

DREIFUSS, R. A. *1964*: a conquista do Estado: Ação política, poder e golpe de classe. Petrópolis: Vozes, 1987.

ENDO, P. C. Elaboração onírica e representação na literatura de testemunho pós-ditadura no Brasil. In: COORDENAÇÃO GERAL DE COMBATE À TORTURA. (Org.). *Tortura*. Brasília: Secretaria de Direitos Humanos da Presidência da República, 2010. p. 196-211.

ENRIQUEZ, E. *Da horda ao Estado*: psicanálise do vínculo social. Rio de Janeiro: Jorge Zahar, 1990.

FANON, F. *Los condenados de la tierra*. México: Fondo de Cultura Económica, 2007.

FELMAN, S. Educação e crise, ou as vicissitudes do ensino. In: NESTROVSKI, A.; SELIGMANN-SILVA, M. (Org.). *Catástrofe e representação*. São Paulo: Escuta, 2000. p. 13-71.

FERNANDES, C. V. A punição de condutas ligadas à superstição em sociedades de caráter fortemente teocrático. Revista Âmbito Jurídico, v. 76, 1º maio 2010. Disponível em: <http://www.ambito-juridico.com.br/site/index.php?n_link=revista_artigos_leitura&artigo_id=7736>. Acesso em: 19 jul. 2011.

FOLHA DE SÃO PAULO. SP condecora oficial PM do Massacre do Carandiru, Folha de São Paulo, C-5, 22 agosto 2007.

FOLHA DE SÃO PAULO. Duarte-Plon. Entrevista com Paul Aussaresses. Paris, A-10, 4 maio 2008.

FOUCAULT, M. *História da sexualidade I:* a vontade de saber. Rio de Janeiro: Graal, 1985.

______. *Vigiar e punir*: nascimento da prisão. Petrópolis: Vozes, 1977.

FREIRE, A.; ALMADA, I.; PONCE, J. A. G. (Org.). *Tiradentes, um presídio da ditadura:* memórias de presos políticos. São Paulo: Scipione Cultural, 1997.

FREIRE, A. *Relatório de prisão, encaminhado à Secretaria de Justiça e de Defesa da Cidadania de São Paulo*. São Paulo: Secretaria de Justiça e de Defesa da Cidadania, 2002.

______. Palestra apresentada no NÚCLEO PIRATININGA DE COMUNICAÇÃO, São Paulo, 2011.

FREUD, S. (1913) Totem e tabu. In: *Edição Standard Brasileira das Obras Psicológicas Completas de Sigmund Freud*. Rio de Janeiro: Imago,1974, v. XIII. p. 13-191.

______. (1915) Reflexões para os tempos de guerra e de morte. *Op. cit.* v. XIV. p. 311-341.

______. (1920) Além do princípio de prazer. *Op. cit.* v. XVIII. p. 13-85.

______. (1921) Psicologia das massas e a análise do ego. *Op. cit.* v. XVIII. p. 89-179.

______. (1929) O mal-estar na civilização. *Op. cit.* v. XXI. p. 75-171.

______. (1927) O futuro de uma ilusão. *Op. cit.* v. XXI. p. 13-71

______. (1932) *Por que a guerra?*. *Op. cit.* v. XXII. p. 251-259.

______. (1930) *O mal-estar na cultura.* Porto Alegre: L&PM, 2010.

FREUD, S. e FLIESS, W. *Correspondência completa*. Rio de Janeiro: Imago, 1986.

FREUD, S. e SALOMÉ, L.-A. *Correspondência completa.* Rio de Janeiro: Imago, 1975.

FUCIK, J. Reportagem ao pé da Forca. In: FUCIK, J.; ALLEG, H.; SERGE, V. A *hora obscura:* testemunhos da repressão política. São Paulo: Expressão Popular, 2001. p. 17-124.

GAGNEBIN, J. M. Palavras para Hurbinek. In: NESTROVSKI, A.; SELIGMANN-SILVA, M. (Org.). *Catástrofe e representação*. São Paulo: Escuta, 2000. p. 99-110.

GASPARI, E. A *ditadura envergonhada*. São Paulo: Companhia das Letras, 2002.

______. A *ditadura encurralada*. São Paulo: Companhia das Letras, 2004.

GAY, P. *Freud:* uma vida para o nosso tempo. São Paulo: Companhia das Letras, 1989.

GIRARD, R. *A violência e o sagrado*. São Paulo: Paz e Terra/UNESP, 1990.

GOMES, P. *Os idos de março e a queda em abril*. Rio de Janeiro: José Álvaro, 1964.

GOULART, J. Discurso do Presidente João Goulart de 13/03/1964 no Comício C, de 13/03/1964. Disponível em: <http://www.gedm.ifcs.ufrj.br/ upload/documentos/33.pdf.>. Acesso em: 1º jun. 2011.

GRIMAL, P. *Dicionário da mitologia grega e romana*. Rio de Janeiro: Bertrand Brasil, 1993.

GRUPO TORTURA NUNCA MAIS DO RIO DE JANEIRO. *Clínica e Política 1*: Subjetividade e violação dos Direitos Humanos. In: RAUTER, C., PASSOS, E., BENEVIDES, R. B. (Org.). Equipe Clínico-Grupal, Rio de Janeiro: Te Corá/Instituto Franco Basaglia, 2002.

GRUPO TORTURA NUNCA MAIS DO RIO DE JANEIRO. *Clínica e Política 2*: Subjetividade, direitos humanos e invenção de práticas clínicas, Mourão, J. C. (Org.). Colaboração de M. A. Jorge. Rio de Janeiro: Abaquar, Grupo Tortura Nunca Mais, 2009.

HARAZIM, D. A experiência, a peste e a tortura. *Revista Piauí*, 2007. p. 20-21. Disponível em: <http://revistapiaui.estadao.com.br/edicao-8/dossie-tortura/apeste>. Acesso em: 21 maio 2013.

IANNI, O. Conferência sobre Direitos Humanos, 6/8/1986. São Paulo, mimeo.

INSTITUTO INTERAMERICANO DE DIREITOS HUMANOS/IIDH, ASSOCIAÇÃO PARA A PREVENÇÃO DA TORTURA/APT. *Protocolo Facultativo à Convenção das Nações Unidas contra a Tortura e outros Tratamentos ou Penas Cruéis, Desumanos ou Degradantes*. Brasília: Secretaria Especial de Direitos Humanos da Presidência da República 2004.

JESUS FILHO, J. Contribuição para a compreensão da tortura no Brasil. In: COORDENAÇÃO GERAL DE COMBATE À TORTURA. (Org.). Brasília: Secretaria de Direitos Humanos da Presidência da República, 2010, p. 238-253.

JONES, E. *Vida e obra de Sigmund Freud*. Rio de Janeiro: Guanabara,1979.

KEIL, I.; TIBURI, M. (Org.). *O corpo torturado*. Porto alegre: Escritos, 2004.

KOLKER, T. Legitimação da tortura e produção de subjetividade nas sociedades de controle. In: Grupo Tortura Nunca Mais/RJ, CALHAU, J. (Org.). *Clínica e Política 2* – subjetividade, direitos humanos e invenção de práticas clínicas. Rio deJaneiro: Abaquar, 2009. p. 293-314.

KOLTAI, C. *Política e psicanálise*: o estrangeiro. São Paulo: Escuta, 2000.

______. *Totem e tabu*: um mito freudiano. Rio de Janeiro: Civilização-Brasileira, 2010.

______. Ensaio sobre amizade, apresentado VII CONPSI – Congresso Norte Nordeste de Psicologia. Salvador, 2011.

LACAN, J. O *Seminário*. Livro 7: a ética da psicanálise. Rio de Janeiro: Jorge Zahar, 2008.

LE RIDER, J.; PLON M.; RAULET, G.; REY-FLAUD, H. *Em torno de "O mal-estar na cultura", de Freud*. São Paulo: Escuta, 2002.

LEVI, P. Os *afogados e os sobreviventes*. São Paulo: Paz e Terra, 2004.

______. É isto um homem? Rio de Janeiro: Rocco, 1988.

LIMA, H. Ordem dos Advogados do Brasil divulga documentos sobre-maus-tratos. Petição aos membros do Conselho de Justiça da 1ª auditoria da II Circunscrição Judiciária Militar. In: *Jornal O Globo*,02/09/1977.

LIMA, H. e ARANTES, A. *História da Ação Popular*: da JUC ao PCdoB. São Paulo: Alfa-Omega, 1984.

MAIA, L. M. Mecanismos de punição e prevenção da Tortura. *Revista CEJ – Centro de Estudos Judiciários do Conselho de Justiça Federal*, n. 14, 2001, p. 45-62.

MANFREDINI, L. *As moças de Minas*: uma história dos anos 60. São Paulo: Alfa-Omega, 1989.

MARTINS FILHO, J. R. (Org.). *O golpe de 1964 e o regime militar*: novas perspectivas. São Carlos: EdUFSCar, 2006.

______. *A educação dos golpistas*: cultura militar, influência francesa e golpe de 1964. São Carlos: UFSCar, [s.d.]. Disponível em: <http://www2.ufscar.br/uploads/forumgolpistas.doc>. Acesso em: 18 jul. 2011.

MATTÉI, J. F. *A barbárie interior*: ensaio sobre o i-mundo moderno. São Paulo: UNESP, 2002.

MEMORIAL DA RESISTÊNCIA. *Informações gerais*. 2009, impresso. Disponível em: <www.pinacoteca.com.br.>.

MERLINO, T. e OJEDA, I. (Org.). *Direito à memória e à verdade*: luta, substantivo feminino. São Paulo: Caros Amigos / Brasília: Secretaria Especial dos Direitos Humanos da Presidência da República, 2010.

MEZAN, R. *Freud, pensador da cultura*. São Paulo: Brasiliense, 1985.

MILGRAM, S. Behavioral Study of Obedience, *Journal of Abnormal and Social Psychology*, 1963, p 371-378.

MOURÃO, J. C. Só nos resta a escolha de Sofia? In: COORDENAÇÃO GERAL DE COMBATE À TORTURA. (Org.). *Tortura*. Brasília: Secretaria de Direitos Humanos, 2010. p. 214-234.

MOURÃO, J. C.; JORGE, M. A. (Org.). *Clínica e Política 2*: subjetividade, direitos humanos e invenção de práticas clínicas. Rio de Janeiro: Abaquar/Grupo Tortura Nunca Mais, 2009.

NESTROVSKI, A. e SELIGMANN-SILVA, M. (Org.). *Catástrofe e representação*. São Paulo: Escuta, 2000.

NETO, H. M. P. *Tribunal Penal Militar Internacional*: Tribunal de Nuremberg (1945), Natal: UFRN, 2005, mimeo.

NIKKEN, P. A *Convenção Americana sobre Direitos Humanos frente à impunidade dos regimes ditatoriais*. Palestra na abertura do Seminário Internacional sobre a anistia, organizado pelo Arquivo Público do Estado de São Paulo. Memorial da Resistência. São Paulo, 2009, impresso.

NÚCLEO DE PRESERVAÇÃO DA MEMÓRIA POLÍTICA. A *Comissão da Verdade no Brasil*: Por quê? O que é? O que temos de fazer? São Paulo: Núcleo de Preservação da Memória Política, s/d.

PELBART, P. P. *Vida capital*: ensaios de biopolítica. São Paulo: Iluminuras, 2003.

______. *Vida nua, vida besta, uma vida*. [S.L.]: [s.d.]. Disponível em:<http://pphp.uol.com.br /tropico/html/textos/2792,1.shl>. Acesso em:18 jul. 2011.

PETERS, E. *História da tortura*. Lisboa: Teorema, 1985.

PHYSICIANS FOR HUMAN RIGHTS. *Break Them Down* – Systematicuse of Psychological Torture by US Forces. Washington: Physicians For Human Rights, 2005. Disponível em: <http://physiciansforhumanrights.org/library/reports/us-torture-break-them-down-2005.html>. acesso em: 19 jul. 2011.

ROBIN, M. M. *Les escadrons de la mort:* l'école française. Paris: La Découverte, 2003.

ROLLAND, J.C. *Um homem torturado*: Tito de Alencar. Disponível em: http://www.dominicanos.org.br/textos/tito/frtito.htm. Acesso em: 18 ago. 2013.

ROSENCOF, M. e HUIDOBRO, E. F. *Memorias del calabozo*. Navarra:Txalaparta, 2009.

ROUDINESCO, E. e PLON, M. *Dicionário de psicanálise.* Rio de Janeiro: Jorge Zahar, 1998.

SARTRE, J.-P. Prefácio. In: FANON, F. *Los condenados de la tierra*. México: Fondo de Cultura Económica, 2007. p. 7-29.

SECRETARIA DE DIREITOS HUMANOS DA PRESIDÊNCIA DA REPÚBLICA. (Org.) *Habeas corpus:* que se apresente o corpo. Brasília: Secretaria de Direitos Humanos da Presidência da República, 2010.

SECRETARIA ESPECIAL DOS DIREITOS HUMANOS DA PRESIDÊNCIA DA REPÚBLICA, COMISSÃO ESPECIAL SOBRE-MORTOS E DESAPARECIDOS POLÍTICOS. *Direito à verdade e à memória.* Secretaria Especial dos Direitos Humanos da Presidência da República, Brasília, 2007.

SELIGMANN-SILVA, M. (Org.). *História, memória, literatura*: o testemunho na Era das Catástrofes. Campinas: Unicamp, 2003.

______. A cultura ou a sublime guerra entre amor e morte. In: FREUD, S. *O mal-estar na cultura.* Porto Alegre: L&PM, 2010. p. 21-38.

SIPAHI, R. Depoimento sobre as situações de constrangimento a que fui submetida na condição de presa política. In: *Relatório de prisão, encaminhado à Secretaria de Justiça e de Defesa da Cidadania de São Paulo*. São Paulo: Secretaria de Justiça e de Defesa da Cidadania, 2002.

SIRONI, F. *Bourreaux et victimes*: psychologie de la torture. Paris: Odile Jacob, 1999.

______. *Comment devient-on un bourreau?* Les mecanismes de destruction de l'autre. Paris: Ethnopsychiatrie.net, 2001. Disponível em:<http://www.ethnopsychiatrie.net/actu/collegedeF.htm>. Acesso em:21 jul. 2011.

SIRONI, F. e BRANCHE, R. *La torture aux frontières de l'humain, RevueInternationale des sciences sociales*. 2002/4, n. 174, Disponível em:<http://www.cairn.info/revue-internationale-des-sciences-sociales-2002-4-page-591.htm>. Acesso em: 15 ago. 2011.

SÓFOCLES. *Antígona*. São Paulo: Paz e Terra, 1996.

SOUZA, D. S. et al. *O desenvolvimento da justiça na Idade Moderna*: a Inquisição e os Tribunais Seculares. 2010. Trabalho de Conclusão de Disciplina Graduação em História). Recife: Universidade Federal de Pernambuco, 2010. Disponível em: <http://www.biuvicente.com/professor/?cat=12>. Acesso em: 19 jul. 2011.

SOUZA, L. A. G. *A JUC*: os estudantes católicos e a política. Petrópolis: Vozes, 1984.

THE NEW YORK TIMES. There were orders to follow. *The New-York Times*. Disponível em: <http://www.ny times.com/2008/04/04/opinion/04fri1.html?scp=2&sq=Bush+torture&st=nyt>. Acesso em: 04 abr. 2008.

TODOROV, T. *Em face do extremo*. Campinas: Papirus, 1995.

UCHITEL, M. *Neurose traumática*: uma revisão crítica do conceito de trauma. São Paulo: Casa do Psicólogo, 2001.

VANNUCHI, P. Apresentação e dedicatória. In: SECRETARIA DE DIREITOS HUMANOS DA PRESIDÊNCIA DA REPÚBLICA.

(Org.). *Habeas corpus:* que se apresente o corpo. Brasília: Secretaria de Direitos Humanos, 2010. p. 3-5.

VERRI, P. *Observações sobre a tortura*. São Paulo: Martins Fontes, 2000.

VIANA, G. e CIPRIANO, P. *Fome de liberdade*: relato dos presos políticos.Vitória: Fundação Ceciliano Abel de Almeida, 1992.

VIÑAR, M. *Homo homini lupus:* un destino inevitable o como trabajar para decir no. Madrid: Grupo acción Comunitaria, 2003. Disponível em: <http://www.psicosocial.net/centro-de-documentacion/doc_details/195-homo-homini-lupus-un-destino-inevitable-o-como-trabajar-para-decir-o?lang=es>. Acesso em: 03 jun. 2011.

______. *Fracturas de memórias*: crónicas para una memória por venir. Montevideo: Trilce, 1993.

VITAL-BRASIL, V. Dano e reparação, construindo caminhos para enfrentara tortura. In: COORDENAÇÃO GERAL DE COMBATE À TORTURA. (Org.). *Tortura*. Brasília: Secretaria de Direitos Humanos da Presidência da República, 2010. p. 255-277.

ZALTZMAN, N. (Org.). *La résistance de l'humain*. Paris: PUF, 1999.

______. *L'esprit du mal*. Paris: Olivier, 2007.

Impresso por :

Graphium
gráfica e editora

Tel.:11 2769-9056